民国名媛的华丽与苍凉

绝代风华

伴随编辑部 ◎ 著

北方文艺出版社

图书在版编目（CIP）数据

绝代风华：民国名媛的华丽与苍凉/伴随编辑部编著．--2版．--哈尔滨：北方文艺出版社，2017.4（2021.3重印）

ISBN 978-7-5317-3778-0

Ⅰ．①绝…Ⅱ．①伴…Ⅲ．①女性-名人-生平事迹-中国-民国 Ⅳ．① K828.5

中国版本图书馆 CIP 数据核字（2017）第 039828 号

绝代风华—民国名媛的华丽与苍凉
JUEDAI FENGHUA MINGUO MINGYUAN DE HUALI YU CANGLIANG

编　　著／伴随编辑部
责任编辑／李玉鹏　张　喆
封面设计／
出版发行／北方文艺出版社
地　　址／哈尔滨市南岗区宣庆小区1号楼
网　　址／http://www.bfwy.com
邮　　编／150008
经　　销／新华书店
印　　刷／保定市铭泰达印刷有限公司
开　　本／720×1020　1/16
印　　张／22.5
字　　数／300千
版　　次／2017年4月第2版
印　　次／2021年3月第2次印刷
定　　价／69.80元
书　　号／ISBN 978-7-5317-3778-0

目录 Contents

关　露　饱尝冤屈的红色女特工

传略 / 1　家世 / 2　初恋 / 3　苦恋 / 5

卧底 / 6　冤家 / 9　情念 / 11　晚景 / 15

郑苹如　怀揣明星梦的正义刺客

传略 / 17　青年 / 18　情事 / 19　大义 / 20

绑架 / 21　刺探 / 22　刺杀 / 23　遗憾 / 25

就义 / 27　慰藉 / 29

凌叔华　以明慧的笔在所见及的世界里发现一切

传略 / 32　画才 / 33　文才 / 35　姻缘 / 37

迷情 / 39　知己 / 40　交恶 / 42　归根 / 44

评舆 / 46　论爱 / 46

张爱玲　倾情之笔，倾城之恋

传略 / 50　天赋 / 51　奇恋 / 52　情殇 / 55

忘年 / 58　光影 / 61　还原 / 62　时尚 / 65

趣闻 / 66　评誉 / 67　名言 / 67

林徽因 一身诗意，芳菲满天

　　传略 / 70　初恋 / 71　伴侣 / 74　纯情 / 76

　　交际 / 79　恩怨 / 83　遗憾 / 85　名言 / 87

陈衡哲 文学先锋，不让须眉

　　传略 / 89　家世 / 90　启蒙 / 91　情事 / 93

　　敬慕 / 95　学术 / 98　晚年 / 100　文华 / 101

庐　隐 敢爱敢恨，旷世才女

　　传略 / 110　童年 / 111　独立 / 114　蜕变 / 116

　　婚姻 / 118　早逝 / 122　回忆 / 122　见解 / 127

　　评誉 / 128

萧　红 掀天之意气，盖世之才华

　　传略 / 129　童年 / 130　情事 / 131　从文 / 135

　　伯乐 / 137　情忆 / 139　离世 / 144　成就 / 144

　　评誉 / 146

吕碧城 近三百年来最后一位女词人

　　传略 / 147　家世 / 148　文华 / 151　育才 / 152

　　恩怨 / 153　疾呼 / 155　同道 / 157　独身 / 158

　　皈依 / 159　逸事 / 160　名词 / 161

杨荫榆 被"风潮"掩蔽的抗日女杰

　　传略 / 163　抗婚 / 164　求学 / 165　独断 / 167

　　牺牲 / 170　争议 / 172　痛悼 / 175　回忆 / 177

胡　蝶　被强权和冤屈包围的默片影后

传略 / 181　童年 / 182　从影 / 183　影后 / 185

处事 / 187　冤情 / 188　婚姻 / 192　霸占 / 194

晚年 / 200

阮玲玉　昙花一现的"感光最快的胶片"

传略 / 202　童年 / 203　初恋 / 204　从影 / 205

成功 / 207　伯乐 / 208　是非 / 209　自杀 / 212

余音 / 213　疑云 / 215　留影 / 219

潘玉良　漂泊天涯的"一代画魂"

传略 / 221　孤苦 / 222　挚情 / 222　求学 / 225

风波 / 226　离情 / 228　蓝颜 / 229　友谊 / 230

性情 / 231　评誉 / 232

赛金花　自古风尘出侠女

传略 / 233　情事 / 234　喜事 / 235　庇佑 / 237

周旋 / 239　晚年 / 240　亲述 / 242

小凤仙　凤求知音，将心我心

传略 / 244　初识 / 245　倾诉 / 246　热恋 / 248

诀别 / 250　晚年 / 253　匡正 / 254

宋美龄　跨越三个世纪的美丽与哀愁

传略 / 260　童年 / 261　情事 / 264　信仰 / 265

对峙 / 266　生活 / 266　晚年 / 267　强势 / 269

演说 / 278

赵四小姐　青丝定情，白发新娘

　　传略 / 281　少年 / 282　初识 / 283　热恋 / 284

　　重逢 / 286　幽禁 / 288　缔盟 / 291　晚年 / 295

陈璧君　在牢房中送走最后岁月的名门之后

　　传略 / 297　革命 / 298　情事 / 299　泼辣 / 301

　　内助 / 303　囹圄 / 305　囚徒 / 307　回绝 / 310

　　对立 / 311　转变 / 314　离世 / 317

张幼仪　中国第一位承受文明"灾祸"的坚忍女子

　　传略 / 318　缘起 / 319　缘尽 / 320　坚忍 / 322

　　情分 / 324　人格 / 326　晚景 / 327　名言 / 329

王映霞　风雨茅庐，几多爱恨

　　传略 / 331　情事 / 332　狂热 / 336　情书 / 337

　　婚变 / 343　再婚 / 347　情忆 / 349　晚年 / 349

　　文华 / 351

关露：饱尝冤屈的红色女特工

传略　关露（1907—1982），原名胡寿楣，又名胡楣。山西省右玉县人。女诗人，著名的红色女特工，曾与潘柳黛、张爱玲、苏青并称为"民国四大才女"。

关露

因家贫自学完中学课程，1927年到1928年，先后在上海法学院和南京中央大学学习。九一八事变后，参加上海妇女抗日反帝大同盟。1932年加入中国共产党，同时加入"左联"。曾在中国诗歌会创办的《新诗歌》月刊任编辑，诗作《太平洋上的歌声》蜚声当时上海文坛。有"女诗人关露"之称。电影《十字街头》中那首脍炙人口的"春天里来百花香，郎里格郎里格郎里格郎，和暖的太阳在天空照，照到了我的破衣裳……"就来自于她的手笔，这种广博豁达的歌曲为她赢得了社会底层人民的喜爱。除了创作之外，她还翻译了高尔基的《海燕》、《邓肯自传》等许多日后广为人知的优秀作品。1939年冬至1945年，她受组织派遣，先后打入汪伪政权和日本大使馆与海军报道部合办的《女声》月刊任编辑，以此作掩护，收集日伪机密情报，并积极组织策反，曾成功策反76号特务头子李士群，功勋卓著。1945年抗日战争胜利后，她因病由苏北转到大连疗养。1946

年病愈后，被分配到苏北建设大学文学系任教。从1947年秋到1951年秋，先后在大连苏联新闻局、《关东日报》社、华北大学第三部文学创作组和电影局剧本创作所工作。

自1955年至1976年，曾受潘汉年事件牵连，两次入狱，达10年之久。1980年后，因患脑血栓症，全身瘫痪。1982年12月5日在北京家中吞药自杀。

家世 关露的外祖父是一位没落的封建官僚，由于赌博赢了钱，输家没钱还债，就把自己的女儿徐绣凤嫁给了他的儿子胡元陔。之后，胡元陔的两个女儿胡寿楣、胡寿华相继出世，这就是以后的关露和胡绣枫，关露是胡寿楣在开始文学创作时用的笔名，胡绣枫是妹妹为了纪念母亲而改的名字。

关露的父亲在她8岁的时候，死于中风。

关露的母亲徐绣凤是一位了不起的女人，丈夫死后，她独自负担起两个女儿的生活和教育，关露和妹妹在母亲的教育下，读了大量的古典文学作品，看了很多的进步小说，这为关露以后从事文学创作打下了坚实的基础。

后来，徐绣凤做了当时的大学问家张百熙家里的教师，可见她的学问应该是不浅的。假如她能够一直陪着两个女儿读完大学，陪着女儿嫁人生子，那么关露和妹妹的一生，可能会走得顺畅一些，可惜她却在关露15岁那年因病去世了，关露不得不和妹妹相依为命。

可是，姐妹俩的年纪太小了，这么小的年纪根本无法独立谋生。由于父亲原配的儿子把父母留下的大部分财产抢去了，姐妹俩只能凄苦度日。

好在她们的二姨收留了姐妹俩。关露一天天长大了，她脸庞圆润，身材适中，皮肤白皙，是一个人见人爱的好姑娘。关露的二姨很想让关露嫁一个好人家，作为家长，这种想法是没错的，谁都希望自己的晚辈生活得富裕一些。于是在熟人的介绍下，一位银行经理被介绍给了关露，可是，关露不愿意去相亲，她很想继续求学，母亲好学求上进的思想已经潜移默化影响了她，母亲生前认为儿女们只有上学读书，未来才有出路。

关露逃婚了，她带着妹妹，去了上海读书。所幸她们遇到了进步人士刘道衡，刘道衡对于关露的遭遇很是同情，因为他年轻的时候，也曾抗拒家庭逃过婚，他毫无条件地负责起关露和妹妹的日常生活，还送她们去了学校读书。

可以说，刘道衡是让关露姐妹一生发生转机的一个人，在他的影响下，关露姐妹懂得了国民党的腐败和黑暗，从而走上了追求光明道路。

在刘的资助下，关露姐妹读完了法学院，后来，关露又完成了南京中央大学文学系的深造。妹妹胡绣枫则转学到了法政大学，在那里，她遇到了和自己共度一生的爱人刘剑华。

刘剑华是一位进步的教师，胡绣枫和刘剑华结婚的时候，没有办理任何的手续，也没有请证婚人。他们思想一致，感情深厚，他们认为，这比起办一张形式上的结婚证要好得多。

妹妹的婚姻，让关露的心里起了波澜，她祝福着妹妹，也希望自己能够遇到一位志同道合的爱人。

初恋　　关露一生没有嫁人，可是她的性格并不孤僻。她是一个性格开朗、直率、活泼的女人，她热爱共产党，仇恨日本人在中国土地上的兽行；她内心火热，并且把这份火热传递给了她身边所有的人；她用火一样的热情写诗，写小说，鼓舞受封建压迫的妇女站起来。

像关露这样有才情的美貌女子，身边围绕的男子应该是不少的。她也有过浪漫的幻想，跟所有的女孩一样，她希望遇到一位懂得浪漫、懂得诗情画意的男人，她希望自己的恋人是英俊的、爱国的、有抱负的。

在她进入南京中央大学的时候，的确遇到了这么一位"才子"，他风流倜傥，会给关露写动人的情诗；他有抱负，希望以后出国留学，学成后回国任教；他对关露关心备至，无比痴情……

这个人叫刘汉卿，长得相貌英俊，是很多女孩子心目中的白马王子，而且他还很会哄女孩子，关露一到学校，他就注意到了这个眉清目秀的女孩，他殷勤地充当引路人，把南京各处的风景介绍给关露。

刘汉卿用他的浪漫诗句和殷勤的恭维，渐渐获取了关露的爱情，关露渐渐爱上了刘汉卿，她憧憬着和刘汉卿能有一个美好的将来。

民国期间的南京中央大学人才辈出，徐志摩曾经在这所学校做教授，热情洋溢的刘汉卿为关露朗诵徐志摩的诗句，他们沉浸在《再别康桥》的爱情篇章里，关露的心扉被打开了。

可以说，那个时候，关露的心里都是爱情的火焰，刘汉卿有一副好口才，是一位多才多艺、思想进步的青年。关露和刘汉卿一次次徜徉在学校的花坛边，流连在情人们喜爱的舞厅影院。被爱情滋润的女孩是美丽的，关露等待着刘汉卿所说的"出国后，等着我把你也接出去，一起完成学业"！

为此，关露刻苦地学习英文和德文，为出国做着准备。

可是，这场看似美丽的恋爱，最后的结果却以失败收场。刘汉卿去了比利时后，关露对他的思恋日日增长，她写了无数的诗句，来纪念他们的爱情；她怀着甜蜜的梦想，渴望自己能被恋人迎接出国，一起深造，一起回来报效祖国。

等到的，却是噩耗，刘汉卿到了国外，就开始追逐别的姑娘，原来他是一个多情又滥情的男人。其实，关露在他心里的地位，不过是国内的一个爱情备胎，到了国外，他就把关露忘到了九霄云外，他陷入了一场三角恋里，不能自拔，最后，他竟然自杀于国外。

关露毕业的时候才24岁，这段感情，成了她心里一道不愿散去的阴影。关露的心灵被伤害了，一个令她不可置信的消息又加重了这种伤害，原来，刘汉卿出国时已经订了婚，留学的费用，还是女方出的。

很多次，关露都咬牙切齿地恨刘汉卿，可是，她也知道，他已经走了，即使恨，也不能给自己带来什么，他甚至没有给关露留下遗言，因为他已经彻底地把关露忘了……关露也想忘了他,她恨自己还记着他,还能回忆他,即使他已与别的女人订婚,又为别的女人死了,她还是忘不了他……因为,他是她的初恋,她为他真心付出过爱情。

关露在这种矛盾的挣扎里几度不可自拔。妹妹胡绣枫看姐姐消沉抑郁,担心姐姐出什么意外,就把一个叫沈志远的男人介绍给了姐姐,希望姐姐能够把心思转移到别的男人身上。

苦恋

这是关露的第二次恋爱。

虽说初恋受伤了,可是她并不是一位随意交付身心的女人。此时的她,成熟睿智,沉静的表情下有着淡淡的忧伤。从中央大学毕业后,她积极参加妹妹和妹夫的左联聚会,并且加入了中国共产党。

此时,有一位叫常任侠的男人,也曾经对关露抛出过爱情的橄榄枝。常任侠后来成为我国著名的诗人和艺术家,《冰庐琐忆》是他写得很知名的一首小词,里面记载了关露的美好姿容和对关露的歆慕。"颀长玉立,秀眉隆准,华服高履,体态盈盈。"

可以想见,当初他是追求过关露的,关露没有选择他,是因为她有自己的理想,她爱的男人,一定要像自己一样,有着伟大的抱负和救国救民的理想。

就在这个时候,沈志远进入了关露的视野。

沈志远是1925年入的党,比关露还早七年,是一位先进的青年。他翻译了大量的国外进步书籍,还积极参加动员群众的工作。

关露经过第一场爱情的失败后,对感情谨慎了很多,她斟酌了再斟酌,发觉沈志远不仅长相斯文,气质儒雅,文学程度也很高,关露暗暗地考察了他的人品,结果也很满意。

沈志远不是一个三心二意的男人,也没有像刘汉卿那样甜蜜的嘴脸,他性格有些沉郁,在发表演讲、动员群众的时候,他是活跃的;其他时候

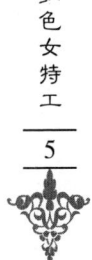

他不善言笑，也没有轻浮之气。

关露知道了沈志远在苏联有过一次感情的伤害后，她对沈志远越发同情起来。"同是天涯沦落人"的感觉，让她的心和他贴近了。

很快，关露就和沈志远恋爱并且同居了。他们度过了很多幸福的日子，她期望自己和沈志远，就像妹妹和妹夫一样，恩恩爱爱，白头偕老，可是，不久这一期望便成了泡影。

关露由于经常参加左联的革命活动，很少和沈志远相聚，所以引起了沈志远的不满，沈志远认为一个女人总是在外东奔西走是不合适的。他希望这个家，由自己做主；关露能够像别人家的妻子一样，在家一心一意地做好家务。

关露不愿意成为家庭妇女，他们争吵过后，沈志远说："现在多少女人希望在家做太太，你还忙于奔命，左联离开了你，就垮了吗？我希望你能找到自己的位置。"

听到这些话，关露蒙了，她没想到，志远竟然是这样的人，口里说着要进步，思想里却还是封建社会士大夫那一套！

从此后，关露和沈志远的感情就淡了下来，关露每一次回家晚了，沈志远都要与她争吵一番。后来，关露怀了孕，沈志远希望关露把孩子生下来，关露却去医院做了流产手术，他们为此又吵了一架，两人的感情越来越疏远，关露第二次怀孕后，左联运动正处于关键阶段，很多进步文人被抓，关露要做的事情很多，她写了大量的进步诗歌，发表在当时的《妇女生活》上，她希望自己的文章能带给人们更多的醒悟。她再次选择为事业放弃腹中生命，沈志远就此离开了她。

卧底

关露是才女，是诗人，她写了大量的进步诗歌，出过诗集《太平洋的歌声》，还写过长篇小说《仲夏梦之夜》、《新旧时代》，本来她依靠写文也能过上小康的生活，可是，她却成为了一名特工。

当时，由于日本人的入侵，有三股间谍势力活跃在上海。一股是日本人的势力，这股特务有五大系统：陆军，海军，宪兵，外务省和满铁；一股是国民党的势力，这股特务机构是由军统和中统组成，军统头子是戴笠，中统头子是陈立夫；另一股就是共产党的秘密组织，其中的潘汉年系统是很重要的特工组织。另外，汪精卫手下的极司菲尔路76号，也很庞大，主管76号的，是李士群和丁默邨。

李士群早年参加过革命，后来被捕，变节成为国民党的走狗，后又叛逃国民党，成为了76号的头头。他既镇压国民党，也镇压共产党，但是由于对国民党的军统仇恨最深，所以，共产党打算利用这一点，策反李士群，让他为共产党做事。

执行这个任务是非常危险的，谁都知道，76号就是魔窟，假如不能成功策反，那么，策反者就有可能被对方暗杀。

李士群

关露在左联期间就认识了进步文人丁玲，她早就听说，丁玲曾经被国民党囚禁，后成功逃离。关露对丁玲的这段经历非常钦佩，她觉得，既然做革命工作，就不怕深入虎穴。

关露去世后，妹妹胡绣枫捧着关露的遗照哭着说："姐姐受了这么多苦，都是因为我，本来组织是要我去76号的，结果姐姐代替我去了。"

原来，关露的妹妹胡绣枫曾经和李士群有一段交情。当年，李士群被国民党抓捕，他怀孕的老婆找到了胡绣枫，胡绣枫安置了李士群的老婆，事后，李士群一直对胡绣枫怀有感激之心。

当时上海的各个党派之间的斗争错综复杂，很多进步人士被捕被抓，共产党需要将一个可靠的人安置在汪伪政府的身边，借以传送情报，打击汪伪的特务组织。胡绣枫当时有任务在身，最后组织决定，派关露去李士群身边卧底。

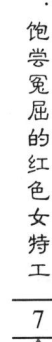

关露认为，爱国不能只体现在口头上，还应该体现在行动上，她答应了去76号，这个决定，让她的一生都背上了悲剧色彩。

关露走进了76号。此时的李士群也想为以后留条后路，关露利用他的这种想法，成功策反了这个头号杀手。以后，在李士群的配合下，她给党发出了很多有价值的情报，使党避免受到了很多损失。

关露投靠汪伪特务的消息在上海滩开始传播，文艺界的人说到关露都充满鄙视，各种相关的活动也不再接受她加入。关露很痛苦，却无法去辩白，她牢牢记着曾经与潘汉年说过的话，如果被别人误解，绝不辩护。但她总以为这样的日子不会持续太久，很快就会澄清自己。

在完成了策反李士群的任务后，关露给组织写了一封信，请求去延安。哪知得到的回复却是，不宜回来。上海方面希望关露继续留下来，设法获取更多有用的情报。关露得到消息后，哭了一晚上。想到现在连好友也不信任她，也唾弃她，热爱的写作也无法进行，异常难过。

新的任务是让她去日本人办的《女声》杂志做编辑。《女声》是一本综合性月刊，社长是一个叫佐藤俊子的日本女作家。关露去《女声》的目的是接近佐藤，再通过她接近日本左派人士，找到日共党员，搞到一些日方的情报材料。关露在《女声》负责小说、剧评和杂谈。为了不让日本人的言论出现，同时又保护自己的身份，关露只能尽量编些无聊的风花雪月文章，将大量版面占去。这种不动脑筋的工作，对关露来说是很痛苦的。在《女声》工作工资微薄，甚至生活都成问题。关露日子过得节俭，早餐几乎省去，肉蛋之类的根本吃不上，常年处于半饥饿状态。到了冬天，租的房子冷得像冰窖，关露买不起木炭，想去卖血。可是医生说她身体太弱了，会承受不了。血没有卖成，木炭也没有换来，关露守着寒冷的屋子过了一个冬天。

1943年8月，关露受邀参加"大东亚文学者代表大会"，这个会让关露很犹豫，因为等于要在世人面前再一次亮出自己文人的身份，会更加让人误会。但上级组织却希望她利用这一机会接近日本的共产党组织，了解一些日本左翼的情况。

于是关露就去了。这次大会,日方分给关露的讲话题目是《大东亚共荣》。关露把题目换成《中日妇女文化交流》,谈了些无关紧要的内容,诸如中日双方语言不通,大家交流起来比较困难,今后应该多学语言之类的话题,蒙混过去。

果然,关露参加完这次会议回上海后,她的照片就被登载在了报纸上,很多人唾骂她是个汉奸,还有一张叫做《时事新报》的报纸说:"当日报企图为共荣圈虚张声势,关露又荣膺了代表之仪,绝无廉耻地到敌人首都去开代表大会,她完全是在畸形下生长起来的无耻女作家。"

关露在敌营苦熬6年,终于盼来了日本投降,得以回到了苏北解放区。回到解放区后,关露重新拿起笔,写自己未写完的小说《新旧时代》三部曲时,却被告之,不能用关露的名字发表任何文章了。由于关露和李士群夫人在一起的时候,经常是荷枪实弹的士兵护送,声势浩大,所以关露已经受到了路人的侧目,再加上到了《女声》,并出席了一个日本人召开的会议,她的名声很难洗白了。这就意味着在此之前关露在文学上的成就全部报废。作为一名骨子里热爱文学的文人,此时关露心里的落寞无奈是可以想象的。

冤家

关露在日本人控制的《女声》做编辑时,苏青也在上海办一本名为《天地》的杂志。

虽然在日本举行的"大东亚文学者代表大会"上,张爱玲、苏青和关露照了一张貌似亲密无间的相,其实,她们之间并不和睦。

在当时的上海滩,杂志界也存在着竞争。苏青、张爱玲、关露、丁玲是当时得到承认的四大才女,可是在写作方式上,四人各自结友,分成两派。

张爱玲和苏青关注的是个人生活的喜怒哀乐,是一种小资情调的情绪化的反应;关露和丁玲关注的则是劳苦大众等社会底层人士。

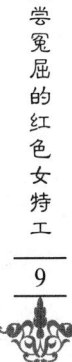

假如关露没有经历特工生涯,她应该会和丁玲一样,成为新中国很驰名的作家。可是,自从她进入了76号,为了掩饰身份,她就不能再写抗日的文章;后来进了日本人办的《女声》,她再也不能像在左联时一样,写自己喜爱的诗歌,写充满火一样热情的字句。她的文学创作陷入了低潮。

在她主编《女声》期间,虽然上海处于战火交接的时期,她办的这份杂志,每个月的销量还是达到了六千册左右,多的时候,到了一万多册,这还是仅限于上海的发行,这个数字,在当时已经很可观了。

俗话说,同行是冤家,由于关露的《女声》,苏青的《天地》发行受到了一些影响。苏青是写反压迫小说《结婚十年》出名的,她这份《天地》由于是在当时的日伪政府上海市长陈公博的资金支持下创刊的,汇聚了张爱玲、胡兰成等描写小资生活的文章,标榜生活情趣,它面对的人群主要是生活中高档的小资人群,他们更多的是关注自身的喜怒哀乐,所以,当时这些作家被定性为海派文人。

张爱玲当时是初出茅庐的小写手,后来之所以叱咤风雨,可以说是与苏青的一手提携分不开的。张爱玲的文章在《天地》是常青树,在作者栏里,几乎每个月都会看到张爱玲的名字,张爱玲由此对苏青也是感激涕零。

苏青是个心直口快的女作家,张爱玲说她"天真的单纯"。为了卖书,她亲自跑到大街上叫卖,和小贩讨价还价,颇具男子汉气质。可是,面对同行的竞争,苏青坐不住了,她不喜欢关露的《女声》,于是就在她的《续结婚十年·苏州液夜话》里写道:"秋小姐(指关露)据说也是左翼出身的,

苏青

与人同居过(指沈志远),后来又分开了,最近替一个异邦老处女作家(指佐藤俊子)编这本《女声》,内容很平常,自然引不起社会上的注意。那秋小姐看去大约也有三十多岁了,谈吐很爱学交际花派头,打扮得花花绿

绿的，只可惜鼻子做得稀奇古怪。原因是她在早年嫌自己的鼻梁过于塌了，由一个小美容院替她改造，打进蜡去，不知怎的蜡又溶化了，像流寇似的乱窜到眼角下来，弯曲地在她的花容上划了一条疤，如添枝叶，未免不大好看，可是却再也没有办法使得她恢复原状了。秋小姐当时听说也曾哭得死去又活过来，然而毕竟没哭出后果，从此对于'左倾'等也灰心了，因为那个同志又同居的男人不久就弃她而去。"

关露年轻的时候，确实曾经做过美容，隆过鼻子。假如不美容的话，关露的鼻子，确实有点塌，关露当时之所以整容，可以说是为了完成特工任务的需要。关露的美容照片，还刊登在当时的《申报》封面上，替某家美容院做广告宣传。可是，就像苏青说的，关露的美容没有做好，以后经常"出问题"，到了老年的时候，关露又由于鼻子的问题，被人怀疑得过性病，这真是一个天大的冤枉。

面对苏青的冷嘲热讽，关露没有说什么，她没有关注这些女人之间的八卦斗嘴，她的心里，只关注着整个国家的命运，只想着如何完成党交给她的特殊工作。

情念 王炳南是关露的第三段恋情中的主角。1938年，关露在上海曾借住王炳南家里，之后王炳南去了重庆在周恩来身边工作，两人时有书信来往。直到1946年，关露终于结束了隐蔽战线的工作，安全到达淮南新四军解放区。关露像回到妈妈身边的孩子一样，感到从未有过的欢畅和踏实，她给王炳南发去了电报，王炳南欣喜若狂，准备立即乘飞机去见关露，行前他想将此事先向党组织汇报一下。当王炳南喜盈盈地来到梅园新村周恩来的办公室，把自己和关露的恋情告诉这位如兄长般的老领导时，周恩来脸上掠过一丝不易觉察的伤感，他很仔细地听，偶尔插进一个问题，大部分时间是沉默。

事情要回到1945年9月，从当时的上海市市长钱大钧主持召开的一次会议上，中共有关组织获悉到一份国民党当局惩办汉奸的名单，其中，关露的名字赫然在列。虽然党组织知道关露是在为党工作，但社会上的人们并不清楚，国民党指控关露是"文化汉奸"，而当时王炳南是做外交工作的，时时要在公众场合露面，因此，党组织从大局考虑，决定劝说他们中止恋爱关系。

走出周恩来的办公室，王炳南犹如落入万丈深渊，内心充满悲哀，他拿起笔给心爱的人写信，把发生的一切原原本本地告诉了远在淮南的关露。

在经历了极度的痛苦之后，关露，这位坚强的女性，为党的事业和王炳南今后的前途考虑，毅然接受了这个残酷的现实。

解放在即，1949年的春天，关露来到已解放的北平。不久，她便给廖承志打电话。

廖承志接了电话，知道是关露，赶忙说：

"关露啊！你找不到证明人了？快来，我做你的证明人。"

关露如约见到了廖承志，向他汇报了打入上海极司菲尔路76号汪伪特工总部策反李士群的情况和在《女声》杂志搜集情报的情况，廖承志听后告诉关露，你要相信党，党了解你就是了。关露听了廖承志的话，心中踏实了许多。廖承志还说，你原来是写诗写小说搞文学工作的，现在还回来搞文学工作，干本行吧！当时廖承志便给周扬写了一封信，让关露去找周扬分配工作。

周扬见到廖承志的信后，将关露分配到华北大学（即后来的中国人民大学）的第三部，任文学组组长。

1949年3月中旬，中共中央外事组副主任王炳南和中共代表团一道，也从西柏坡迁到香山，协助周恩来和以张治中为首的国民党代表团进行谈判。

关露知道王炳南住在香山，便去看望他。

两位昔日的恋人已经十二年没有见面了！在王炳南的房间里，关露坐在沙发上，低着头，暗自流着泪。她能再向他叙说她对他的刻骨铭心永生难忘的爱吗？她能再向他叙说她心灵中最甜蜜最美好的情感都是来自她对他的思恋吗？

不！不能！他早已经向她提出断绝恋情关系，她理解他是从革命大局出发，她理解他是个重感情更重党性原则的人！她理解他们的关系是历史造成的爱情悲剧！

炳南给关露倒了杯茶，放到她旁边的茶几上。"那，喝点水。"他低声说。

关露看看茶杯，望望炳南，她心头原本深藏着沉重的悲痛，现在却把一丝苦涩的笑挂在嘴角上。炳南明白她脸上苦涩的笑容里，包藏着她内心难以磨灭的痛苦。

像关露这样一位文学创作上有才华的，早已打出相当知名度的作家，当时有必要派她去当"文化汉奸"搞情报吗？他实在百思不得其解！至今，关露的头上，还有"文化汉奸"的阴影！它断送了一个作家，也断送了他们的爱！他实在痛心疾首！

"全国都要解放了！"王炳南平静了一下心绪说，"在为共和国诞生的斗争中，我们都曾经在不同的战斗岗位上，不怕流血，不怕牺牲地奋斗过。为了革命的最后胜利，我们出生入死，尤其是你，一个柔弱女子，竟然敢于深入虎穴搞情报工作，真可以说连生命都不怕献出去！一想到这些，关露，还有什么不可以牺牲的吗？"

听了炳南的几句话，关露掏出手帕擦掉自己脸上的泪痕，精神振作起来。

王炳南从兜里取出一支墨绿色派克金笔，递给关露。

关露接过笔，怔怔地望着王炳南，她完全忘记了有关这支墨绿色派克笔的事。当时，关露到处寻找这支笔也没有找到，后来便渐渐地忘却了。王炳南的提醒，才使关露恍然大悟。这是十二年前，在上海南京路上，她送他自己的《太平洋上的歌声》诗集时，连签名的笔也一块儿递给了他。

现在，关露把这支墨绿色派克金笔拿在手中看了又看，抚摸了一阵子，把它又递回给炳南：

"它已经跟随了你十二年，你就留下用吧！"

"当作家的，更用得着嘛。"

"送给你吧，就算是个分别纪念物吧！"

王炳南把笔收下了，但他神情有些凄楚，语气却十分坚决："忘记过去吧！新生活在等待我们，新中国在等待我们去建设！我们有许多工作要去做！我们没有更多的时间想个人！"

关露慢慢地点点头，表示赞同他的话。低声道："不过……"关露欲说又止。

炳南怔怔地问她："不过什么？"

"不过，"关露仿佛是在自言自语，"只怕我是……青山不改，绿水长流！"

"还是把过去忘掉吧！"王炳南又重复了一遍。

可关露呢？她忘得了这段刻骨铭心的情与爱吗？

1945年日寇投降，王炳南害怕关露在上海受到国民党的迫害，嘱托夏衍把关露转移到苏北解放区；炳南怕她缺钱花，几次托人给她带钱去。危难之时，炳南总惦记着她。他每时每刻都在实现着他对关露的承诺：你关心我一时，我关心你一世！

"炳南，"关露极其真诚地说，"我可以忘掉我们的关系，自今日以后，至死，我也不会再来找你。可是，你所给予我的那些难得的呵护和爱，在我的生活里，在我的心底里，已经深深地扎下了根，今生今世只怕都会深植在我的生命中，我能忘吗？这份真挚的情，留在我的心中，几年、几十年、直到死，谁能把它抹掉呢？"

"不，忘掉过去吧！"炳南第三遍说这句话，语气更坚定。同时，他答应关露把过去她写给他的信还给她。这是关露昨天在电话里要求的。

"关露，"王炳南极其真诚地说，"重新开始生活吧！我希望你能得到更幸福的婚姻，把生活安排得更美好！"

关露微微一笑，也语气坚定地说道："我会的，放心吧！不过，我不在乎天长地久，我只在乎是否曾经拥有。我，曾经拥有过，这就够了。"

那天，他们分手时，王炳南一直把她送到山下，送到香山的山门口。关露和他握手道别的一瞬间，望望那只紧握的手，想起十二年前在上海南京路上她也握过这只手，那次是暂时的分别，还有未来好期待，并且生出了一段永世难忘的恋情；这次握过这只手，却是永久的诀别，没有未来好期待。

关露从香山山门口走出老远老远，回头看看，王炳南还站在那里，望着她远去的身影。她在心里默默地念叨着：在熙来攘往的尘世中，我从心底里祝福你：别了，朋友！好好珍重！祝你幸福，祝你一生平安！

关露一向言而有信！从此，三十多年，不论她身处顺境还是逆境，直到死，她都没有再找过王炳南一次！从此，她关闭了心灵中爱情的闸门，不再爱任何人，也拒绝任何人之爱！直到她的生命终结！

晚景　关露在香山与王炳南见面那次，曾经向他说到，她在上海搞情报工作时她的领导人张大江的情况。炳南觉得这个情况应该反映给李克农同志，于是他和李克农取得了联系，说明了情况，为关露约见了李克农。

李克农一见关露，便说：他曾经叫扬帆打电报调她回来，在中央情报部门继续做情报工作。

那时，关露在大连，流动性很大，没有接到扬帆的电报。

李克农听取了关露的详细汇报，同时又提出了一些问题，关露全都一一做了解答。这算作党的情报工作的高级领导人对关露的一次审查。对审查的结果，李克农和关露都很满意。

后来，受潘汉年事件的牵连，关露曾两次蒙冤入狱，前后长达10年。出狱后，关露念念不忘的还是手中的笔，为了补偿失去的时间，她经常写作到深夜，她把以前出版的《新旧时代》重新改写成《不屈的人们》，另外还在酝酿创作新小说。

1977年4月10日，关露在写给妹妹的信中说：现在想请你为我办一件事，不知你可有精力出去跑？这件事是去徐家汇肇嘉浜逛一趟，看一看当年的这条污水河，现在建成的花圃漂不漂亮？肇嘉浜附近有没有小学？有没有小孩在花圃附近玩耍？怎么玩法？等等。因我在六二年用这题材写过一篇散文，叫《河畔春光》，没有写好，现在想改一改，写成儿童读物，以教育后代。希望了解的细节越多越好！

　　1980年5月的一天，关露突然倒在地上不省人事。被送到医院，查出是脑血栓症。抢救过来之后，很多记忆都变得模糊起来，手连笔都拿不住了，她无法写作了。

　　1982年8月，潘汉年得到平反，与之相关的关露也得到平反，首次得到她是由党派往上海做情报工作的结论，了却了这一最后心愿后，关露于同年12月5日在家里吞食大量安眠药自杀身亡。

　　关露死后，文化部为她举行了隆重的葬礼。参加葬礼的喧哗人群与生前孤寂的她形成鲜明的对比。

郑苹如：怀揣明星梦的正义刺客

传略 郑苹如（1918—1940），浙江兰溪人，中日混血儿，民国名媛，革命英烈。

郑苹如的父亲是国民党元老郑钺（又名郑英伯），曾留学日本法政大学，获法律学士学位。留学期间参加日本同盟会，支持孙中山。曾任上海复旦大学教授。与陈果夫、陈立夫的堂弟，国民党上海地区负责人、"中统"特务陈宝骅关系甚密，交往频繁，因此成了陈宝骅工作上的帮手。母亲是日本人木村花子，武士家族后人，是郑钺留学日本时结识的，婚后曾经移居中国，改名为郑华君。郑钺与木村花子先后育有二子三女，郑苹如是他们的第二个女儿，

当年上海第一大画报《良友画报》曾将郑苹如作为封面女郎，她的名媛身份和大家闺秀相貌让该封面大获好评。上海沦陷后，由于陈宝骅的关系，郑苹如秘密加入中统，成了中统的女情报员。她利用得天独厚的条件混迹于日伪人员当中获取情报。日本首相的儿子近卫文隆曾一度被她深深吸引，她打算绑架此人，希望借此结束中日战争，后被上司制止该计划。她曾参与暗杀日伪特务头子丁默邨，因暴露身份而被捕，但她咬定是为情

所困而雇凶杀人，此事成为当年上海滩重大花边新闻之一。1940年2月，她被76号特工总部首领李士群瞒着丁默邨秘密处决于沪西中山路旁的一片荒地，连中3枪，时年23岁。

郑苹如临刑前神色从容，其遗言有两个版本，一为对剑子手说：干净些，不要把我弄得一塌糊涂。另一个版本为：这样好的天气，这样好的地方！白日青天，红颜薄命，竟这样撒手西归！我请求你，不要毁坏了我自己一向所十分珍惜的容颜。

青年

郑苹如在家排行老二，上有一姐，下有两个弟弟和一个妹妹。她与姐姐、弟弟、妹妹的童年是在日本度过的，直到11岁时才随母亲回到上海。她曾就读于上海市北中学、大同中学及民光中学，学生时期的她不仅人长得漂亮、举止大方，而且聪明好学、兴趣广泛，还喜欢柔道及演话剧。

1931年3月12日的《国画时报》，刊登了一幅郑苹如演出时的剧照。由此，郑苹如被老师和同学称为"校园明星"。

郑苹如也确有过明星梦，她非常崇拜胡蝶、阮玲玉等上世纪30年代大紫大红的大牌女明星。当时南京路上的王开照相馆很有名，一些男女大明星都在那里拍明星照。每当看到王开照相橱窗内摆出大明星的漂亮照片时，她就会驻足欣赏。进入大学以后，郑苹如还曾通过朋友，想到当时上海有名的明星影片公司当演员，但其父是一个传统观念很重的人，断然否定了郑苹如当演员的要求。演员当不成，明星梦无法实现，她转而迷上了拍明星照，她时常到王开照相馆模仿一些明星的姿态拍照，有的还被陈列在了王开照相馆的大橱窗内。

郑苹如虽然出生在日本，并有日本人的血统，但她特别热爱自己的祖国，这同她从小受到父亲的熏陶有关。郑苹如时常跟着父亲进出同盟会老朋友于右任、陈果夫和陈立夫等人的家，父亲的这些老朋友都很喜欢郑苹如，视同自己的女儿一样。

1932年"一·二八"事变，日本侵略者进攻上海，上海人民与十九路军同仇敌忾，奋力抗击侵略者。在这场上海保卫战中，郑苹如买了慰问品跟着慰问队上前线慰问抗日将士，为负伤的将士们洗衣、倒水、擦脸。郑苹如还自己花钱印了许多宣传抗日的传单，与同学们一同到浦东张贴和散发。在学校组织的抗日爱国文艺演出中，郑苹如自编自演的话剧《抗日女生上前线》博得了师生们的一致好评。

《良友》画报封面

情事 1937年春，郑苹如毕业于上海法政学院春季班。23岁的她正坠落在甜蜜的爱河之中，打算秋天与时任上海航空作战大队小队长的未婚夫王汉勋到香港旅行结婚。

天有不测风云。1937年7月7日，日本帝国主义对中国发动了全面侵略战争，同年8月13日，日本侵略者进攻上海。郑苹如积极支持抗战，除了捐钱捐物，还帮助未婚夫王汉勋为战友家属做事：一些航空战士在与敌机作战中牺牲，家属需要帮助与慰问，郑苹如就带上礼品一户一户登门探望与慰问。

1937年11月11日，晚6时左右，正在伏案撰写抗日话剧剧本的郑苹如忽然听到窗外有一个熟悉的声音在叫着她的名字，郑苹如打开门，来人是她的未婚夫王汉勋，他是来向郑苹如告别的。航空作战大队接到命令将于午夜西撤，王汉勋深知，这一别也许将永远天各一方，为了再见郑苹如一面特地赶来。王汉勋从衣袋里摸出了一张他新近拍的全身照，照片的背面写着："亲爱的苹如，留念！永远爱你的汉勋。"他紧紧拥抱郑苹如，说：

"等打完了日本鬼子我们再结婚！"随即驾着吉普车消失在夜幕中。

大义

1937年11月12日深夜，驻守上海的最后一支中国军队西撤，上海沦陷，租界则成了"孤岛"。

自"八·一三"上海保卫战打响，上海社会各界开始组建抗日地下机构，郑钺被任命为最高法院上海特区法庭最高检察官，转入地下参与抗日工作，并掌握着一台与重庆保持秘密联络的电台，对外则称辞职在家养病。与此同时，郑钺同盟会时期的老朋友、时任国民党中央组织部长、掌握中统实权的陈果夫找过郑钺，与其商量特邀郑苹如加入中统地下抗日组织之事并获同意。

陈果夫特邀郑苹如参加地下抗日组织，是因为郑苹如有日本血统，从小生长在日本，会讲一口流利的日语，家属中与日本高层人物有来往，了解日本人的各种习惯，加之她年轻、漂亮、有文化，是打入敌人心脏的最佳人选。1938年1月，陈果夫通过特别的途径把郑苹如介绍给本家亲属、时任国民党上海市党部常务委员、调查统计室负责人陈宝骅，让其把郑苹如发展到抗日"团体"中来。一天下午，陈宝骅把郑苹如约到法租界霞飞路（今淮海路）一幢法式洋房内（这是抗日组织的秘密联络站）。郑苹如在这里接受培训，掌握了收发电报、射击、密写等特工必须具备的技能。

上海沦陷后，日本侵略者一边大肆捕杀抗日志士，一边四处搜罗走狗汉奸。1938年1月起，日本侵略者在上海开始了一场大规模的"血腥诱降"。在日本侵略者的诱降名单中，就有郑苹如的父亲郑钺。

3月的一天下午，日本"使馆"书记官清水董三持贵重礼品"拜访"郑钺，"邀请"他担任正在筹建的伪司法部部长，被郑钺以患病为由拒绝。

此时已加入抗日组织的郑苹如正伺机打入敌人内部，故"自告奋勇"地表明愿替父亲为他们"工作"。凭借从小生长在日本，加上会说一口流利的日语，使日本人对郑苹如有一种亲切感，凡与郑苹如打过交道的日本人都对她留下了很好的印象。郑苹如在"日本人社交圈"里如鱼得水，建立了获取情报来源的途径与渠道。

郑苹如先后结交了百名日本"朋友"，其中不少是日本军官、文职官员及高层人物。为了博得"日本朋友"的信任和好感，她时常主动同他们"聊天"，约他们在日本俱乐部喝咖啡、喝清酒，还常常邀请他们到家里做客，听日本唱片，吃日本料理。郑苹如很快可以自由进出日本驻沪军事部门等机构。掌管日本海军情报的负责人小野寺信见郑苹如漂亮、聪明，便邀请郑苹如做他的翻译，甚至把一些绝密资料交给她去翻译。日本军事报道部新闻检阅室还特聘郑苹如为日军新闻电台的播音员，驻沪日军特务机关长片山大佐对郑苹如更是"关爱有加"，时常在重要会议或场合中将郑苹如带进带出，许多日伪高层人物视郑苹如为片山的私人秘书。

绑架　　1938年12月初，郑苹如得到一份总部的密电：要她利用自己与日本方面的特殊关系，绑架日本首相近卫文麿在上海东亚同文书院学习的儿子近卫文隆，想以此通过外交谈判逼日本退兵。

近卫文隆是日本首相近卫文麿的长子。近卫文麿曾送他到美国留学，但近卫文隆在美国沉迷于吃喝玩乐，不思进取。无奈之下，近卫文麿只好又把他送到由日本人在1900年开办的上海东亚同文书院。还专派了一个在该院毕业的日本人中山优照顾他的生活起居。但近卫文隆来到中国后依旧是我行我素，赌博、嫖妓、看赛马，为所欲为。对日本驻沪的头目们来说，近卫文隆想不想读书并不重要，怕的是他的"乱来"和"惹事"会影响他的自身安全。尤其是近卫文麿的谈判代表早水亲重深感"责任"重大，因为近卫文麿曾特别叮嘱他看管好近卫文隆。百般焦虑中，早水想到了郑苹如，想让郑苹如去"照顾"近卫文隆。

1938年秋末的一天，日本驻沪"领事馆"举行"日中和平联谊会"，郑苹如作为嘉宾和翻译出席。早水把郑苹如介绍给近卫文隆，让他俩交朋

友。郑苹如的美丽和高雅让近卫文隆倾慕不已，经常打电话约会郑苹如。一来二去，近卫文隆视郑苹如为"未婚妻"，对她口无遮拦，时常无意间说出自己听到或得到的重要消息。"讲者无意，听者有心"，近卫文隆成了郑苹如获取重要情报的来源之一。

一个周末的下午，郑苹如把近卫文隆约到巴拿马夜总会"谈情说爱"，借机把他灌醉后，带到一家酒店客房"软禁"。计划由地下组织派人，通过水路把近卫文隆带出上海。

没想到，总部收到郑苹如"得手"的电报后，却复电马上"放人"。原因是近卫文麿在日本算是"温和派"，担心一旦把他逼急了会变向强硬派一边；另外，绑架其子未必能达到逼日本退兵的目的，反而会引起日军在上海进行大搜捕和大屠杀，致使更多无辜者遭殃。

那天，日本方面得知近卫文隆"失踪"后，沪西日本宪兵队紧急出动，封锁所有交通要道，特务机构也派出人员在租界内乱窜，四处打探。直到郑苹如与近卫文隆手挽着手"回家"，并得知他俩在客房"过夜"，日本头目们才放下心来，认为是虚惊一场。

刺探

1939年8月底，一个星期六晚上，日本驻沪"总领事"在"领事馆"的草坪上举办纳凉舞会，这是一个小范围、高规格的舞会，参加舞会的都是日本在沪的政界和军界要人。郑苹如应早水亲重之邀赴会。

舞会上，郑苹如成了日本大人物眼中的艳丽"樱花"，一个个抢着要与她共舞，郑苹如则有请必跳。在这次舞会上，早水亲重不无得意地向郑苹如吐露了一件机密：日本方面秘密派去重庆的人已经同国民党的"二号"接触了，"二号"表示愿意同日本人合作。

翌日上午，郑苹如将二号人物汪精卫即将叛变的情报迅即密报重庆，然而，这一重要情报并没有引起她的上司的注意。

1938年12月初，郑苹如再次从日本驻沪高层人物处得到"可靠情报"：

汪精卫已同日本人"谈妥事宜"，准备离开重庆"变节投敌"。郑苹如再次发出绝密加急电报："获悉大二号已与日本方面勾搭，近日将有异动，务必采取行动加以阻止。"

但是，这份绝密急电依然没有引起重庆大佬们的注意。没有人会相信一个国家的"二号人物"会投敌、当汉奸。但就在郑苹如的这份密电发出后的第三天，汪精卫突然"失踪"，去向不明。

1938年12月29日，汪精卫在越南河内公开发表投降日本的"艳电"后，重庆方面才如梦初醒，但为时已晚。

刺杀　　汪精卫的公开投敌叛国，使中国人民的抗日斗争遭遇了极大的困难。

曾任中统第三处处长的丁默邨和原中统干事李士群在日本"使馆"书记官清水董三的引领下，拜见了日本特务头目土肥原，呈上了他们组织伪特工机构的"上海特工计划"。该计划很快获得日军方面的全力支持，并成立了"特务工作机构"，地址在极司菲尔路（今万航渡路）76号，丁默邨和李士群把一批地痞流氓、乌合之众网罗到一起，组成了一支汉奸队伍。

1939年5月，汪精卫来到上海，和丁默邨与土肥原进行了秘密会谈：承认丁、李的特务组织为汪伪政府的秘密警察，同意成立"特务工作总司令部"；汪精卫任命丁默邨和李士群为即将成立的伪政府内政部长、江苏省主席。从此，丁、李特务组织成了日本侵略者与汪伪政权的一个重要组成部分，开始全面暗杀抗日志士和抗日群众。铲除丁贼成了当务之急。

郑苹如接到总部命令，要她想尽一切办法除掉丁默邨，以打击日伪的嚣张气焰。郑苹如深感责任重大，她明白，想除掉丁必须了解他的行踪、生活规律与爱好，要掌握这一切就必须接近他。好在郑苹如时常出入各种重要社交场合，早已引起了好色的丁默邨的注意。

5月末的一天下午，日本驻沪"总领事馆"举办了一次高级别的"中日亲善，东亚共荣"联欢会。联欢会结束后举行了晚宴，郑苹如被安排在贵宾席包房，与丁默邨等日伪头目觥筹交错一番之后，丁默邨对郑苹如立时有了"好感"。临别，丁默邨主动提出送郑苹如回家。

丁默邨没有直接把郑苹如送回家，而是带她到了霞飞路上的一家咖啡馆。交谈中，郑苹如得知丁默邨曾是她在民光中学上学时的校长，而当丁默邨得知郑苹如曾是民光中学学生时，就对郑苹如特别"亲切"，两人由此"称兄道妹"，开始了交往，丁默邨隔三差五约郑苹如跳舞，喝咖啡，吃大餐。

丁默邨

然而，丁默邨每次带郑苹如去的地方都是一些保安十分严密的场所，一般人根本无法进入，要行刺他非常困难。有时说好去巴拿马舞厅跳舞，最后去的却是大华舞厅。有一次，郑苹如约丁默邨到一家他喜欢的咖啡馆喝咖啡。可车刚到咖啡馆门口，丁默邨马上让司机驾车离去，郑苹如问他为什么，丁说，他发现咖啡店附近有三个神情不定的人站着，按他的职业习惯，有一种不祥的感觉。

总部不断下令催促，要求务必尽快动手。但要想在公共场所行刺丁默邨显非易事，想来想去，郑苹如等人决定，在郑苹如家门口行刺丁默邨。

8月14日，丁默邨约会郑苹如，郑苹如随即安排人员潜伏在郑家附近。晚上10时左右，天空突然雷声隆隆，狂风四起，紧接着大雨倾盆而下。风雨中，一辆黑色雪铁龙轿车停在了万宜坊弄口，这是丁默邨送郑苹如回家的轿车。郑苹如下车后对丁默邨说家里没人，希望他送她到家里，丁默邨一听，深感这是一个"良机"。但正当丁默邨打算下车时，忽然透过车窗看到有几个黑影向汽车走来，狡猾的丁默邨马上命令司机开车。

轿车在风雨中迅速启动，快速离去。埋伏在附近的除奸人员，只能眼睁睁地看着丁默邨的汽车消失在风雨交加的夜幕中。

12月22日，丁默邨约郑苹如去虹口一个朋友家聚餐，郑苹如马上把这一消息告诉上峰，上峰决定让郑苹如以要丁默邨送圣诞礼物为由，骗丁默邨到静安寺的西伯利亚皮货店买大衣，伺机刺杀丁默邨。

那天吃完午餐，丁默邨陪着郑苹如来到西伯利亚皮货行。然而丁默邨刚进入商店，马上转身道："你自己挑选吧！"他将一叠钱朝郑苹如手里一塞，匆忙奔出商店坐上轿车。

砰、砰、砰……一阵枪响，子弹打在防弹车窗上，丁默邨再次逃过一劫。

这次刺杀行动的失败，引起了丁默邨对郑苹如的怀疑。

遗憾

1939年12月25日，圣诞节，英法租界到处洋溢着节日的气氛。郑苹如家里却是冷冷清清，一夜没有睡好的郑苹如在房内精心打扮着自己，因为晚上要赴丁默邨的"约会"，她要单枪匹马去执行刺杀丁默邨的任务。

下午5点钟，郑苹如身穿一套深蓝色的套装，脚蹬一双黑色靴子，外披一件红色长大衣，腰夹一只白色小皮包，梳一个长波浪发型，脸上施着胭脂口红，一副大家闺秀的模样走出家门。出门时，她双眼定定地看了看自家的这幢房子，表情中流露出一种依依不舍的神态，随后朝弄口走去。

郑苹如走到弄口，丁默邨的黑色轿车已经停在了弄口侧面马路旁，一见郑苹如，丁默邨马上露出一副殷勤的谀态，郑苹如刚跨上车，发现后座上已坐着两个打扮时髦而妖艳的女郎，郑苹如惊讶了一下，很快明白过来，她知道，自己被"绑架"了。

轿车刚停在沪西舞厅大门前，二十几个特务急忙围住车，丁默邨下车就挽着郑苹如朝舞厅走，这帮人簇拥着他俩走进舞厅。在丁默邨预订的席位上，已有一位时髦女郎坐在那里。郑苹如注意到，舞厅内走来走去的各类人员中，有不少人都用眼角注视着她，每条走道、每扇门旁都站着一些行踪怪异、神态高度紧张的"陌生"人，更让郑苹如感到异常的是：她是沪西舞厅的常客，而今天舞厅内的男女服务员好像特别多，其中不少都是生面孔，他们只是在舞厅内走动，根本不为客人端茶倒水，这一奇异的场景，让郑苹如感到丁默邨是早有布置的。在这种严密的监控下，郑苹如深感很难下手，任何一个小小的举动都会露出破绽。郑苹如心里有些着急与不安，手枪放在小白包里，一动包就会引来身旁那些女郎们的警觉。郑苹如灵机一动，提着小白包朝厕所走去，两个时髦女郎急忙亲热地跟着郑苹如一同进入女厕所，郑苹如关上厕所门，迅速从包中取出手枪藏入靴子边沿内，随后若无其事地回到座位上。

　　舞会开始了，优美的乐曲声中，丁默邨邀请郑苹如跳舞，故意把郑苹如带到离座位较远的舞厅大柱边，使郑苹如看不到自己座位上放着的包，跳舞过程中，两个女郎紧紧围绕在丁默邨与郑苹如的身旁。

　　一曲舞毕，郑苹如回到座位，假装要补妆，打开包，发现自己包内隔层的拉链被动过，知道包已被坐在身边的女郎检查过。为了使丁默邨放松警惕，郑苹如利用跳舞间隙频频向他敬酒，想乘他放松警惕的一刹那干掉他。但老谋深算的丁默邨每次都是礼节性地略微抿一口。一招不行，郑苹如又生一计。当丁默邨抱着郑苹如跳到舞厅一处大柱后时，郑苹如乘丁默邨向前迈步时故意脚步往后慢移，丁默邨的脚正好踩在了郑苹如的右脚背上，郑苹如马上"哎哟"一声，随即蹲下揉脚，想趁机从靴子内取枪。然而丁默邨马上紧紧握住了郑苹如的双手。就在这时，围着丁默邨跳舞的两个女郎快步过来，把弯腰的郑苹如抱住，并趁机在郑苹如的腰间摸索。

　　郑苹如回到座位，依旧同丁默邨说笑，一副若无其事、轻松而又矜持的样子，但内心却非常的不安，深知在今天这种场合除掉丁默邨几乎没有可能。为了不留下物证，郑苹如又以上厕所为"掩护"，迅速从衣袋里拿出一块大手绢，将手枪包在里面，特意在地上弄脏后从厕所的窗口扔到外面。

　　郑苹如回到座位后片刻，伪特工总部第三行动大队队长、丁默邨的心腹林之江匆匆走进舞厅，把丁默邨叫到舞厅大门口耳语了一番。随后，丁默邨又微笑着走到郑苹如身旁坐下，并与郑苹如干杯。舞会结束，郑苹如上了丁默邨的车，后座上，仍旧是两个时髦女郎把郑苹如夹在中间。

车在夜幕中快速奔驰，路上冷冷清清，不见行人，丁默邨的车后紧跟着两辆吉普车。当汽车开进忆定盘路（今江苏路）37号"和平军第四路军司令部"停下时，郑苹如一切都明白了……

十天后，郑苹如又被送入了76号，这是上海人都知道的杀人魔窟，凡进了76号的人，没有一个是活着出来的，等待着郑苹如的是灭绝人性的逼供与摧残。

就义

郑苹如被关进了76号的囚室，但因为丁默邨事先打了招呼，并未受到虐待。

丁默邨并没有直接审讯郑苹如，而是让李士群派人去找郑苹如的父亲郑钺。"我女儿做得对。我以有这样的女儿自豪。"郑钺义正词严地对李士群派去的说客说。

一计不成，又生一计，丁默邨请出驻上海的日本领事去见郑苹如的母亲木村花子。

"你是天皇的臣民，希望你不要忘记帝国大业，尽快劝说你丈夫到汪精卫那里去任职，如果这样，我们可以释放你女儿。"

"作为日本人，我为自己的国家侵略中国而感到羞耻，我怎能劝说我的中国丈夫来为侵略事业出力？至于我女儿，她已长大成人，她知道自己该怎样做。"

碰了一鼻子灰的丁默邨虽然恼恨郑苹如参与对自己的谋杀，但又着实迷恋她的色相。他只想把她关一个时期，煞煞她的性子，然后再放她出来。

然而有一个人必欲置郑苹如于死地。

这个人就是丁默邨的老婆赵慧敏。她恨郑苹如，不是因为郑是中统派

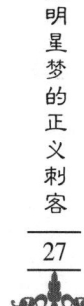

来刺杀她丈夫的特工，而是她认为郑"抢走"了她的丈夫。她悄悄地找到林之江，对林面授了一番机宜。

郑苹如又被暗中移解到忆定盘路37号的"和平军第四路军司令部"内（林之江兼该路司令）。这个行动非常机密，连丁默邨与李士群也被瞒过了。

赵慧敏的第二步，便是授意林之江找机会杀害郑苹如。

1940年2月，星月无光的一个晚上。

林之江从囚室里请出郑苹如。

"郑小姐，丁先生请您去谈话，请马上动身。"

她知道此行凶多吉少。出于少女爱美的天性，她仔细整理了一下自己的衣服，又对着小圆镜，把略显凌乱的头发梳得整整齐齐。"走吧！"她昂然上了黑色的小轿车。

囚车在刑场的一座小土坡前停下，十几个身穿黑色棉大衣的便衣特务匆匆打开车门跳下车，如临大敌般端起枪站在后车门的两旁。两个便衣特务把披着长发、两手前铐的郑苹如押下了车。

郑苹如被两个特务押到了小土坡前，郑苹如身着金红色的羊毛内衣，外披红色的皮大衣，挂一根鸡心嵌有照片的黄金项链，手戴一枚钻石戒，天生丽质和漂亮的穿着，使她此刻站在黑夜的车灯前，如神话中的红衣天使，美丽动人。

郑苹如非常平静地站着，内心却思绪万千；她不是因为自己将要死亡而流泪，而是舍不得离开自己年迈的父母、弟妹、朋友和恋人；她渴望甜蜜的爱情和幸福的生活；她盼望着抗日的早日胜利，能和心上人进入婚礼殿堂……然而，这一切的一切将要永远、永远地离她而去……

临刑前最后一分钟，郑苹如用手揉了揉吹散在脸上的头发，随后整了整衣服，苗条的身体挺了挺，脸部又再次仰望天空……

枪声划破了死寂的夜空，震荡苍穹，抗日女英雄郑苹如凄艳地倒在了血泊中，一个美丽的身躯在这恐怖、寒冷之夜香消玉殒……

慰藉　　郑苹如被枪决后，据传重庆中统局曾为她开了一个追悼会。抗战胜利后，借国民党政府审讯汉奸的时机，她的家人曾向法院鸣冤控诉，由此"刺丁案"再度流传开来。1946年11月16日郑苹如之母郑华君为丁默邨杀害郑苹如致函首都高等法院，原文如下：

为凭借敌势残害忠良、诉请严予处刑以彰国法事。窃氏先夫郑钺，清末留学东瀛，加入同盟，追随国父及于右任院长，奔走革命有年。辛亥、癸丑两役，先夫皆躬与其事。民国二十四年授命上海高二分院首席检察官，七七事变猝发，先夫悲愤万状，沪淞沦陷即杜门谢客，而敌伪深知其为人望，欲借以为号召，对之极尽威逼利诱之能事。先夫大义凛然，矢志靡他，亟以雪耻救国谆谆教导子女。子曰海澄，投笔从戎，效力空军，与敌周旋之后竟尔成仁，完成其报国素志，女曰苹如，由上海法政学院毕业，爱国之志胜于须眉，二十六年承嵇希宗介绍，加入中央调查统计局工作，以获取敌伪情报及破坏工作为天职。丁逆默邨、李逆士群均在沪西极司菲尔路七十六号组织伪特工总部，丁逆担任主任伪职，专以捕戮我方爱国同志、献媚日敌为事。熊剑东曾为丁逆逮捕，熊妻与苹如共同设法营救。苹如前肄业民光中学，时丁逆适长是校，苹如借此关系，故得对丁逆虚与委蛇，冀从中获取便利。由是探悉前高二分院郁华庭长、前一特地院钱鸿业庭长之被暗杀，皆由丁逆为厉之阶，盖欲破坏我方在沪整个法院也。该逆向苹如曰：汝父任高二分院首席检察官，亟宜参加和运，若不识时务，勿谓七十六号无人，行将夺取汝父生命云云。苹如闻之愤不可遏，当诉由先夫以情密陈司法院在案。苹如于二十八年奉中统局密令，饬将丁逆置诸重典，遂与嵇希宗及郑杉等暗中会商，决议由苹如以购办皮大衣为由，诱令丁逆同往静安寺路戈登路口西伯利亚皮货店，并于附近伏戎以待。苹如于十二月二十一日午后五时许将丁逆诱到该处，某同志即开枪向之射击，惜乎手术欠精，未能命中，当被遁逸。丁逆由是痛恨苹如，欲得而甘心焉。卒于是月二十六日将苹如捕去，更有丁逆之妻及其他某某两巨奸之妻亦参与逆谋，极力主张应致苹如死命，苹如遂及于难……

同年12月27日，杭州读者张振华致函《大同报》，提供了郑苹如被捕后的一些情况。他说，杀害郑苹如女士是在民国二十八年冬，其时丁默邨任苏浙皖肃清委员会副主任委员（正主任委员是周佛海），兼特工总部部长（伪维新政府亦有番号，类同之苏浙皖绥靖委员会，部长为任援道）。肃委会下分四路，番号是中国国民党反共救国军第一路司令王天木，第二路司令何行健（在好莱坞舞厅被刺），第三路司令田会林，第四路司令林之江。郑女士乃林之江由沪西舞厅绑回，出动汽车四辆，特务人员二十余人，均备有德国自来得手枪。绑回后并不动刑，审问数次，最后由丁默邨亲自审问。据说丁逆与郑女士尚有师生之谊，此次系郑女士指挥地下工作同志数人，行刺丁逆未成被捕，在沪西忆定盘路37号软禁一月左右。郑女士之死全系丁逆主动。

张振华在信中接着说：

（丁默邨）当时己身行动不自由皆系谎言。极司菲尔路七十六号，周佛海不过挂个空衔而已，生死权皆操于丁默邨之手。后因郑女士不肯妥协，丁默邨命令林之江执行郑女士之死刑。刑场在徐家汇过火车站之荒野地方，其时林之江之卫士不忍下手，命中要害后，由林之江亲自射击三发，一中胸部，二中头部，方始毙命。死时穿着金红色之羊毛内衣，外披马皮大衣，胸前挂有金链及一鸡心金质之照片，大衣及金链等物归林之江取去，提出三百元作为公积金。此一代可敬可佩之郑女士，被丁默邨一纸命令而致香殒玉消。今审奸工作尚未完成，特提出一点数据，作为参考。文字之拙劣，在所不计，聊代郑女士一伸奇冤，并加丁默邨之罪也。

1947年7月5日，火炉南京。老虎桥监狱内，被关押的大汉奸个个大汗淋漓，尽管环境恶劣，但被炎热煎熬得疲惫不堪的他们都昏昏入睡了。

下午2时，监狱南面的一间囚室的铁门被打开，杀害郑苹如及许多抗日爱国人士、双手沾满鲜血的大汉奸丁默邨，被押上了监狱的刑场。

检察官:"姓名、年龄、籍贯、住址?"

丁默邨低着脑袋:"丁默邨,四十五岁,湖南常德县人,家住上海愚园路1010号。"

检察官:"你因何案被押?"

丁默邨:"因汉奸案被押。"

检察官提高声音:"本案判你死刑……你有何遗言留给家人?"

丁默邨脸色苍白,颤抖着身体,无力地道:"没有。"

检察官命令法警:"将该犯丁默邨执行枪决!"

一颗正义的子弹,结束了丁默邨罪恶的一生。

郑苹如的父亲郑钺因不愿以出任伪职而保释女儿,一病不起,于1941年初抱恨而终。郑苹如的另一位哥哥郑海澄在1944年的一次对日空战中牺牲。一直支持中国人民抗击日本侵略者的郑华君(木村花子)女士在日本投降后迁台,由其三女儿奉养,1966年以八十高龄病逝于台湾。2009年6月6日,上海各界人士在上海福寿园为抗日除奸女英雄郑苹如举行了塑像落成典礼。郑苹如的英灵终于得到了安慰。

凌叔华：以明慧的笔在所见及的世界里发现一切

传略 　凌叔华（1900—1990），名瑞棠，笔名叔华、素心。祖籍广东番禺，生于北京。是近代闺秀派代表作家和文人画家。

9岁那年随父旅居日本，并在那里学习了两年，回国后父亲到天津就职，于是举家居津。请直隶第一女子师范学校毕业的老师辅导，半年后，通过了该校三年级考试，1918年秋，插班到第十学级学习，与郭隆真、邓颖超、张若茗、蒋云、梁岫尘等成为同班同学。1919年"五·四"运动爆发，凌叔华是班里中文最好的，被选为女师学生会的秘书，在学生上街游行和演讲时，她负责写计划、标语和演讲词，并为蒋云、许广平主编的《醒世》周刊撰稿。

1920年，从直隶第一女子师范学校毕业，1922年，考入燕京大学预科，曾与即将毕业的谢冰心同学一年，翌年升入本科外文系，主修英文、法文和日文，听过周作人的"新文学"课，并加入燕京大学文学会，开始创作。1925年初，她的成名小说《酒后》在陈西滢主办的《现代评论》上发表，因描写女性心理细腻大胆一举成名。之后，接连在《现代评论》上发表了不少小说，被鲁迅称为发祥于《现代评论》的作家。

1926年6月，从燕京大学毕业后，任北京故宫博物院审查书画专门委员；1927年，与陈西滢结婚；1928年在日本研究日本书画；1929年起，任职于武汉大学；1935年应邀为《武汉日报》创办《现代文艺》副刊；1946年，定居欧洲。1956年后，在新加坡南洋大学、加拿大等地，讲授中国近现代文学和中国书画艺术，后定居英国。

凌叔华的创作，长于对女性的描写，善于表现心理，亦真亦幻的情感时在心中流淌，时又随风飘逸，令读者酣迷；语言清新隽秀、温婉细腻、妩媚浪漫，独具"闺秀派"之风。她的绘画起步早于文学，也很有成就，曾多次在国外举办个人画展。

文学作品主要有：短篇小说集《花之寺》、《女人》、《小哥儿俩》，散文集《爱山庐梦影》，自传体小说《古韵》等。

画才 六岁的时候，凌叔华在自家的花园中，用木炭在白墙上画了很多山水风景、花卉和人物。她父亲的一位朋友看到这些画后对她说："你的画很有风格。你有天才，你会成为大画家的。我要跟你父亲讲，让他给你找一位老师……"这样，她就拜了著名的女艺术家、慈禧太后宠爱的画师缪素筠为师，还受到当时被称为文化艺术界一代怪杰辜鸿铭的教育，为她打下了古典诗词和英文的基础。七八岁时，她还曾拜著名山水兰竹画家王竹林为师，后又从女画家郝漱玉习画，这使她的绘画技术有了坚实的基础。

1922年，凌叔华考入燕京大学预科，翌年升入本科外文系。美丽的燕大校园，一年四季洋溢着诗情画意，创作的冲动时时撞击着她的灵感，于是她常挥笔作画，让大自然的青春和生命活力永留丹青妙笔之下。大学时期的凌叔华，其画艺已熟稔到能够妙手回春，"偶一点染，每有物外之趣"的程度。

凌叔华将绘画当做事业来追求。她一生举办过多次画展。大学刚毕业，她的画作便送往日本参加东京的画展。上世纪50年代后，她在巴黎、伦敦、波士顿、新加坡等地先后举办过多次画展。她在巴黎的画展，礼遇极高，被安排在规格最高的塞禄斯基博物馆。她将自己30多件绘画精品和珍藏的元明清文人画一并展出，让洋人一睹中国文人画的风采，在当地引起极大轰动。最令凌叔华难忘的是著名法国传记作家、法兰西科学院著名院士、法国艺术学院院长莫洛亚为她的画展作了锦

凌叔华画作

上添花的序言。莫洛亚称她是一位"心灵剔透"的中国女性，"在这种富于诗情的绘画中，山、川、花、竹等，既是固有物体，又表现思想。其中的静与空白和线条，所表现的并无不同，即所谓'诗中有画，画中有诗'。中国人常把书法、绘画、诗歌融为三位一体的艺术，文人画便是恰到好处地控制了这三种要素而成的。中国艺术家虽受传统熏陶，但并不抄袭古人作品，而是努力摆脱窠臼，显示出自己的境界。他们并不呆板地以模仿自然为能事，而认为重要的是能创造一种诗的意境，所以凌叔华的工夫并不在表现面上的努力。她画的那些雾气溟溟的山峦，两岸线条模糊得几乎与光相混的一抹淡淡的河流，用淡灰色轻轻衬托的白云，构成她独特的，像在朦胧的梦境里涌现出来的世界。她的艺术的另一特色，则是她知道怎样运用她的魅力，寥寥数笔，便活生生地画出一株幽兰，一茎木兰花，或一串苹果花的蓓蕾。她用中国墨，在洁白的画面上，单纯、简捷得几乎无以复加，几乎可以说这是一种抽象的笔法。但看她描绘自然的曲线，又能令

人忆起这些花枝和花朵的实体,其实,这是由真实的存在发生和传出来的。"

凌叔华的绘画在国内外有着很高的声誉。她既善工笔,又善写意,墨迹淡远,秀韵入骨,曾被国内外的名家所称道。美学家朱光潜1945年在《论自然画与人物画》一文中对凌叔华的画,做过精到的论述:"在这里面我所认识的是一个继元明诸大家的文人画师,在向往古典的规模法度中,流露她所特有的清逸风怀和细致的敏感。她的取材多半是数千年来诗人心灵中荡漾涵咏的自然。一条轻浮天际的流水衬着几座微云半掩的青峰,一片疏林映着几座茅亭水阁,几块苔藓盖着的卵石中露出一丛深绿的芭蕉,或是一弯谧静清莹的湖水旁边,几株水仙在晚风中回舞。这都自成一个世外的世界,令人悠然意远。……她的绘画的眼光和手腕影响她的文学的作用。……作者写小说像她写画一样,轻描淡写,着墨不多,而传出来的意味很隽永。""我们在静穆中领略生气的活跃,在本色的大自然中找回本来清净的自我。"齐白石也十分欣赏凌叔华的绘画,他在看过她的《夜景》后作诗颂扬:"开图月是故园明,南舍伤离已五春。画里灯如红豆子,风吹不灭总愁人。"

文才 凌叔华虽然爱画,但"文学"也像一只磁性极强的巨手,牢牢地抓着她,当她在天津直隶第一女子师范学校读书的时候,她的写作才华就引人注目,其作文常在校刊上发表。当胡适、郭沫若、冰心等人以其各自风格独特的新诗风靡文坛时,她的创作欲望就像一盆刚刚燃起的火,愈燃愈旺。于是,1924年,在大学里,在作画的同时,她开始以白话执笔为文,1月13日在《晨报》副刊上,以瑞唐为笔名发表短篇小说处女作《女儿身世太凄凉》,接着又发表《资本家之圣诞》及杂感《朝雾中的哈大门大街》等。1925年1月10日,凌叔华奠定她在文坛上的地位的成名之作《酒后》在《现代评论》(第一卷第五期)上发表;3月21日,短篇小说《绣枕》又在同一刊物(第一卷第十五期)发表,引起了广泛的注意。至此她创作的兴趣更浓，除在《现代评论》上发表小说外，也在《新月》月刊、《晨报》副镌、《燕大周刊》、《文学杂志》、《大公文艺》、《武汉文艺》、《文学季刊》、《开明》、《国闻周刊》及《中国文艺》上发表作品。1928年春，新月书店出版了她的第一个短篇小说集《花之寺》。

1929年，凌叔华随丈夫陈源到武大任教，最初住在武昌西北的昙华林，后住在武昌美丽的珞珈山上，与另外两名在武大执教的女作家袁昌英和苏雪林过从密切，结为好友，当时被称为"珞珈林山三个文学朋友"，又称"珞珈山三杰"。在武汉，凌叔华在授课之余，努力创作，还主编《武汉文艺》。1930年，她的短篇小说集《女人》（"现代文艺丛书"之一）由商务印书馆出版。1935年，良友图书出版公司出版了她的儿童短篇集《小哥儿俩》。凌叔华在抗战期间的主要成就，是她用英文写的自传体小说《古歌集》（或《古韵》Ancient Melodies）。这本书是在英国现代最有名气的女文学家弗吉尼亚·伍尔芙的指导下写成的，于1953年由伍尔芙和她丈夫创办的霍加斯书屋出版，很快即引起英国评论界的重视，被誉为是一部令人陶醉的作品，并被英国读书协会评为当年最畅销的名著，凌叔华也因此而驰名于国际文坛。

凌叔华生活在上层社会，她的天地比较狭窄。但她以自己的艺术才华和细心的观察与思考，真实而又艺术地表现了中产阶级的生活和家庭琐事——"太太、小姐、官僚，以及女学生，以及老爷少爷之间，也兼写到不长进的堕落的青年。"这种生活，谈情说爱、吃喝玩乐，安逸和无聊占了一些篇幅，但它是现实中的一种生活。在对这些人物和生活的描写中，作者也有自己的揭露、讽刺和鞭挞。

"凌叔华的小说，却发祥于这一种期刊《现代评论》的，她恰和冯沅君的大胆，敢言不同，大抵很谨慎，适可而止的描写了旧家庭中的婉顺的女性。即使间有出轨之作，那是为了偶受着文酒之风的吹拂，终于也回复了她的故道了。这是好的，——使我们看见和冯沅君、黎锦明、川岛、汪静之所描写的绝不相同的人物，也就是世态的一角，高门巨族的精魂。"

［鲁迅《（中国新文学大系）小说二集序》］

鲁迅在上世纪 30 年代为凌叔华写下的这几句评语，言简意赅，既指出了其作品的内容，又指出了其作品的风格特点，还充分肯定了其作品的社会价值。

凌叔华的作品除了短篇小说集《花之寺》、《女人》、《小哥儿俩》，自传体小说《古歌集》外，还有以中国妇女和儿童生活为题材的短篇小说自选集《凌叔华短篇小说选》（1960 年，马来亚青年书局）和以海外纪胜及文艺诗歌评介为内容的散文集《爱山庐梦影》（1960 年，新加坡星洲世界书局有限公司）。

姻缘 陈西滢原名陈源，字通伯，"西滢"是他的笔名。他生于 1896 年。幼时，他先入上海文明书局附设小学就读，后转学入南洋公学（交通大学前身）附属小学，1911 年毕业。民国初年，他受表舅吴敬恒的鼓励赴英国求学。在英国，他发愤苦读，修完中学课程后，先进爱丁堡大学，继而转入伦敦大学，研习政治经济学，最后以博士衔学成归国。陈西滢一回国就被北大校长蔡元培聘为英文系教授。陈西滢是早期新月社的成员之一。凌叔华加盟新月社，是因为泰戈尔访华。也就是说，泰戈尔访华，促成了陈西滢和凌叔华这一对"新月"夫妻的姻缘。

凌淑华与陈西滢

泰戈尔来华时，凌叔华已是燕京大学的一名高材生了。她成绩好，交际能力也很强，校内、校外都很活跃。泰戈尔访华，陈西滢也参加了接待工作，凌叔华则被燕京大学推派为欢迎泰氏的代表。俩人就此相识。

此时，陈西滢在教课之余，参与创办了《现代评论》杂志，并负责其中的"闲话"专栏。他以精准的论事与畅达的文笔吸引了不少读者。此时，文才出众的凌叔华在《现代评论》上发表过不少很有分量的小说作品。其中一篇《酒后》，显示了她小说创作方面的功力，奠定了她的文坛地位，更引起陈西滢对她的关注。此时，陈西滢是北大教授，凌叔华是燕京大学的学生。陈西滢对凌叔华，有老师对学生的那份疼惜和怜爱，而凌叔华对陈西滢，自然也就有学生对老师的那份崇敬和仰慕。两人都有很好的英文功底，也有对文学的共同爱好和追求。作为学生，凌叔华常向陈西滢请教；作为老师，陈西滢常对凌叔华进行指导。

在很长一段时期，陈、凌双鱼回游，尽管信中大多谈的是文学艺术，并不涉及情爱，但除了未谈过恋爱的和不懂爱的人以外，有谁相信他们仅仅是在谈论文艺呢？随着时间的推移，两人越走越近，但他俩始终秘而不宣，悄悄恋爱了两三年，不仅双方家长压根不知有其事，就连他俩共同的朋友、各自的朋友也都被蒙在鼓里。这里固然有恋爱者通常怀有的隐蔽心理，但更主要的原因是凌叔华的父亲是个非常守旧的人。

凌叔华的父亲凌福彭，把封建婚姻中的门当户对、父母之命媒妁之言视为天经地义。凌叔华很清楚，如果父亲知道自己的掌上明珠竟做出"私订终身后花园"的事来，一定会气得坚决拆散这对鸳鸯，于是打算等到自己大学毕业后再说。凌叔华从燕京大学毕业时，她与陈西滢精心培育的爱情之果也到了收获的季节。两人一商量，找到凌家的一位世交，央求他去凌父那儿说媒。

这位说客果然了得，他先从自家门庭谈起，再向凌父询问凌家子女情况。谈到凌叔华的学业时，又很自然地"关心"起她的终身大事。接着就大谈陈西滢的才华为人、名誉地位，却只字不提二人的自由恋爱。凌福彭在此之前也曾耳闻北大有这么一位风头正健的教授，他对陈并无特别的恶感，只是从传统文人、官宦的观念出发，不愿与这些喝过洋墨水的人合流，但经不住世交的一番唇舌，终于首肯了这门亲事。

1926年6月，凌叔华从燕京大学外文系毕业，以优异成绩获该校金钥匙奖，任职北京故宫博物院书法绘画部门。7月，她与陈西滢终于达成姻缘。在欧美同学会举行的婚筵上，胡适作了他们的证婚人，他演说道："中国夫妇只知相敬而不言相爱，外国夫妇只言相爱而不知相敬，陈君与凌女士如能相敬又能相爱，则婚姻目的始得完成。"

迷情

1935年，凌叔华平静的婚姻生活被一个年轻的英国诗人朱利安·贝尔打乱。

朱利安出身于英国文学世家，姨妈是著名小说家弗吉尼亚·伍尔夫，母亲瓦内萨·培尔是一位著名美术家，父亲克立夫·培尔是戏剧批评家，培尔本人来华前是英国成名诗人。1935年，年仅27岁的他就应武汉大学文学院院长陈西滢的邀请，来武汉大学文学院任教。朱利安和学校约定任期三年，七百英镑的年薪，武汉大学和庚子赔款基金会各付一半。朱利安担任了三门课程："英语写作"、"莎士比亚"、"英国现代主义作家"。每周十六个课时，课务很重。朱利安初到武汉大学时，经常光顾陈西滢家，从而与女主人凌叔华相识，

朱利安与凌叔华彼此都钟情并擅长文学、绘画等艺术，有共同的志趣，共同的话题，相识仅一个多月，朱利安即写信向母亲宣布，他已经狂热地爱上凌叔华："亲爱的瓦内萨，总有一天，您要见见她。她是我所见过的最迷人的尤物，也是我知道的唯一可能成为您儿媳的女人。因为她才真正属于我们的世界，而且是最聪明最善良最敏感最有才华中的一个。"

对俩人的关系，凌叔华一个字也没有留下，这段"历史"只剩下朱利安在给母亲信中的"一面之词"。

如此不同背景的两个人，坠入情网容易，想取得好的结果很难，两人之间的关系维持了大约一年，1937年，朱利安与凌叔华的事情在武大闹得人人皆知，最后因被陈西滢知道而终结，朱利安作为"丢尽面子的洋教授"，

不得不从武大文学院辞职，回到英国。

朱利安回国后不久，不顾母亲和朋友的强烈反对，赴西班牙参战。在马德里守卫战中，德国法西斯的飞机炸中了他开的救护车，弹片切入胸腔，朱利安身负重伤，他在临死的时候喃喃自语，像是在告诉救护人员："我一生想两件事——有个美丽的情妇；上战场。现在我都做到了。"死亡往往造就最圆满的爱情故事，凌叔华与朱利安这段扑朔迷离的感情经历，无论从哪一方面说，都是中西文学交流史上出人意料的一页。

知己

1924年泰戈尔访华，徐志摩侍奉大诗人左右。凌叔华作为燕京大学的学生代表去欢迎泰戈尔，由此同时认识了徐志摩和后来成为其丈夫的陈西滢。

据说，泰戈尔曾对徐志摩说过，凌叔华比林徽因"有过之而无不及"。那时，北京欧美留学生及部分文教人士每月有一次聚餐会。后将聚餐会扩大为固定的新月社，林徽因、凌叔华和陆小曼夫妇都入盟成为新月社的常客。

这时，最为新月社主要成员的徐志摩自然有很多的机会接近当时最负盛名的这三位女人。林徽因当时已有婚约在身，因此对徐志摩自然是以礼相待，而凌叔华和陆小曼却都因欣赏徐志摩的才气，而与之越走越近。

徐志摩自然乐于与陆小曼、凌叔华同时交往并通信。但毕竟，陆小曼是已婚之人，徐志摩多少有些顾忌。而凌叔华是自由之身，加之徐志摩对凌叔华的才貌很欣赏，于是二人的交往便越来越密切了，相识半年光通信就有七八十封，差不多两天一封，再加上聚会，可以说这恰恰表明凌徐二人的关系显然超出了一般的友谊。

徐志摩称凌叔华为"中国的曼殊菲尔"。曼殊菲尔作为一个异性的外国女作家，徐志摩对她一直怀有一份特殊的情感，称赞她"像夏夜榆林中的鹃鸟，呕出缕缕的心血制成无双的情曲，即便唱到血枯音嘶，也不忘她的责任是牺牲自己有限的精力,替自然界多增几分的美,给苦闷的人间几分艺术化精神的安慰",而对于曼殊菲尔的外貌,徐志摩更是惊为天人,说她"眉目口鼻子清之秀之明净,我其实不能传神于万一;仿佛你对着自然界的杰作,不论是秋水洗净的湖山,霞彩纷披的夕照,或是南洋莹彻的星空,你只觉得它们整体的美,纯粹的美,完全的美,不能分析的美,可感不可说的美……"

然而,徐志摩与凌叔华一直含含糊糊地交往,保持着一种比朋友更亲,比恋人略淡的关系,这种似雾里看花的关系给人的感觉是:他们是"粉蝶无踪,疑在落花深处"的知己。

凌叔华与徐志摩的知己关系维持半年以后,徐志摩便为陆小曼的艳丽、热情所征服。于是,令人有些啼笑皆非的"拿错信"事件发生了。

1924年8月,徐志摩由印度回国,住在上海新新旅馆,同时接到凌叔华、陆小曼两封信。第二日早晨,徐志摩的父亲徐申如与陆小曼的丈夫王赓同时前往看望徐志摩,徐志摩深知其父喜欢凌叔华,因此当徐申如到来的时候,就说:"叔华有信。"然后就把放在枕边的一封信拿给父亲看。徐申如打开信来阅读,站在徐申如身边的王赓也跟着看,这时,徐志摩发现王赓的脸色大变,于是忙看了看自己的枕边。这才发现,凌叔华的信仍在,拿给父亲看的是陆小曼的信,徐志摩当下大惊失色。

这个事件的结果是:不久后,陆小曼与王赓便离了婚并回到北京,并很快与徐志摩结了婚。

后来,徐志摩的好友蒋复璁回忆说:"看信这一件事是'阴错阳差',他总认为王受庆与陆小曼离婚是因他而起,自有责任。"

凌叔华后来也曾公开澄清"拿错信"事件,她说:"说真话,我对徐志摩向来没有动过感情,我的原因很简单,我已计划同陈西滢结婚,陆小曼又是我的知己朋友。"这番话说明凌叔华只是徐志摩的"红粉知己"。这在徐志摩1923年与1924年间写给凌叔华的信(后来经凌叔华曾发表在《武汉日报》的《现代文艺》上,但收信者名字却被涂掉)中,可看出端倪。

徐志摩日后曾对陆小曼说"女友里叔华是我一个同志",意思是她是那种能了解他"灵魂的想望"和"真的志愿"的朋友。凌叔华也不只一次说过,志摩与她情同手足,他的私事也坦白相告。志摩写信时,是把凌叔华作为"一个真能体会,真能容忍,而且真能融化的朋友",因此可以没有顾虑地袒露自己,"顶自然,也顶自由,这真是幸福"。志摩说他写的是些"半疯半梦"的话,"但我相信倒是疯话里有'性情之真'",还真是"此地无银三百两"!因此学者梁锡华就指出:"从年月可见,徐志摩写这些亲昵到近乎情书的私柬给凌叔华,是在失落了林徽因而尚未认识陆小曼的那段日子,也就是他在感情上最空虚、最伤痛、最需要填补的时候。巧得很,妍慧多才的凌叔华近在眼前而又属云英未嫁,所以徐志摩动情并向她试图用情,是自然不过的。"

尽管凌叔华自陈对徐志摩向来没有动过感情,但徐志摩与她情同手足,知己知心,让她对徐志摩心存一份难忘的相思。这份相思爆发在凌叔华深切悼念徐志摩的《志摩真的不回来了吗?》中的一段文字中:

"我就不信,志摩,像你这样一个人肯在这时候撇下我们走了的。平空飞落下来解脱得这般轻灵,直像一朵红山棉(南方叫英雄花)辞了枝柯,在这死的各色方法中也许你会选择这一个,可是,不该是这时候!莫非你(我想在云端里真的遇到了上帝,那个我们不肯承认他是万能主宰的慈善光棍),他要拉你回去,你却因为不忍甩下我们这群等待屠宰的羔羊,凡心一动,像久米仙人那样跌落下来了?我猜对了吧,志摩?……你真的不回来了吗?"

交恶

林徽因和凌叔华都与徐志摩的关系非同寻常,"新月社"聚餐会期间,她们一度接触频繁。凌叔华租居过林家旧宅,林徽因父亲曾经甚至想请凌叔华作林徽因的家庭教师。但在徐志摩逝后,她们却因徐志摩的一个"八宝箱"交恶,"八宝箱"事件也成了中国现代文人交往史中的一桩尽人皆知的"悬案"。

徐志摩的"八宝箱"其实曾两次寄存于凌叔华。第一次是1925年徐志摩与陆小曼的恋情引来满城风雨，徐志摩打算去欧洲避避风头。行前要将装有日记文稿的小提箱，即所谓"八宝箱"交予自己最信赖的人保管。因当时陆小曼处境同样不好，而且箱内有"不宜陆小曼看"的东西，于是便交到了凌叔华手中。因为徐志摩确信："只有L（凌叔华姓氏的第一个字母）是唯一有益的真朋友。"

不久后，在武昌的凌叔华曾托人把箱子带给在上海的徐志摩。徐志摩又把箱子寄放在了硖石老家。后来，徐志摩客居胡适家中，从老家拿回箱子，但感觉放在胡适家不便，所以他便再次把箱子交给当时从武昌回到北平的凌叔华，托她保管。此时，箱子里比上次多了几样东西，首先是陆小曼的两本初恋日记，写于1925年徐志摩欧游期间。徐临行前嘱咐陆小曼把他远行后她的所思所念记成日记，等他回来后当信看。陆小曼也按徐志摩所嘱，以日记方式记录下了自己对徐的思念。不过据凌叔华证实（这说明凌叔华至少浏览了箱中的日记文稿，而是否得到徐志摩的允许，则不得而知），陆小曼的日记中有不少牵涉是非处，其中既有骂林徽因的话，也有关于胡适和张歆海的闲话。除了陆小曼的这两本日记和徐志摩1925年由欧洲返国、坐西伯利亚铁路火车途经俄国时写的几篇稿件之外，"八宝箱"里新添的什物还有徐志摩写于1925年和1926年间的两本日记及他两次欧游期间写给陆小曼的大量情书。

1931年11月19日，徐志摩因飞机失事丧生，他有一个装有私人日记及和女友们往来书信的小箱子的消息不胫而走，很多人都想得到这个"八宝箱"。

当然，最想得到这个小箱子的人自然是陆小曼和林徽因。

陆小曼想得到箱子是为了争取到编辑出版徐志摩日记和书记的专利；而林徽因则不知何故，似乎比陆小曼更想得到这个箱子，她亲自登门到凌叔华的寓所向凌叔华索要，不料遭凌叔华婉拒。只好转而求胡适帮忙。胡适以徐志摩著作编辑委员会的名义郑重其事地写信给凌叔华,要凌叔华交出"八宝箱"。凌叔华回信给胡适,同意把八宝箱交给他,并要求他送给陆小曼。但胡适从凌叔华手中得到这个箱子后,并没有送给陆小曼,而是送给林徽因。

在得到"八宝箱"18天后,胡适又写信给凌叔华,责备她把徐志摩的两册英文日记藏为"私有秘宝",并指出她的这一做法开了人人私藏徐志摩书信的先例,会影响到全集的编纂工作。但凌叔华否认自己私藏了"八宝箱"内的任何东西,她声称,她交出了全部东西,包括陆小曼的两本日记和徐志摩的两本英文日记在内。

凌叔华发现最后胡适把日记交给了林徽因,而非陆小曼,感到很对不起徐志摩。凌叔华曾写信给胡适说:"前天听说此箱已落入林徽因处,很是着急,因为内有陆小曼初恋时日记两本,牵涉是非不少(骂林徽因最多),这正如从前不宜给陆小曼看一样不妥。"

"八宝箱"今在何处?由于与"八宝箱"有关的所有人都已作古,成为一个再也不可能解开的谜团。但"八宝箱"事件却在凌叔华和胡适、林徽因等几位朋友的关系上投下了一层阴影。本来还算得上是朋友的凌叔华与林徽因因为这一事件交恶,从此再不往来。

归根

1946年冬,陈西滢成为国民党政府驻联合国教科文组织常驻英国的代表;第二年,47岁的凌叔华便带着女儿小滢途经美国而抵英,与丈夫陈西滢一同在英国伦敦定居,住在亚当森街14号,开始了她客居异国他乡的生活。远居大洋彼岸的英伦,凌叔华无法用自己的母语写作,所以,除了完成并出版她的英文自传体小说《古韵》之外,便主要将精力与才情倾注于绘画艺术与讲学之中。1956年到1960年,凌叔华应新加坡新创办的南洋大学之聘,担任该校中文系中国近代文学和新文学研究教授,课余时间还热心辅导文学青年进行创作。之后的几年,凌叔华先后在伦敦以及欧洲其他国家和美国等地举办了多次画展，并在英国多所大学进行了中国书画、中国近现代文学方面的专题讲座。其中，轰动法国巴黎以及欧洲的一件盛事，是1962年在巴黎东方博物馆举办的凌叔华个人绘画，及她收藏的元明清三代画家如董其昌、倪瓒、陈老莲、石涛、郑板桥等人的作品与文物古玩展览。

　　古语有说叫叶落归根。客居异国的日子，凌叔华一直思念与眷恋自己的祖国。1970年3月29日，与凌叔华相伴了40多年的丈夫陈西滢因病在英国去世。台湾为他开了隆重的追悼会，但凌叔华还是让他"落叶归根"，将骨灰安葬在江苏无锡老家，可以满足他用全部的爱永远拥抱自己赤诚热爱的国家。

　　之后，凌叔华寂寞地踯躅在异国的夕阳之下。她弹古筝，作国画，侍弄与之为伴的兰花、腊梅、文竹和水仙，她时不时地飞回北京观光、访友。1984年秋，她在伦敦进对萧乾说："我生在北京，尽管到西方已三十几年，我的心还留在中国。"1986年，她染上了重症伤寒，又跌坏了腰骨，加之乳腺癌的纠缠，使她痛苦不堪。1989年末，她坐着轮椅，由女婿——英国汉学家秦乃瑞陪同，飞回北京，住进景山医院。

　　1990年3月25日，她躺在病床上，在鲜花、笑脸、寿礼、巨型蛋糕、亲人、朋友和记者簇拥中愉快地度过了九十华诞。但之后不久，乳腺癌复发、转移，时而出现昏迷。在她清醒时，常说想到北海看白塔，到史家胡同看看旧居。5月16日，她最后的愿望得以实现：她躺在担架上，看到了美丽的白塔，也回了"老家"——史家胡同甲54号——那28间房子是她的嫁妆，新中国成立后变成了幼稚园；孩子们列队欢迎这位"老奶奶"。

　　1990年5月22日——也就是重游北京后的第六天，凌叔华在北京逝世。她的骨灰安葬在无锡惠山脚下，与陈西滢合葬……

　　正像她性格的温婉与画趣的淡雅一样，她的离去也是平和宁静的。如一株兰草散尽最后一缕幽香，亦如一片树叶离开枝柯飘落于地，自然而然。

评奥 以明慧的笔,去在自己所见及的一个世界里,发现一切。温柔地也是诚恳地写到那各样人物姿态;叔华的作品,在女作家中另走出了一条新路。

——沈从文

她的文字有点像英国十九世纪的女小说家珍妮·奥斯汀,书中的人物也和《傲慢与偏见》中的相仿佛。

——叶公超

她(凌叔华)成功了。她以艺术家的灵魂和诗人的敏感呈现出一个被人遗忘的世界,在这个世界,对美好生活的冥思细想是不言自明的。她的每封信都能反映出她对于美的渴望。她的文笔自然天成,毫无矫饰,却有一点惆怅。因为她毕竟生活在流亡之中,而且那个古老文明的广袤荒凉之地似乎非常遥远。

——韦斯特

论爱 作为收藏徐志摩情感日记的女人,凌叔华也有自己不曾公开的文字花园,而今,机缘巧合,人们可以看到其中一部分珍贵日记手稿。虽无从得知她全部的内心世界,却仍可以窥见一二。这些未曾全部公开的日记,如涟漪一般,在她的内心,舞出涟漪,荡漾,扩散,直至遥远无边的心海边缘,消逝,如同飞鸟,虽然天空无翅膀的痕迹,却早已飞过万水千山。

(选一)

自恋,当我意识到这个问题的时候,我清楚地知道我失恋了——那种深深的自恋。伴随着一次感情的结束,或者说中止于一段情感,我重重痛苦和迷惘的不是失去了什么,而是对自己的怀疑,我怀疑我是首先失落自己才会丢失爱情——我赖以寄托自己心灵的一种虚妄的遐想。我意识到所有的感情的失落在于自己的故步自封，将自己围困在一个圈子里任人宰割，任感情这种魔兽的无情吞噬，而我在不自觉中乖乖地俯首就擒，竟乐不思蜀。

这一切都是源于我的堕落，依赖别人犹如放弃自己。无论是男人还是女人，对生命意义的理解在于如何看待自己的生命，关注它的存在方式，再凝重一点的表述叫做理想。一个失去了对自己生存价值的基本评估兴趣的人，其生命的意义仅仅是活着，而不是生活。基于具体的生活氛围，生命意义的体现可能受限于客观环境，但是，正是这样一种境遇也往往激发一些人的主观觉醒，而这种觉醒本身就是一种自恋，具有一定价值意义的自恋并不是贬义，它是促进人们不断求索的一种原动力，人，应该自爱。

于是矛盾出现了：许多人以为，过于自恋的人必然狭隘于自我感觉，从而屏障了自己的发展，而不自恋的人才有益于进步，与外界圆融。

我不以为然。

比如爱情。

爱情是永恒的，但永恒的不是固定的相爱主体。否认这个原理，如同否认人可以不吃饭一样的可笑。爱情本身受制于思想，情趣，环境的不断变化，甚至心理或生理的审美疲劳的影响，爱情的可变性是有其客观合理成分的，不变的爱情是契约。

然而，把握爱情，力求使之长久一点儿的唯一条件是自爱，同时包含着某种自恋。自恋是一个人把握爱情态度的基本前提，一个为爱而放弃自己的人，基本上也是随时有可能遭遇失恋危机的人，尤其是女人。

爱的过分了，通俗的说叫做爱得过于自私，将对方的潇洒空间给予的不够宽泛，他累了，几近窒息。爱，犹如自由泳，我似乎限制了对方换气的机会，或者说我没有给自己这个机会，被爱情窒息的是我自己，而不是对方。我犯了不自恋的错误，在爱中首先淹没了自己，才死死地抓住爱情本身，结果是必然的。

一种爱情，一次爱情，只是阶段性的条件的吻合，事物是不断发展的，何况主观的情感本身。爱情，犹如一场游戏一场梦，游戏的是心灵，或者说心灵的游戏。真正的玩儿家在于必胜的信念，自信是必胜的前提，所谓的自信应该涵盖了对自己的合理评估，以至在这种评估结论下的不断完满和提升——永远占领制高点，爱情是一场单向的追求，非此即彼。而自恋才会有被追求的愉悦，爱别人永远不如别人爱自己来得踏实，喜欢玩味痛苦则另当别论。

　　总之，一旦失恋，唯一的医治痛苦的方法还是自恋——去你妈的，自有留爷处，挥挥手，不带走一片云彩。

　　当然，必须承认爱情使人落后，失恋使人进步，而且要真实的进步着，超越从前，而前提是需要自恋才能走出自己。

（选二）

　　有句话：爱有多深恨有多深。但体会没有，姑且相信。事实上，现在看来这只是爱情轨迹的一种，今天我更相信的是，有一种爱情叫亲情。

　　爱确实不能否认它本身的发展规律——由热情到激情到温情。

　　每一种过程的过渡，必须爱情的双方共同的把控，既要说明心态又要倾诉感受，所谓的真诚，不仅表现在呵护，更要表现在坦诚。

　　过渡是一种蜕变，犹如一些动物的蜕皮过程，这样形容不一定贴切，但确实有一种裂变的因素。

　　往往，爱着的双方，不能同时同态理解，这样就会产生误解，曲解了人性自然的心理、生理状态，从而曲解了爱情本身。

　　由爱而恨，就是这样形成了。

　　很好的过渡，在于把浓浓的爱情转化为亲情，也许少了激情下的动容，但是多了温情下的关爱，将对方亲人一样的置放在心里，冷暖慰藉是自然的。心里想的，不再是对方的情话，疼爱体现在生活中的点点滴滴，平凡而容易忽视。看似淡了情绪，其实深了感情，却，有所不知。

　　不论哪种爱情，真爱是什么？喃呢私语，绵绵情话，终究是情绪的碰撞，抒发的情感，仅仅是欲望，爱欲、情欲。不抒发的情感，才是感情的厚重。但这种爱必须经过一定时期的狂热阶段，否则亲情的成分就不够真实，摆脱不了情绪的苦恼，一旦没有苦恼的爱情才是双方的深刻了解和信任，甚至没有猜疑和嫉妒。于是亲情般的内敛着思慕，这样的爱，绝没有痛苦，是爱的极致。

　　爱情，一旦成为亲情，爱是什么？是对方深夜出行是否安全的恐惧和担心，是对方憔悴时萌发的一丝怜惜，甚至是对方大碗吃饭时的一种快慰，除此，平平淡淡。

　　深入骨髓，融入血液，爱使爱潜移默化，于平和中淡定平常，一万年太久，刻骨铭心。

张爱玲：倾情之笔，倾城之恋

张爱玲

传略 张爱玲（1920—1995），原名张煐。出生于上海，现当代著名女作家。

张爱玲家世显赫，祖父张佩纶是清末名臣，祖母李菊耦是朝廷重臣李鸿章的长女。生母黄逸梵上世纪20年代曾出国留洋，学过油画，跟徐悲鸿、蒋碧微等都熟识，又深受五四新潮的影响，是一个新派的女性。张爱玲生长的这种家庭，既给了她得天独厚的中国文化与西方文化修养，又使她形成敏感而又冷漠、孤僻而又实际的性格。

张爱玲的童年在北京、天津度过，1929年迁回上海。1930年改名张爱玲。中学毕业后到香港读书，由于1942年香港沦陷，所以没有等到毕业就回到上海，给《泰晤士报》写英文剧评、影评，也替德国人办的英文杂志《二十世纪》写《中国的生活与服装》一类的文章。1942年应《西风》杂志《我的生活》约稿，写了散文《我的天才梦》并获名誉奖。1943年她的小说处女作《沉香屑》被周瘦鹃发在《紫罗兰》杂志上。随后接连发表《倾城之恋》、《金锁记》等代表作。此后的三四年是她的创作高潮，作品多发表在《天地》、

《万象》等杂志上。

1944年,张爱玲与胡兰成结婚,但是抗战胜利后即告分手。1949年上海解放后,张爱玲以梁京笔名在上海《亦报》上发表小说。1950年参加上海第一届文代会。1952年移居香港,在美国新闻处工作,曾发表小说《赤地之恋》和《秧歌》。1955年旅居美国,在美期间与作家赖雅结婚,后在加州大学中文研究中心从事翻译和小说考证。在美过着"隐居"生活。1995年9月8日,被发现老死于美国洛杉矶自寓。

张爱玲的创作大多取材于上海、香港的上层社会,社会内容不够宽广,却开拓了现代文学的题材领域。这些作品,既以中国古典小说为根底,又突出运用了西方现代派心理描写技巧,并将两者融合于一体,形成颇具特色的个人风格。

主要作品:小说集《传奇》、散文集《流言》、评论集《红楼梦魇》等,小说代表作有《金锁记》、《倾城之恋》、《半生缘》、《红玫瑰与白玫瑰》等。

天赋　张爱玲从小就显示出非凡的作家天赋。三四岁时,母亲就教她吟诵诗词。聪颖的她,一首诗词念不了几遍就会背诵。她读古典诗词有很好的悟性,读一首小诗往往能心有灵犀仿作一首。7岁左右张爱玲就能写小说了,看她那信手"涂鸦"之作,往往叫父母亲乐得手舞足蹈。

张爱玲9岁那年,有一天她信手画了一幅漫画,母亲说好,父亲也说好。她把漫画投给了报社,几天以后,从报社寄来了5元钱稿费,她高兴得跳起来。爸爸妈妈说:"这些钱就随你支配吧。"她兴冲冲地跑到商场,买来了一支丹琪唇膏,令父母亲哭笑不得。

张爱玲上中学时,文学天分已充分显露出来了。她所在的学校是上海玛利亚女校,当时的学校有一种文学校刊叫《国光》,张爱玲经常在校刊上发表小说、书评和论文。其中有一篇《霸王别姬》写得悲壮豪迈、慷慨激昂，直令许多男儿叹赏，其文辞灿烂，也令许多文豪赞叹。

13岁那年的一天，张爱玲在书摊上读了一本张恨水的通俗小说，曲折多变的情节深深地吸引了她，以后她又专门找了几本读了。读了几本之后，张爱玲忽发奇想，觉得自己也能写出这样的通俗小说。有一天她真的开始动笔了，人物都是《红楼梦》中现成的，有贾宝玉、林黛玉，还有贾政、王夫人、袭人、晴雯等，不过这些人穿的都是现代人的衣服，说现代人的话，做现代人的事：逛上海滩、徜徉十里洋场、乘人力车、到霓虹灯下谈情说爱……

小说每写好一个章节，张爱玲都要拿给父亲看，父亲往往欣然命笔，拟上回目。等小说写完了，订成上下两册手抄本，赫然写上书名《摩登红楼梦》。

奇恋 张爱玲与胡兰成，一个是当时上海最负盛名的女作家之一，一个是"政府"的要员。在乱世之中，他们的相识、相知、相恋，及至最后的分手，都堪称是"传奇"。

胡兰成是浙江嵊县胡村人，生于1906年，从小家贫，吃过很多苦，但仍然顽强地打出了一片天地。胡兰成原本有个发妻叫玉凤，在玉凤过世之时，胡兰成借贷以葬妻魂，却四处碰壁，胡兰成后来回忆说：

"我对于怎样天崩地裂的灾难，与人世的割恩难爱，要我流一滴眼泪，总也不能了。我是幼年时的啼哭，都已还给了母亲，成年的号泣，都已还给了玉凤，此心已回到了如天地之仁！"这个生活在社会

胡兰成

底层只身闯世界的文人，在这样的挣扎中淡漠了自己的人格、尊严、价值观。所以当汪精卫为组织伪政府而四处拉拢人才时，胡兰成自然成为了他们的猎物。

　　1944年初春的一个温暖的下午，在汪伪政府中任职的胡兰成，正在南京养病。当他收到苏青寄来的杂志《天地》第十一期，读到张爱玲的《封锁》的时候，喜不自胜。文人与文人之间的那种惺惺相惜，使他对作者张爱玲充满了好奇。于是他立即写了一封信给苏青，对张爱玲的小说大加赞许，并表示了与作者相识的意愿。苏青回信说，作者是位女性，才分颇高。这更是让胡兰成对张爱玲念念不忘。不久，他又收到了苏青寄来的《天地》第十二期，这次杂志上面不仅有张爱玲的文章，还有她的照片。他越发想结识张爱玲了。胡兰成回到上海之后马上去找苏青，要以一个读者的身份去拜见张爱玲。苏青婉言谢绝了，因为张爱玲向来不轻易见人的。但胡兰成执意想见，向苏青索要地址。苏青迟疑了一下才写给他——静安寺路赫德路口192号公寓6楼65室。胡兰成如获至宝。虽然此时，他是个有妻室的人，而且，是他的第二次婚姻。

　　胡兰成第二天就兴冲冲地去了张爱玲家，她住的赫德路与他所在的大西路美丽园本来就隔得不远。可张爱玲果真不见生客。胡兰成却不死心，从门缝里递进去一张字条，写了自己的拜访原因及家庭住址、电话号码，希望方便的时候可以见一面。第二天，张爱玲打了电话给胡兰成，说要去看他，不久就到了。张爱玲拒绝他的到访，又自己亲自去见他，主意变得好快。其实早前，胡兰成因开罪汪精卫而被关押，张爱玲曾经陪苏青去周佛海家说过情。因此，她是知道他的。于是，他们就这样见面了。

　　真正见了面，胡兰成发现张爱玲与他想象中的完全不一样。他一是觉得张爱玲个子太高；二是觉得她坐在那里，幼稚可怜的样子不像作家，倒像个未成熟的女学生。但两人一谈就是五个小时。从品评时下流行作品，到问起张爱玲每月写稿的收入。对一个初次见面的小姐问这样的问题，实在是失礼的，但"因为相知，所以懂得"，一次倾谈已让两人有了知交之感，所以张爱玲倒未觉得胡兰成的话很唐突。胡兰成送张爱玲到弄堂口，并肩走着，他忽然说："你的身材这样高，这怎么可以？"只这一句话，就忽地把两人的距离拉近了。"这怎么可以"的潜台词是从两个人般配与否的角度去比较的，前提是已经把两人作为男女放在一起看待了。张爱玲很诧异，几乎要起反感了，但，却有种莫名的好感。

次日，胡兰成便去回访张爱玲。她房间华贵到使他不安，胡兰成形容说，三国时刘备进孙夫人的房间，就有这样的不安。那天，张爱玲穿了一件宝蓝绸袄裤，戴了嫩黄边框的眼镜。多年后，胡兰成对这些细节都有着清晰的回忆。此后，他每天都去看张爱玲。一天，他向张爱玲提起刊登在《天地》上的照片，张爱玲便取出来送给他，还在后面题上几句话，说见了他，她"变得很低很低，低到尘埃里。"但她"心里是欢喜的，从尘埃里开出花来。"

这一年，胡兰成38岁，张爱玲24岁，很快，他们恋爱了。胡兰成在南京办公，一个月回一次上海，一住八九天。每次回上海，他不回自己的家，而是径直赶到赫德路，先去看张爱玲。两人每天在一起，喁喁私语无尽时。但当时世人并不了解他们之间的感情，只觉得胡兰成的政治身份是汉奸，又有妻室，年纪大到几乎可以做张爱玲的父亲。世人都觉得这样的爱情似乎有些不可思议，都为张爱玲惋惜。

胡兰成是懂张爱玲的，懂她贵族家庭背景下的高贵优雅，也懂她因为童年的不幸而生成的及时行乐的思想。仅仅这一个"懂得"，也许就是张爱玲爱上胡兰成的最大原因。张爱玲本身就不是一个世俗之人，她不以尘世的价值观去品评一个人。她没有什么政治观念，只是把胡兰成当做一个懂她的男人，而不是所谓的"汪伪政府的汉奸"；她似乎也不在乎胡兰成有妻室的这个事实，她在一封信中对胡兰成说："我想过，你将来就是在我这里来来去去亦可以。"

1944年8月，胡兰成的第二任妻子提出与他离婚。这给了张爱玲与胡兰成的爱情一个升华的机会，他们就这样结婚了，没有法律程序，只是一纸婚书为凭。因为胡兰成怕日后时局变动，自己的身份会拖累张爱玲；也没有任何仪式,只有张爱玲的好友炎樱为证。"胡兰成与张爱玲签订终身,结为夫妇。愿使岁月静好,现世安稳。"前两句是出自张爱玲之手,后两句是由胡兰成所撰。

这一段时间也是张爱玲创作生涯中的黄金时代。胡兰成为她的写作提供了很多的灵感,两人会一起讨论一些文学话题。而张爱玲的散文《爱》,在开头就说,这是一个真的故事——胡兰成的庶母的故事。

1944年,日军在中国的势力已经江河日下。而胡兰成作为"汪伪政府"的官员,也有了危机感。有一个傍晚,两人在张爱玲家的阳台上看上海的暮色。胡兰成对她说了当下的时局,觉得自己恐将有难。张爱玲虽对政治不敏感,但此刻,她知道,这次国和家真的连在了一起。胡兰成说:"将来日本战败,我大概还是能逃脱这一劫的,就是开始一两年恐怕要隐姓埋名躲藏起来,我们不好再在一起的。"

张爱玲笑道:"那时你变姓名,可叫张牵,或叫张招,天涯地角有我在牵你招你。"这是一句半开玩笑的话,但不久,两人果真是要分别了。

1944年11月,胡兰成到湖北接编《大楚报》,开始了与张爱玲的长期分离。那是一个时常有警报和空袭的时期。有一天,胡兰成在路上遇到了轰炸,人群一片慌乱,他跪倒在铁轨上,以为自己快要炸死了,绝望中,他只喊出两个字:爱玲!

情殇

但胡兰成既是一个缺乏责任感的人,也是一个天性风流的人。来武汉不久,他便与汉阳医院一个17岁的护士周训德如胶似漆。他不向小周隐瞒张爱玲,但又向她表明如果娶她,就只有做妾了。但小周的生母是妾,她的反应是:自己不愿重蹈覆辙。于是胡兰成又进行了正式一次婚礼,似乎张爱玲根本不存在。张爱玲一无所知,仍写信给他向他诉说她生活中的一切琐碎的小事。

1945年3月,胡兰成从武汉回到上海。在张爱玲处住了一个多月。此时，他才将小周的事情告诉了张爱玲。张爱玲无比错愕，她以为自己和胡兰成的爱情是不可动摇的，但现在怎么会冒出来一个小周？此时，张爱玲的心已被刺伤了，但她只是默默承受。两个人在一起的这段时间，胡兰成倒是再也不提小周了。5月，胡兰成又回到了武汉。一见到小周，就有回家的感觉——他又忘了张爱玲了。

1945年8月15日，日本投降，胡兰成的"末日"也来了，他知道重庆方面定会惩办他这样的汉奸。于是他逃到了浙江，化名张嘉仪，称自己是张爱玲祖父张佩纶的后人，住在诸暨斯家。

斯家的儿子斯颂德是胡兰成的高中同窗，胡兰成年轻的时候就曾在斯家客居一年。斯家的男主人已逝，是斯家主母维持生计。斯家还有个庶母，叫范秀美，大胡兰成两岁，曾经与斯家老爷生有一女。在这样的乱世中，斯家人安排胡兰成去温州范秀美的娘家避难，由范秀美相送。这一路，胡兰成就又搭上了范秀美。未到温州，两人便已做成夫妻，对范家人以及邻居也以夫妻相称。

然而，此时张爱玲竟一路寻到了温州。两个女人与一个男人的三角关系，无论如何都只能是尴尬。

因为怕范秀美的邻居对三人的关系有所猜忌，他们三人都是在旅馆见面的。一天清晨，胡兰成与张爱玲在旅馆说着话，隐隐腹痛，他却忍着。等到范秀美来了，他一见她就说不舒服，范秀美坐在房门边一把椅子上，问痛得如何，说等一会儿泡杯午时茶就会好的。张爱玲当下就很惆怅，因为她分明觉得范秀美是胡兰成的亲人，她自己倒像个"第三者"。

还有一次，张爱玲夸范秀美长得漂亮，要给她作画像。这本是张爱玲的拿手戏，范秀美也端坐着让她画，胡兰成在一边看。可刚勾出脸庞，画出眉眼鼻子，张爱玲忽然就停笔不画了，说什么也不画了，只是一脸凄然。范秀美走后，胡兰成一再追问，张爱玲才说："我画着画着，只觉得她的眉目神情，她的嘴，越来越像你，心里好不震动，一阵难受就再也画不下去了。"

张爱玲离开温州的时候,胡兰成送她,天下着雨,她叹口气道:"你到底是不肯。我想过,我倘使不得不离开你,亦不致寻短见,亦不能够再爱别人,我将只是萎谢了。"这场雨,也冲刷了他们曾经的"倾城之恋"。

此后的八九个月时间,两人偶有通讯。张爱玲也会用自己的稿费接济胡兰成,只因怕他在流亡中受苦。

有一次,胡兰成有机会途径上海,在张爱玲处住了一夜。他没有忏悔自己的滥情,反倒指责张爱玲对一些生活细节处理不当。还问她对自己写小周的那篇《武汉记》印象如何,又提起自己与范秀美的事,张爱玲十分冷淡。当夜,两人分室而居。第二天清晨,胡兰成去张爱玲的床前道别,俯身吻她,她伸出双手紧抱着他,泪水涟涟,哽咽中只叫了一句"兰成",就再也说不出话来。

这就是两人最后一次见面。

几个月后,胡兰成收到了张爱玲的诀别信:我已经不喜欢你了,你是早已经不喜欢我的了。这次的决心,是我经过一年半长时间考虑的。彼惟时以小吉故,不欲增加你的困难。你不要来寻我,即或写信来,我亦是不看的了。

"小吉"就是小劫的意思。此时的胡兰成已经脱离了险境,在一所中学教书,有了较安稳的工作。张爱玲选择他一切都安定的时候,写来了诀别信,随信还附上了自己的30万元稿费。二人的传奇之恋,就这样辛酸地谢幕了。胡兰成曾写信给张爱玲的好友炎樱,试图挽回这段感情,但张爱玲没有理他,炎樱也没有理他。

20世纪50年代初,胡兰成移居日本,与上海大流氓吴四宝的遗孀佘爱珍同居。而张爱玲也已离开大陆到了香港。胡兰成得到消息,曾托人去访她,但未遇着,那人便留下了胡兰成在日本的地址。半年后,胡兰成收到了一张明信片,没有抬头,没有署名,只有熟悉的字迹:手边若有《战难,和亦不易》、《文明与传统》等书(《山河岁月》除外),能否暂借数月作参考?后面是张爱玲在美国的地址。胡兰成大喜,以为旧情可复,又以为张爱玲还很欣赏自己，便马上按地址回了信，并附上新书与照片。等到《今生今世》的上卷出版之时，他又寄书过去，作长信，为缠绵之语。张爱玲一概不回，末了才寄来一张短笺：

兰成：

你的信和书都收到了，非常感谢。我不想写信，请你原谅。我因为实在无法找到你的旧著作参考，所以冒失地向你借，如果使你误会，我是真的觉得抱歉。《今生今世》下卷出版的时候，你若是不感到不快，请寄一本给我。我在这里预先道谢，不另写信了。

爱玲

胡兰成一见，便彻底断了与张爱玲复合的念头。

忘年

1955年秋天，张爱玲从香港移民美国，就在这一年，她的第一部英文小说《秧歌》在美出版。一向才高心也高的张爱玲寄望自己也可以翱翔在英文文学的天空中。

1956年3月，她得到著名的麦道伟文艺营的赞助，便去那里从事写作，同时寻找出版第二部英文小说的机会。在这个美国优秀作家聚集之地，她邂逅了美国白人作家甫德南·赖雅。

赖雅原是德国移民后裔，年轻时就显露了耀眼的文学才华，他个性鲜明，知识

张爱玲与赖雅

渊博，谈吐洒脱不羁。结过一次婚，有一个女儿。但热爱自由的他并不适合婚姻，便与笃信女权主义者的前妻解除了婚约。离婚后，他也结交过不少动人的女友，但她们没有一人愿意与这个男人共结连理，直在他65岁的时候遇到张爱玲。

在优雅浪漫的环境和心境中，36岁的张爱玲与65岁的赖雅产生了忘年之恋。

3月13日，他俩第一次见面，便有"相逢何必曾相识"之感，谈文学，谈文化，谈人生，谈阅历，越谈越投缘。到5月的时候，简直到了难分难舍的程度，关系飞速进展。赖雅在5月12日的日记中写道：他俩"去小屋，一同过夜"。第三天，赖雅在文艺营的期限到了，不得不离开。张爱玲在送他的时候，把仅有的一点钱给了他。一个多月后，张爱玲也离开了文艺营。7月5日，赖雅接到张爱玲的一封信，说已怀了他的孩子。此时，赖雅觉得自己有一种道德责任，又觉得张爱玲厚道、可爱，是一个贤妻型的女人，于是，他向她求了婚，但要求她堕胎，不要孩子。到了当年的8月18日，也就是他们相识的半年之后，他们在纽约结了婚。

但是张爱玲似乎注定没有安稳的运命，新婚仅仅两个月，使张爱玲寄托全部生活希望的赖雅中风发作，并接近死亡。为了试图转移她沮丧的情绪，他保证他不死，不会离她而去。

他俩饱一顿饥一顿，住处也没有保障，为了糊口，张爱玲也像赖雅一样，不得不写一些"烂"剧本之类的东西，从而分散了真正的文学创作的精力。

张爱玲38岁生日的那一天，联邦调查局派员来核查赖雅欠款一案。而赖雅最忧心的却是不要为此破坏了生日的喜气。好不容易将探员哄走了，两人做了一点青豆、肉和米饭。餐后又一同看了一场喜剧电影，笑出了眼泪。散场后，两人在萧瑟的秋风中步行回家。到家后，又把剩饭吃了。张爱玲告诉赖雅：这是她有生以来最快乐的一次生日。

之后，他们搬到了加州，张爱玲开始对美国越来越熟，对赖雅的依赖却似乎越来越少；相反，年老多病、有点江郎才尽的赖雅却越来越依赖她，

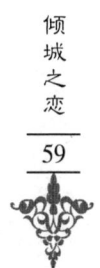

甚至根本无法离开她。

张爱玲为了谋生和发展，在婚后的第五年，不得不决定到港台找机会时，赖雅忧心忡忡，觉得她将离他而去，也就等于她将抛弃他而远走高飞。在台湾时，张爱玲又得到赖雅再一次中风昏迷的消息，但她没有足够的钱去买机票回美国，况且还要筹一些钱为他进一步治疗。于是，她决定先到香港，赶写《红楼梦》等剧本赚一些钱，然后才回美国。此时的她，也受到疾病的折磨，眼睛因溃疡而出血，而写作又要靠眼睛，每日的熬夜，使眼睛的状况更加恶化。

病情好转的赖雅来信催她回去，说是在纽约找了一个公寓小套间，她一定会喜欢。此时心力交瘁的她，归心似箭，再也不能待下去。在3月16日那天，赖雅写道："爱玲离港之日"。张爱玲写信告诉他，3月18日到达。他迫不及待，3月17日就到机场去了一趟。第二天，他又和女儿菲丝在机场，看到久别的爱妻，赖雅欢喜万分。

这时，赖雅比以前更依恋张爱玲，有一天下午，他从图书馆回家，发现她不在家，觉得很寂寞。到了掌灯时分，她还不回来，他便焦虑不安，打电话给牙医，甚至要警察局搜寻。一天，赖雅摔了一跤，跌断了股骨，活动更加不便，在这期间又中风了几次。后来，赖雅瘫痪了两年，大小便失禁，全由张爱玲照料。她为此做出了巨大的牺牲，因为对她而言，写作是最高的追求，而此时却只能放弃写作，把时间全都浪费在充当护士和保姆的平凡生活中。

张爱玲带着垂死的赖雅为生计到处奔波。那时的赖雅已经只剩下一把骨头，也不能怎么动弹了。在一个地方安顿下来，有亲友看他，他将头扭向墙壁，并让其离去。过去，赖雅总是要让别人在生活里因为有了他而欢乐，如今他受不了别人因他而难过。1967年，赖雅在张爱玲的身边走完了最后一段人生。

张爱玲晚年

光影　　作为作家的张爱玲与电影有着一段延续至今的"不了情"。

《不了情》（1947年）是张氏小说《多少恨》的电影版本，讲述了女家庭教师虞家茵与有妇之夫夏宗豫的一段辛酸爱情。虽然情节上未见新意，但有张爱玲奇才异女的盛名护驾，又有大导演桑弧联手，加上主演刘琼和陈燕燕的人缘，仍然有许多观众心甘情愿地走进影院去享受这段归来泪满巾的悸动。

《太太万岁》（1947年）是20世纪40年代末中国喜剧电影的代表作品。张爱玲继续与桑弧合作，在电影中增添了些许酸溜溜的讽刺味道。老戏骨张伐、石挥、上官云珠配合得天衣无缝，新秀蒋天流也借此走红。

《哀乐中年》（1949年）张爱玲与桑弧的三度合作，默契和灵感的火花使编和导的界限逐渐模糊起来，但这部电影却成了这对创作绝配的最后灿烂。

《金锁记》是一个搁浅的计划，也预示着张爱玲电影生涯的第一个分号。在风云突变的历史中，影迷们唯一可以做的只是寻一处幽静所在，想象一下张瑞芳扮成曹七巧的模样，顺便留意小说中欣赏月亮时的苍凉快感，对人生中"不彻底的现实，永不完满的情愫"发一番感叹。

此后将近十年，张爱玲才有机会重续电影不了情。1956年起，她为香港电懋电影公司陆续编写了10个剧本：1956年《情场如战场》、《人财两得》、《桃花运》，1960年《六月新娘》、《温柔乡》，1962年《南北一家亲》，1963年《小儿女》，1964年《南北喜相逢》，还有《一曲难忘》（又名《魂归离恨天》）。

此后，张爱玲再没创作过电影剧本。

如今，根据张爱玲作品改编的许多电影都已成为脍炙人口的名片。主要有：《倾城之恋》（1984年，许鞍华导演）；《滚滚红尘》（1990年，严浩导演）；《红玫瑰白玫瑰》（1994年，关锦鹏导演）；《半生缘》（1997年，许鞍华导演）；《色戒》（2007年，李安导演）。

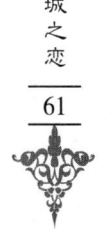

还原 　　孤芳自赏、行为隐秘、拒人于千里之外……这是世人对张爱玲的普遍印象。那么张爱玲的真实面目究竟又是如何呢？通过以下三个张爱玲与友人、前辈、师长交往的故事，也许可以还原其冰山一角。

　　张爱玲的《小团圆》里有一段这样的描述："汤孤鹜大概还像他当年，瘦长，穿长袍，清瘦的脸，不过头秃了，戴着个薄黑壳子假发。"这里的"汤孤鹜"被认为是张爱玲用替代的名字来记述她与周瘦鹃的交往，那时她写了小说投稿给主编《紫罗兰》杂志的周瘦鹃，得到周回信说稿子被采用了，于是，小说中的盛九莉"只得写了张便条去，他随即打电话来约定时间来吃茶点。"张与周的交往只有这些。《小团圆》可以看做是张爱玲的自传体小说，基本上为自身生活经历的回忆，记人记事皆有现实人物可与之比对，所谓对号入座在这部作品里最可确认，小说里的汤孤鹜便是现实中的周瘦鹃已为大家所知晓。张爱玲年少时听人讲曾孟朴的小说《孽海花》里有她祖辈的原型，长大后自己写小说，也多依靠原有人物来塑造。

　　读到这段文字时，很多人不免会认为张爱玲刻薄寡情，对为她发表作品的编辑不留好语，毕竟周瘦鹃为她刊载在《紫罗兰》上的《沉香屑》使她名声大振，因而周氏有为她做嫁衣之劳，结果时过境迁竟得不到半句好话。其实张爱玲对周瘦鹃的描述为写实之举，魏绍昌的《我看鸳鸯蝴蝶派》里载周瘦鹃事甚详细："周瘦鹃在中学毕业的前一年，得过一场大病，病愈后头发眉毛全部脱光。头上可以戴假发冒充，眉毛则不便效女子画眉。于是他戴上一顶宽大的黑色帽子，再架上一副特大的墨晶眼镜，帽子与眼镜上下相挤，他的无发无眉，也就不易惹人注意了。"可见张爱玲描绘的是真实的情形，而并非刻意丑化讽刺周瘦鹃。

　　周瘦鹃早有文字谈及张爱玲来访一事，与张爱玲寥寥几笔所记稍有不同，他的叙述详细："一个春寒料峭的上午，我正懒洋洋地待在紫罗兰庵里，不想出门，眼望着案头宣德炉中烧着的一枝紫罗兰香袅起的一缕青烟在出神。我的小女儿瑛忽然急匆匆地赶上楼来，拿一个挺大的信封递给我，说有一位张女士来访问。我拆开信一瞧，原来是黄园主人岳渊老人（辟园于沪西高安路，著有《花经》一书行世）介绍一位女作家张爱玲女士来，要和我谈谈小说的事。我忙不迭赶下楼去，却见客座中站起一位穿着鹅黄缎半臂的长身玉立的小姐来向我鞠躬，我答过了礼，招呼她坐下。接谈之后，才知道这位张女士生在北平，长在上海，前年在香港大学读书……"

这里记载的是张爱玲持黄岳渊信函登门拜访，礼仪周到，与张爱玲《小团圆》里冰冷的态度差距甚大。当时的周瘦鹃已名满文坛，为张爱玲前辈文人，而张则刚起步，对周瘦鹃持恭敬谦卑的态度应在情理之中，再加上据说"她的母亲和她的姑母都是我十多年前《半月》、《紫罗兰》和《紫罗兰片》的读者，她母亲正留法学画归国，读了我的哀情小说，落过不少眼泪，曾写信劝我不要再写，可惜这一回事，我已经记不得了。"以此对照张爱玲《小团圆》的记载，似乎别有用心。

后来的情形也与张爱玲记述有差异："我们长谈了一点多钟，方始作别。当夜我就在灯下读起她的《沉香屑》来，一壁读，一壁击节，觉得它的风格很像英国某名作家的作品，而又受一些《红楼梦》的影响，不管别人读了以为如何，而我却是深喜之的了。一星期后，张女士来问我读后的意见，我把这些话向她一说，她表示心悦诚服，因为她正是该作家作品的爱好者，而《红楼梦》也是她所喜读的。我问她愿不愿将《沉香屑》发表在《紫罗兰》里，她一口应允，我便约定在《紫罗兰》创刊号出版之后，拿了样本去瞧她，她称谢而去。当晚她又赶来，热忱地预约我们夫妇俩届时同去参与她的一个小小茶会。《紫罗兰》出版的那天，凤君因家中有事，不能分身，我便如约带了样本独自到那公寓去，乘了电梯直上六楼，由张女士招待到一间洁而精的小客室里，见过了她的姑母，又指着两张照片中一位太太给我介绍，说这就是她的母亲。"看来周瘦鹃所言比较诚恳，沉稳温和，很有些仁厚长者的风范。

然而在好友邝文美的眼里，张爱玲却是一个风趣可爱、韵味无穷的女子，当然也有刻薄之处。

邝文美是香港的作家、翻译家。20 世纪 50 年代，张爱玲暂居香港，常与邝文美聊天，邝文美事后把张爱玲的妙语记录在纸条上，后来集结成为《张爱玲私语录》。

《张爱玲私语录》开篇第一部分就是邝文美所写的《我所认识的张爱玲》："在陌生人面前，她似乎沉默寡言，不善辞令。可遇到知己时，她就恍如变成另外一个人，谈笑风生，妙语连珠……"张爱玲在读完邝文美的文章后，书信回复邝文美："你写的那一篇，使我看了通体舒泰。忍不住又要说你是任何大人物也请不到的官方代言人。"

张爱玲的爷爷是清朝末期知名的官员张佩纶，考中进士后成为皇家教师，思想接近洋务派。正当其地位蒸蒸日上之际，年过四十还只是一名秀才的胡适父亲——胡传找到他，请他写了一份推荐函，去吉林、黑龙江边境找钦差大臣吴大澂，想得到吴大澂的关照。没想到胡传被吴大澂一眼相中，留作幕僚，从此走上仕途。

张佩纶对胡传的提携，张家的后人几乎也都不知道，可胡传的儿子——胡适在 1946 年就很清楚地了解到了。胡适曾写过一篇《张佩纶的涧于日记》，文中称，1946 年，他在北京东安市场的书店里看到过《涧于日记》，他随手翻看，发现里面记载有他父亲胡传的名字，并由此得知张胡两家上辈的交往。

张爱玲一生中收到过多少读者评说她作品的信件，没有人统计过，可将来信抄一遍留存是不多见的，胡适的信便享受到了这个待遇。

一天，张爱玲收到一封胡适关于她的作品《秧歌》的回信，这封回信表明，胡适对《秧歌》的阅读是十分细致的，对张爱玲是尊重和重视的。

收到胡适的回信，张爱玲是很高兴的，她回信说："收到您的信，真高兴到极点，实在是非常大的荣幸。"对于胡适提出的建议，她都一一作了回答。由此可见，张爱玲对来自胡适的意见是十分重视的，两人的书信交往也是十分坦诚的。

1955年10月,张爱玲来到美国。11月,她和香港大学时的同学法蒂玛·摩希甸到胡适居住的地方拜访。

随后,胡适对张爱玲作了回访。这一次,张爱玲想必交代了自己家世的情况,这使胡适发现:原来,眼前的才女竟是自己父亲恩人的孙女。张爱玲则感觉"如对神明"。即便这样,两人的关系还是进了一层。不久,张爱玲便独自一人去拜访胡适,在胡适的书房里,听胡适讲他父亲和自己爷爷的故事。显然,此前张爱玲不知道两家的渊源。对胡适讲述的故事,她或者"默然",或者"笑非所以"。

两人的最后一次见面,是胡适前往张爱玲居住的职业宿舍。结束时,张爱玲"送到大门外,在台阶上站着说话。天冷,风大,隔着条街从赫贞江上吹来。适之先生望着街口露出的一角空濛的灰色河面,河上有雾,不知道怎么笑眯眯地老是望着,看怔住了。他围巾裹得严严的,脖子缩在半旧的黑大衣里,厚实的肩背,头脸相当大,整个凝成一座古铜半身像。我忽然一阵凛然,想着:原来是真像人家说的那样。而我向来相信凡是偶像都有'黏土脚',否则就站不住,不可信。我出来没穿大衣,里面暖气太热,只穿着件大挖领的夏衣,倒也一点都不冷,站久了只觉得风飕飕的。我也跟着向河上望过去微笑着,可是仿佛有一阵悲风,隔着十万八千里从时代的深处吹出来,吹得眼睛都睁不开。那是我最后一次看见适之先生。"

时尚 从张爱玲懂事起,就知道羡慕母亲在镜子前头往绿短袄上别翡翠胸针,并许下宏愿:"八岁我要梳爱司头,十岁我爱穿高跟鞋,十六岁我可以吃粽子汤团,吃一切难于消化的东西。"这好比现在美女作家们说:"八岁我就想要穿妈妈的胸衣,十岁我就有了第一个男朋友,十六岁就吃了第一次迷药。"

张爱玲作品中对细节、对服装极详尽的描述,包含着一个上海"小资女人"的强烈的恋物情结,只有这样的女人,才能如此大胆又老实地说出很多人敢想不敢说的话："出名要趁早。"这简直可以和陈胜吴广的"帝王将相宁有种乎"相媲美。

如同所有并非天生丽质的女人，张爱玲精于打扮，她的观点很特别，不喜欢被大众认同的美。她认为："用粗浅的看法，对照就是红与绿，而和谐便是绿与绿，殊不知两种不同的绿，其冲突倾轧是非常显著的；两种绿越是只推扳一点点，看了越使人不安。红绿对照，有一种可喜的刺激性。"正像张爱玲的文字："生命是一袭华美的袍，爬满了虱子"，叙述的笔调冷静细碎，却有一股子不安分在里面。

有一次，张爱玲这样评价一个年轻人："也许是学生，也许是店伙，用米色绿方格的兔子呢制了太紧的袍，脚上穿着女式红绿条纹的短袜……乍看觉得好笑，然而为什么不呢？如果他喜欢。"

趣闻

在众多中国作家中，张爱玲无疑是极富个性的一位。这种个性不仅体现在她的作品中，也表现在她的为人处世上。

有一次，她为小说《传奇》的出版去印刷厂校清样，穿了一身奇装异服，惹得全厂工人停工停产，争相观看。这百分之百的"回头率"让张爱玲感到十分满意，她很自得地对身边的女工说："要想人家在那么多人里只注意你一个，就得去找你祖母的衣服来穿。"女工吓了一跳："穿祖母的衣服不是穿寿衣了吗？"张爱玲说："那有什么关系，别致就行！"

《倾城之恋》有这样一段描述：范柳原回英国，白流苏一个人回到空荡荡的家，新粉刷过的，"客室里的门窗上的绿漆还没干，她用食指摸着试了一试，然后把那黏黏的指尖贴在墙上，一贴一个绿迹子。为什么不？这又不犯法！这是她的家！她笑了，索性在那蒲公英黄的粉墙上打了一个鲜明的绿手印。"

桃红柳绿金鱼黄，烟灰蜜荷青瓷色，在张爱玲的视觉系统中，这些都是所谓的复杂婉妙的调和色。在所有文章中，只此一处用到这个蒲公英黄。

蒲公英的另一名字叫黄花地丁，花色是比较正的黄色。这段故事的背景在香港，香港人的忌讳比较多，一色的亮黄粉墙里住着，难怪白流苏心里嘀咕："她管得住自己不发疯么？"

　　从张爱玲的描述中，我们可以看到，在她心目中，理想的房子是这样的："雪白的粉墙，金漆桌椅，大红椅垫，桌上放着豆绿糯米瓷的茶碗，堆得高高的一盆糕团，每一只上面点着个胭脂点。"金色，白色，红色，对比强烈，除了豆绿柔和以外。有人曾在文中记述过，张爱玲"戴嫩黄边的眼镜，满屋子明晃晃的，如有兵气般使人不安。"张爱玲近视，或也有色弱，最喜欢的是大红、大绿、大黄，她觉得凡·高的向日葵的黄色都不够强烈。她谈恋爱时，穿了一双桃红的布鞋，人说几乎闻得到香气。由此可见，张爱玲的感觉系统是色彩的，平面的。

评誉　　李欧梵（国际知名文化研究学者）：张爱玲的小说艺术，像神话一般，经过一代代的海峡两岸作者和读者的爱戴、诠释、模仿、批评和再发现而永垂不朽。

　　王安忆（当代著名女作家）：唯有小说才是张爱玲的意义。所以，认识的结果就是，将张爱玲从小说中攫出来，然后再还给小说。

　　叶兆言（当代著名作家）：张爱玲的一生，就是一个苍凉的手势，一声重重的叹息。

　　白先勇（当代著名作家）：张爱玲当然是不世出的天才，她的文字风格很有趣，像是绕过了五四时期的文学，直接从《红楼梦》、《金瓶梅》那一脉下来的，张爱玲的小说语言更纯粹，是正宗的中文，她的中国传统文化造诣其实很深。

名言　　要做的事总找得出时间和机会，不要做的事总找得出借口。

男人彻底懂了一个女人之后，是不会爱她的。

小小的忧愁与困难可以养成严肃的人生观。

人生最大的幸福，是发现自己爱的人正好也爱着自己。

我要你知道，在这个世界上总有一个人是等着你的，不管在什么时候，不管在什么地方，反正你知道，总有这么个人。

因为爱过，所以慈悲。因为懂得，所以宽容。

如果你认识从前的我，你就会原谅现在的我。

也许每一个男子全都有过这样的两个女人，至少两个。娶了红玫瑰，久而久之，红的变了墙上的一抹蚊子血，白的还是"床前明月光"；娶了白玫瑰，白的便是衣服上的一粒饭粘子，红的却是心口上的一颗朱砂痣。

啊，出名要趁早呀，来得太晚，快乐也不那么痛快。个人即使等得及，时代是仓促的，已经在破坏中，还有更大的破坏要来。

如果你不调戏女人，她说你不是一个男人；如果你调戏她，她说你不是一个上等人。

你疑心你的妻子，她就欺骗你。你不疑心你的妻子，她就疑心你。

你问我爱你值不值得，其实你应该知道，爱就是不问值不值得。

我喜欢钱，因为我没吃过钱的苦，不知道钱的坏处，只知道钱的好处。

能够爱一个人爱到问他拿零用钱的程度，都是严格的考验。

外表上看上去世界各国妇女的地位高低不等，实际上女人总是低的，气愤也无用，人生不是赌气的事。

对于不会说话的人，衣服是一种语言，随身带着的是袖珍戏剧。

回忆永远是惆怅。愉快的使人觉得：可惜已经完了，不愉快的想起来还是伤心。

一个知己就好像一面镜子，反映出我们天性中最优美的部分。

替别人做点事，又有点怨，活着才有意思，否则太空虚了。

一个女人蓦地想到恋人的任何一个小动作，使他显得异常稚气，可爱又可怜。她突然充满了宽容，无限制地生长到自身之外去，荫蔽了他的过去与将来，眼睛里就许有这样苍茫的微笑。

　　抄袭是最隆重的赞美。

　　笑，全世界便与你同声笑，哭，你便独自哭。

　　喜欢一个人，会卑微到尘埃里，然后开出花来。

林徽因：一身诗意，芳菲满天

传略　　林徽因（1904—1955），原名徽音，出生于福建闽侯一个官僚知识分子家庭。现代女作家，中国古代建筑专家。

1916年进入北京培华女子中学读书，1920年4月至9月随父林长民赴欧洲旅行，先后游历伦敦、巴黎、日内瓦、罗马、法兰克福、柏林、布鲁塞尔等地，同年进入伦敦圣玛利女校学习。1921年回国，进入复人培华女中读书。1923年参加新月社活动。1924年留学美国，进入宾夕法尼亚大学美术学院深造，选修建筑系课程，1927年毕业，获美术学士学位。同年进入耶鲁大学戏剧学院，在G．P．帕克教授工作室学习舞台美术设计。1928年3月与梁思成在加拿大渥太华结婚，婚后专程去欧洲考察建筑，同年8月回国。

上世纪30年代初，与丈夫梁思成用现代科学方法研究中国古代建筑，成为这个学术领域的开拓者之一，并且在此方面获得了巨大的学术成就。从上世纪30年代初至中日战争爆发，几年间他们走遍了全中国15个省、200多个县，实地勘察了2000余处中国古代建筑遗迹。他们为中国古代建筑研究奠定了坚实的科学基础，并写下有关建筑方面的论文、序跋等20

林徽因

多篇。

  1949年以后，林徽因在美术方面参与了三次重要的活动：第一是参与国徽设计；第二是改造传统景泰蓝；第三是参加天安门人民英雄纪念碑设计，为民族及国家作出莫大的贡献。在林徽因的感情世界里有三个男人，一个是建筑大师梁思成，一个是诗人徐志摩，一个是学界泰斗、为她终身不娶的金岳霖。

  在文学方面，她一生著述甚多，主要有：《你是人间四月天》、《谁爱这不息的变幻》、《笑》、《清原》、《一天》、《激昂》、《昼梦》、《瞑想》等诗篇几十首；话剧《梅真同他们》；短篇小说《窘》、《九十九度中》等；散文《窗子以外》、《一片阳光》等。其中代表作为诗作《你是人间四月天》，小说《九十九度中》。

初恋

  在林徽因堪称传奇的一生中，最为人们津津乐道的，可以说是她生命里出现过三个最重要的男人：徐志摩、梁思成和金岳霖。从某种意义上，徐志摩可以看做是她的初恋，她心底的情人；梁思成是她合适的伴侣，现实的选择；而金岳霖的位置有些尴尬，可以看做是她的"闺蜜"，一生的蓝颜知己。

  1920年，刚满16岁的林徽因随父亲林长民在英国旅居一年，恰巧徐志摩也来到伦敦。诗人和父亲一见如故，两个男人甚至玩过互传情书的游戏，林长民扮演有室男子苣冬，徐志摩扮作已嫁少妇仲昭。在林长民去世后，徐志摩曾经公开一封苣冬致仲昭的信，还称

学生时期的林徽因

赞说，"至少比他手订的中华民国大宪法有趣味有意义甚至有价值得多。"

林长民和徐志摩互为知己，而林长民与女儿关系融洽，可为知音。所以由此推算，林徽因与徐志摩必定相见甚欢，有很多的共同语言也是顺理成章的事。

林徽因与徐志摩

如果有一天我获得了你的爱，
那么我飘零的生命就有了归宿，
只有爱才能让我匆匆行进的脚步停下，
让我在你的身边停留一小会儿吧，
你知道忧伤正像锯子锯着我的灵魂。

徐志摩饱含深情地为林徽因写下一首首这样的情诗。少女的心弦被拨动了，林徽因在一封回信中说："我不是那种滥用感情的女子，你若真的能够爱我，就不能给我一个尴尬的位置，你必须在我与张幼仪之间作出选择。你不能对两个女人都不负责任。"

当时的徐志摩，年仅24岁，却已是两个孩子的父亲，第三个孩子，正怀在妻子张幼仪的腹中。他在最初看到张幼仪照片的时候，就不屑地说了三个字"土包子"，后来张幼仪随他一起在英国生活。

此时的徐志摩对林徽因和张幼仪是两种截然不同的态度。他对林徽因有多么热情似火，对张幼仪就有多么冷酷无情。接到林徽因的信，为了方便离婚，他甚至逼着妻子打胎，在妻子生产后不久，又逼迫她在离婚协议书上签了字。

爱情本身就有令人疯狂的魔力，而当爱情降临在诗人的身上时就更添几分疯魔，而终生都在追求爱、自由和美的徐志摩更是如此。可是，现实粉碎了他的梦想，命运对他，正如同他对张幼仪一样无情、冷漠。

林徽因和父亲早徐志摩一年回国，一旦回到传统的现实社会，曾经在浪漫的国度发生的爱情故事仿佛也变得不真实。家族中人一致反对林徽因和徐志摩交往，一个传统的中国家庭是无法容忍自己的女儿插足别人的家庭，使家族的名节受辱。林徽因只得回到现实当中去。

在之后短暂的时间里，林徽因毅然选择了梁思成而抛弃了徐志摩。这种少女身上少有的决断，也许和她的童年际遇分不开。她的朋友费慰梅曾经说："家中的亲戚把她当成一个成人，而因此骗走了她的童年。"的确，她几乎没有别人那样天真烂漫的童年。

林徽因的母亲何雪媛，是林长民的第二任妻子。林长民的第一任夫人病逝，没有留下一个子女。何雪媛运气也不好，到林家8年之后才生下了林徽因，之后又生了一儿一女，都不幸夭折。到了第10年，林长民又娶了个妾，名叫程桂林，乖巧可人，还生下四个儿子一个女儿，林长民的欢心就此被彻底夺走。

程桂林和四个儿女住在宽敞明亮的前院，而林徽因和母亲却被安置在狭小阴暗的后院。但如果将这一切完全归咎于林长民喜新厌旧也有失公正，何雪媛出生在浙江嘉兴小业主家庭，打小娇生惯养，不会女红，也不识字，脾气又暴躁，还爱管闲事，在当时的社会背景下，很少有家庭会欣赏这样的女子。

虽然林长民对大女儿林徽因一直是宠爱有加，可是在大家庭里长大的林徽因，作为失去父亲宠爱的太太生下的女儿，对人情世故，有着比一般人更深刻的体验。

她心中终究不忍心别人因为她，而像自己母亲那般被遗弃。到1947年一度病危时，她以为自己不行了，特地央人请来张幼仪母子，虽然虚弱到不能说话，依然仔仔细细打量了眼前的两个人。她这样的举动是耐人寻味的。

失去林徽因，徐志摩几近崩溃，而林徽因却冷静下来，选择了梁思成，在关键时刻，她清楚谁才是真正适合陪她一生的伴侣。

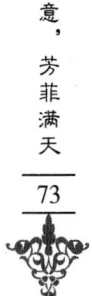

林徽因不否认自己与徐志摩有一种灵性上的和谐与共鸣，也不隐瞒自己对他的真实情感，"他变成一种 Stimulant 在我生命中，或恨，或怨，或 Happy 或 Sorry，或难过，或苦痛，我也不悔的。"

　　在徐志摩飞机失事以后，林徽因发表悼文寄托哀思，又让梁思成拣来一块飞机残骸悬挂在卧室，一直到死。但是林徽因到任何时候都是一个冷静的女子，就在她的悼念文字里，她依然说"他如果活着恐怕我待他仍不能改变"，"也就是我爱我现在的家在一切之上的确证"。

　　林徽因跟闺中密友费慰梅常常谈起一个话题，那就是徐志摩，每每提起这个名字，她的心头仿佛都被割了一刀。

　　"天空的蔚蓝，爱上了大地的碧绿，他们之间的微风叹了声哎！"就连异国友人泰戈尔都为他们发出了这样的感叹。

伴侣

　　林徽因对学业的选择也显示她卓尔不群的个人风格。她虽然热爱艺术，却选择了需要艺术底蕴、同时也需要科学知识的建筑学。她天性浪漫，后天经历却教会她：重要的选择，必须有坚强的理性做支撑。

　　对爱人的选择，也同样表现出她的聪明和冷静。林徽因决定舍弃浪漫却不实际的诗人，选择各方面都堪称优秀的梁思成。梁思成是梁启超的儿子，他受林徽因影响，也决定学建筑学。夫妻俩不管顺境逆境，一辈子相互扶持，相互关爱，共同创业，成就了一段好姻缘。

　　在民国时期，文人中流行着一句玩笑话："文章是自己的好，老婆是人家的好。"梁思成的说法却是："文章是老婆的好，老婆是自己的好。"别说梁思成自己引以为豪，一起在美国留学的同学也说："思成能赢得她的芳心，连我们这些同学都为之自豪，要知道她的慕求者之多犹如过江之鲫，竞争可谓激烈异常。"

　　林徽因知道自己的美，也懂得享受自己的美。据说，三十年代初期，林徽因在北京香山养病期间，有了闲暇，她便一卷书，一炷香，一袭白色睡袍,沐浴着溶溶月色,很小资、很自恋地对梁思成感慨:看到她这个样子,"任何一个男人进来都会晕倒"。憨厚的丈夫却说:"我就没有晕倒。"这话怎么听都像喝醉的人在为自己开脱:"我没醉、我没醉。"

可是最美丽的人也要过最寻常的日子。林徽因曾经给沈从文写信说:"我是女人,当然立刻变成纯净的糟糠。"林徽因专注于事业,不喜欢别人拿家务活干扰她,浪费有限的时间。可是不喜欢归不喜欢,真做起来也漂亮得无可挑剔。

林徽因和梁思成

她在梁家是长嫂,在林家是长姐,常有亲戚来往,单单安排好来客的衣食起居就不是一件轻松的事。据说她画过一张床铺图,共计安排了17张床铺,每张床铺标明谁要来睡。拿职业精神做家务事,家务自然也同她的工作一样漂亮。

林徽因心高气傲,不愿意和她认为平庸的人多说话,觉得无谓的废话是浪费时间和精力。但不说话不等于不愿意帮助人,有两件情节相似的事情:沈从文一度经济拮据,林徽因有意接济,又怕他碍于面子不肯接受,于是就让表弟林宣向沈从文借书,还书时悄悄夹进一些票子;后来她拿自家的钱资助来北京求学的同乡林洙,也是善意地欺骗,"是营造学社的钱借给你用"。

梁思成、林徽因的婚姻生活很有情趣,除了专注于事业。闲暇时,夫妇俩比记忆,互相考测,哪座雕塑原处何处石窟、哪行诗句出自谁的诗集,清逸幽香的家庭文化氛围使夫妻俩犹如李清照、赵明诚重返人间。

但是这对接近完美的夫妻间也并非没有口角,林徽因心直口快,好使性子。好在梁思成善于隐忍,被亲戚称作"烟囱",但是烟囱偶尔也会堵塞。

两人都好面子，如果碰到佣人在旁边，就改用英语交锋。

在他们新婚之时，梁启超曾经写信嘱托："你们俩从前都有小孩子脾气，爱吵嘴，现在完全成人了，希望全变成大人样子，处处互相体贴，造成终身和睦安乐的基础。"这是一番慈爱之心，也是出于对儿子、儿媳秉性的了解。

事实上，林徽因、梁思成夫妻的确发生过一次激烈争吵，事后梁思成乘火车去上海出差。林徽因竟痛哭了整整一天，中间只睡了三四个小时。而梁思成在火车上连发了两封电报和一封信，两人便重归于好。

当时沈从文恰恰正高调爱慕高青子，跟张兆和闹得很不愉快，写信向他的"教母"林徽因诉苦、讨教。刚刚痛哭了24个小时的林徽因，说起来特别有感触，"在夫妇之间为着相爱纠纷自然痛苦，不过那种痛苦也是夹着极端丰富的幸福在内的"，她认为夫妻争吵，是因为彼此在乎，"冷漠不关心的夫妇结合才是真正的悲剧"。

林徽因虽然浪漫，骨子里却是冷静而清醒的。她能够理智地面对婚姻，就如同她能够理性地面对爱情。

纯情

1931年，林徽因因病在北平休养。当时梁思成还在东北大学执教，徐志摩经常去探望林徽因，为了避嫌，就经常叫上国外留学时的好友金岳霖，这位当时已经很有名望的哲学家和逻辑学家，对于这个才貌双全的绝代佳人同样没有抵抗的力量。

同林徽因芥蒂颇深的冰心，虽然写下《太太的客厅》来讽刺林徽因，却也不得不承认"林徽因俏，陆小曼不俏"。这两位加上凌叔华、韩湘眉，也曾被称作文界"四大美人"。由此便可想象林徽因魅力如何。

金岳霖到底是哲学家，他的爱比诗人来得冷静和节制。他是单身汉，在徐志摩去世时，就住在梁家的后院。那段时间徐志摩几乎是大家唯一的话题，对于诗人共同的思念和哀悼，加深了他们之间的感情。

那时林徽因正怀着身孕，梁思成又经常外出考察，金岳霖对她悉心照顾，好言相劝。林徽因对他萌生了一种感情，这种感情与其说是男女相悦，还不如说，是理解的需要和精神上的渴求。

于是，当梁思成考察回来，林徽因哭丧着脸，对梁思成说，她苦恼极了，因为自己同时爱上了两个人，不知如何是好。大约是对丈夫彻底的信任和依赖，林徽因这次的做法并不像她本人的一贯做派。梁思成自然矛盾痛苦至极，苦思一夜，终于告诉妻子：她是自由的，如果她选择金岳霖，祝他们永远幸福。

林徽因又原原本本把一切告诉了金岳霖。金岳霖的回答更是率直坦诚得令人惊异："看来思成是真正爱你的。我不能去伤害一个真正爱你的人。我应该退出。"

这一场风波并没有影响到他们之间的友情，林徽因身上诗人的气质，让她渴望极端的感情，可是本性善良，加上清醒的理智，又让她不可能做伤害梁思成的事情，也不可能玩弄纯洁的感情。梁思成更是坦荡君子，相信妻子和朋友，因此表现出难得的气量和风度。而金岳霖没有辜负这种信任，他发乎情止乎礼，终身未娶，他爱着林徽因，也爱着林徽因的全家，他后来几乎一直和梁家住在一起。

抗日战争期间，他们曾经一度离散，金岳霖说："我离开梁家就像丢了魂一样。"以后他们几乎没再分开过，而后来的林徽因在病魔的蹂躏下，经常不得不卧病在床，已经不复是当年那个风华绝代的女子。金岳霖依然在每天下午三点半时，雷打不动地出现在林徽因的病榻前，或者端上一杯热茶，或者送去一块蛋糕，或者念上一段文字，然后带两个孩子去玩耍。

金岳霖

林徽因一家跟金岳霖相处融洽，临死前，金岳霖还和林徽因、梁思成的儿子梁从诫生活在一起，他们称他"金爸"，对他行尊父之礼。而他去世后，也和林徽因葬在同一处公墓，像生前一样做近邻。

汪曾祺写过一篇《金岳霖先生》，其中有个这样的细节：

林徽因去世多年，金岳霖忽有一天郑重其事地邀请一些至交好友到北京饭店赴宴，众人大惑不解。

直到开席前，他才郑重地宣布："今天是林徽因的生日！"顿使举座感叹唏嘘。他为了她终生未娶，因为在他心中，世界上已无人可取代她。

即使多年后，当金岳霖已是80岁高龄，年少时的旖旎岁月已经过去近半个世纪时，有人拿来一张他从未见过的林徽因的照片，请他辨别拍照的时间地点，金岳霖对着照片凝视良久，他的嘴角渐渐往下弯，像是要哭的样子；喉头微微动着，像有千言万语哽在那里。最后还是一言未发，紧紧捏着照片，生怕影中人飞走似的。

许久，他才抬起头，像小孩求情似的对别人说："给我吧！"

林徽因的追悼会上，金岳霖为她写的挽联格外别致，"一身诗意千寻瀑，万古人间四月天"。四月天，在西方总是用来指艳日，喻义丰盛与富饶。她在他心中，始终是最美的人间四月天。他还记得当时的情景，他跟人说，追悼会是在贤良寺举行，那一天，他的泪就没有停过。他渐渐说着，声音渐渐低下去，仿佛一本书，慢慢翻到最后一页。

有人央求金岳霖给再版的《林徽因诗集》写一些话。他想了很久，面容上掠过很多神色，仿佛一时间想起许多事情。但最终，他仍然摇摇头，一字一顿地说："我所有的话都应当同她自己说，我不能说。"他停一下，又继续说："我没有机会同她自己说的话，我不愿意说也不愿意有这种话。"

说完，他闭上眼睛，垂下头，沉默了。

交际　　梁思成、林徽因从欧洲考察建筑归国时，家中已为他们准备好了新房，即梁启超在东四十四条北沟沿胡同的住宅（今北沟沿胡同23号），但这对新婚的小夫妻在此住了不长时间就启程赴沈阳东北大学任教。当他们从沈阳回来后，全家搬入地安门内米粮库2号居住。当时米粮库胡同一带住着大批清华、北大等学校的教授、学者，如陈垣、傅斯年住在米粮库胡同1号，胡适住在4号等。后来，梁、林觉得米粮库胡同住宅过于狭窄，又搬到北总布胡同3号。同米粮库胡同相比，这是一个颇具特色的四合院，宽敞明亮，安静舒适，院子四边各有一排单层的平房，灰瓦铺成的屋顶，房屋之间铺砖的走廊也是灰瓦顶子。面向院子的一边都是宽阔的门窗，镶嵌着精心设计的窗棂。

梁思成的女儿梁再冰这样描述自己当时的家："这所房子有两个虽然不大却很可爱的院子，我记得，小时候，妈妈常拉着我的手，在背面的院子中踱步，院子里有两棵高大的马缨花树和开白色或紫色小花的几棵丁香树，客厅的窗户朝南，窗台不高，有中式窗棂的玻璃窗使冬天的太阳可以照射到屋里很深的地方，妈妈喜爱的窗前梅花、泥塑的小动物、沙发和墙上的字画，都沐浴在阳光中。"

自搬到北总布胡同3号的四合院之后，梁思成、林徽因夫妇渊博的学识和人格魅力很快吸引了一大批当时的学者和文化界精英围聚而来，这其中便包括当年在英国狂追林徽因、此时已名满天下的诗人徐志摩；在学界颇具声望的哲学家金岳霖，另有政治学家张奚若、哲学家邓叔存、经济学家陈岱孙、国际政治问题专家钱端升、物理学家周培源、社会学家陶孟和、考古学家李济、文化领袖胡适、美学家朱光潜、作家沈从文、萧乾等。这些学者与文化精英常常在星期六下午陆续来到梁家，品茗谈天，坐论天下事。每逢朋友相聚，风华绝代、才情横溢的林徽因，总是思维敏锐，擅长提出和捕捉话题，具有超人的亲和力和调动客人情绪的本领，使众学者谈论的话题既有思想深度，又有社会广度；既有学术理论高度，又有强烈的现实针对性。可谓谈古论今，皆成学问。没过多少时间，梁家的交际圈子在北京地区的影响越来越大，渐成气候，逐渐形成了20世纪30年代北平最有名的文化沙龙，时人称之为"太太的客厅"。对于这个备受世人瞩目，渐成国际俱乐部特色的"客厅"，曾引起过许多知识分子特别是文学青年的心驰神往，如萧乾、沈从文等当时的小字辈人物，就曾因前来请教而得到林徽因的欣赏和提携。

林徽因在这个名流云集的文化沙龙中扮演着重要角色，正如当时也住在西总布胡同21号的美国学者、梁林大妇的好友费正清所言："她交际起来洋溢着迷人的魅力。在这个家，或者她所在的任何场合，所有在场的人总是全部围着她转。"费正清还说："中国对我们产生了巨大的影响，而梁氏夫妇在我们旅居中国的经历中起着重要作用。"有时，费正清夫妇一起到梁家去，见林徽因和梁思成在朗诵中国的古典诗词，那种抑扬顿挫、有板有眼的腔调，直听得客人入了迷。而且，他们还能将中国的诗词同英国诗人济慈、丁尼生或者美国诗人维切尔·林赛的作品进行比较。

而梁再冰对"太太客厅"也有着朦胧的记忆："父亲和母亲都非常喜欢这个房子。他们有很多好朋友，每到周末，许多伯伯和阿姨们来我家聚会，这些伯伯们大都是清华和北大的教授，曾留学欧美，回国后，分别成为自己学科的带头人，各自在不同的学术领域做着开拓性和奠基性的工作。"

谈到"太太客厅"的常客，不能不提到两位特殊人物。一位是诗人才子徐志摩，一位是被称作"老金"的金岳霖。

徐志摩和陆小曼结婚后，为了工作奔波在京沪两地，于是经常有机会参加梁家的聚会，梁思成家成为他在北京最为重要的落脚点，自然，他也成为"太太客厅"最活跃的参加者。有人担心，多情的徐志摩会不会因此抛弃陆小曼，转而再次追求林徽因。

一次，梁家为来华参加太平洋会议的柏雷博士举办主题欢迎茶会，而柏雷是徐志摩最爱慕的英国女作家曼殊斐儿的姐夫。茶会结束后，徐志摩要赶着坐飞机离京，他留给林徽因的最后一句话是："我还要留着生命看更伟大的事迹呢，哪能便死？"1931年11月19日，徐志摩因飞机失事在济南附近遇难。噩耗传来，林徽因痛哭失声，昏倒在地，而梁思成则和张奚若与沈从文等人前往济南料理后事。柏雷博士的主题欢迎茶会，成了徐志摩在"太太客厅"的最后一个活动。

不一样的是，金岳霖一生都在围着"太太客厅"转，从未远离过。老金之所以和梁家结缘，正是由于徐志摩生前"搭桥"。费慰梅曾说过："徐志摩此时对梁家最大和最持久的贡献是引见了金岳霖。"

金岳霖曾在美国宾夕法尼亚大学沃顿商学院学习商科。后进入哥伦比亚大学和伦敦大学，学习政治学、哲学，最终成为了逻辑学家，曾创办清华大学哲学系并担任首任系主任。老金和梁林夫妇一见如故，很快就融入了"太太客厅"的体系里。1932年，金岳霖为了更方便参加沙龙，把自己的家也搬到北总布胡同，与梁家紧挨着，并在自家与梁家客厅相邻的墙上开了一小扇门。从此，三人终身为友，金岳霖则终身未娶。每逢林徽因和梁思成吵了架，金岳霖总会第一时间赶来调停。

金岳霖曾回忆说："我是单身汉，我那时吃洋菜，除了请了一个拉车的外，还请了一个西式厨师。'星期六碰头会'吃的是咖啡冰激凌，喝的是咖啡，都是我的厨师按我要求的浓度做出来的。""碰头时，我们总要问问张奚若和陶孟和关于南京的情况，那也只是南京方面人事上的安排而已，对那个安排，我们的兴趣也不大。我虽然是搞哲学的，但从来不谈哲学，谈得多的是建筑和字画，特别是山水画。"

"太太客厅"不仅吸引了金岳霖这样的鸿儒，还让很多当时鲜为人知的年轻人得以在此与各路前辈面对面沟通。上世纪30年代是林徽因从事文学创作的高峰期，这时的她非常关注文艺界的动态，对于刚刚开始在文坛崭露头角、有上升潜力的年轻人，林徽因一般会主动发出邀请，请他们来家中做客。当时，萧乾是燕京大学一个低调的文艺青年，他曾在《大公报》的文艺副刊发表了自己的处女座《蚕》，林徽因对这篇小说很欣赏，当听说作者是个在校大学生时，便主动联系《大公报》文艺副刊编辑沈从文，让其"搭线"邀请萧乾到梁家喝茶。作为初出茅庐的年轻人,能够有幸来到这样一个沙龙平台,自然会获得一些从未有过的感觉。在萧乾的《才女林徽因》中,我们看到了他当时特别的心情,也看到了客厅主人常有的状态:"我怯怯地随着沈从文先生,跨进了总布胡同那间有名的太太的客厅,那是我第一次见到林徽因,她对我说的第一句话是,你是用感情写作的,这很难得。给了我很大的鼓舞,她说起话来,别人几乎插不了话。她的健谈,绝不是那种结了婚的妇人的闲言碎语,而常是有学识、有见地,犀利敏捷地批评。别说沈(从文)先生和我,就连梁思成和金岳霖也只是坐在沙发上吧嗒着烟斗,连连点头称赏。"

有一次,沈从文在熊希龄家偶然遇到一个叫高青子的美丽女孩,双方相互交谈中,都留下了极好的印象。一个月后,他们又见面了,高青子不仅读了沈从文的小说,而且还相当熟悉小说中的细节,特意穿了小说里写到的"绿地小黄花浅绸子夹衫,衣角袖口缘了一点紫"。以着装传情,令沈从文不能不动心。

后来,沈从文将自己的婚外恋告诉了妻子张兆和。张兆和一气之下回了娘家,把他丢在北平。焦急万分又束手无策的沈从文几乎是哭着赶到梁家,找到善解人意的兄嫂,当起自己的"心理咨询师"。而对梁思成与林徽因来说,义务给朋友当调解员早已成了家常便饭。

林徽因在给费正清夫妇的信中说:"沈从文这个安静、善解人意、多情又坚毅的人,一位小说家,又是如此一个天才,他使自己陷入了一种情感纠葛,像任何一个初出茅庐的小青年一样,对这种事情陷入绝望。他的诗人气质造了他的反,使他对生活和其中的冲突不知所措。这使我想起了雪莱,也回想起志摩与他世俗苦痛的拼搏。可我又禁不住觉得好玩,他那天早晨竟是那么的迷人和讨人喜欢。而我坐在那里,又老又疲惫地跟他谈,骂他、劝他,和他讨论生活及其曲折,人类的天性,其动人之处和其中的悲剧,理想和现实。"

后来,沈从文与张兆和的感情之路虽然磕磕碰碰,但两人再也没有产生过抛弃对方的念头。

恩怨　当然,这个时期和林徽因打交道的不只是像萧乾这样青涩的文学青年。有一些在文学创作上成就赫然者,特别是接受过西方思想影响的女性,不但不把林氏放在眼里,还对她的做派加以嘲讽挖苦。当年与林徽因过从甚密的作家李健吾对林徽因的为人作过这样的描述:"绝顶聪明,又是一副赤热的心肠,口快,性子直,好强,几乎妇女全把她当做仇敌。"为此,李健吾还加以举例说明:"我记起她(林徽因)亲口讲起一个得意的趣事。冰心写了一篇小说《太太的客厅》讽刺她,因为每星期六下午,便有若干朋友以她为中心谈论时代应有种种现象和问题。她恰好由山西调查庙宇回到北平,带了一坛又陈又香的山西醋,立即叫人送给冰心吃用。"对于这一趣事,李健吾得出的结论是:关于林徽因与冰心之间的关系,"她们是朋友,同时又是仇敌"。导致这种情形的原因,则是"她(林)缺乏妇女的幽娴的品德。她对于任何问题(都)感到兴趣,特别是文学和艺术,具有本能的直接的感悟。生长富贵,命运坎坷,修养让她把热情藏在里面,热情却是她生活的支柱。喜好和人辩论——因为她热爱真理,但是孤独、寂寞、抑郁,永远用诗句表达她的哀愁。"

李健吾提出冰心是林徽因的"仇敌",颇有些令人耳目一新的感觉。冰心确实写过一篇具有讽刺意味、叫做《我们太太的客厅》的文章。此文写毕于1933年10月17日夜,其后在天津《大公报》文艺副刊连载。这一年的10月,林徽因与梁思成、刘敦桢、莫宗江等人赴山西大同调查研究古建筑及云冈石窟,刚刚回到北平。从时间上看,李健吾的记载似有一定的根据,送醋之事应该有现实生活中的原型。冰心的这篇文章,的确刺痛了林徽因的自尊心。按冰心小说中的描述:"我们的太太是当时社交界的一朵名花,十六七岁时候尤其嫩艳……我们的先生(的照片)自然不能同太太摆在一起,他在客人的眼中,至少是猥琐,是市俗。谁能看见我们的

太太不叹一口惊慕的气,谁又能看见我们的先生,不抽一口厌烦的气?""我们的太太自己虽是个女性,却并不喜欢女人。她觉得中国的女人特别的守旧,特别的琐碎,特别的小方。"又说:在我们太太那"软艳"的客厅里,除了玉树临风的太太,还有一个被改为英文名字的中国佣人和女儿彬彬,另外则云集着科学家陶先生、哲学教授、文学教授,一个"所谓艺术家"名叫柯露西的美国女人,还有一位"白袷临风,天然瘦削"的诗人。此诗人"头发光溜溜的两边平分着,白净的脸,高高的鼻子,薄薄的嘴唇,态度潇洒,顾盼含情,是天生的一个'女人的男子'"。

冰心的这篇小说发表后,引起平津地区乃至全国文化界的高度关注。作品中,无论是"我们的太太",还是诗人、哲学家、画家、科学家、外国女人,都被冰心以温婉伴着调侃的笔调,作了深刻的讽刺与抨击。金岳霖后来曾说过:这篇小说"也有别的意思,这个别的意思好像是三十年代的中国少奶奶们似乎有一种'不知亡国恨'的毛病"。

当时尚是一名中学生,后来成为萧乾夫人的翻译家文洁若在《林徽因印象》一文中说:"我上初中后,有一次大姐拿一本北新书局出版的冰心短篇小说集《冬儿姑娘》给我看,说书里那篇《我们太太的客厅》的女主人公和诗人是以林徽因和徐志摩为原型写的。徐志摩因飞机失事而不幸遇难后,家里更是经常谈起他,也提到他和陆小曼之间的风流韵事。"

冰心的夫君吴文藻与梁思成同为清华学校1923级毕业生,二人在清华是同一寝室的室友,属于真正的"同窗"。林徽因与冰心是福建福州的同乡,两家是世交,两对夫妻先后在美国留学,只是归国后的吴文藻、冰心夫妇服务于燕京大学,梁、林夫妇服务于东北大学和中国营造学社。这期间两对夫妇在美国相识并有过愉快的交往。只是他们之间的友情过于短暂,至少在1933年晚秋这篇明显带有影射意味的小说完成并发表,林徽因派人送给冰心一坛子山西老醋之后,二人由朋友变为仇敌,以后的岁月再也难以相处了。

1938年之后,林徽因与冰心同在昆明居住了近三年,且在初期的住处相隔不远，冰心先后住螺蜂街与维新街，林徽因住巡津街，步行只需十几分钟即可相见，但从双方留下的文字和他人的耳闻口传中，从未发现二人有交往经历。倒是围绕冰心这篇小说与徐志摩之死又滋生了一些是非恩怨，而且这种影响又延续数年，这可能是冰心与林徽因当时没有想到的。

遗憾

1950 年，林徽因受聘为清华大学一级教授，并被任命为北京市都市计划委员会委员兼工程师，梁思成是这个委员会的副主任。夫妇二人对首都北京未来的建设充满了美好的憧憬。他们曾着力研究过北京周围的古代建筑，并合著《平郊建筑杂录》一书，其中有一段有趣的表述："北平郊近二三百年间建筑物极多，偶尔郊游，触目都是饶有趣味的古建……无论哪一个巍巍的古城楼，或一角倾颓的殿基的灵魂里，无形中都在诉说或歌唱时间上漫不可信的变迁。"这段表述不同于普通的理论研究书籍中的文字，而像是为北京地区的古代建筑唱的一首情真意切的赞美诗。

他们想把北京城这"都市计划的无比杰作"，作为当时全世界仅存的完整古城保存下来，让它成为一个"活着的博物馆"留给后人。然而，他们一生志业所系的古建筑研究与保护工作，尤其是北京城前景的规划，注定要在此时遭到最严重的挫败。

从 1953 年 5 月开始，对古建筑的大规模拆除像瘟疫一样开始在北京这座古城蔓延。为了挽救四朝古都仅存的一些完整的牌楼街不致毁于一旦，梁思成与时任北京市副市长的吴晗发生了激烈的争论。由于情绪过于激动，梁思成被气得当场失声痛哭。

但更令梁思成难过的还在后面。当时的北京还有 46 公里长的明清城墙完整而巍然地环抱着，林徽因为其取了一个富有浪漫气息的名字："世界的项链"。她有一个绝妙的构想，让城墙承担北京城的区间隔离物，同时变外城城墙和城门楼为人民公园，顶部平均宽度约十米以上的城墙可砌花池，栽种花木；双层的门楼和角楼可辟为陈列馆、阅览室、茶点铺，供市民休息娱乐、游戏纳凉。

林徽因为自己的设计画出了草图，幻想让北京成为全世界独一无二的"空中花园"。然而，城墙公园计划注定只能是一个纸上幻影。北京市的规划不仅仅拆毁了物质性的城墙、城楼这些"土石做成的史书"，也葬送了林徽因的杰作。梁从诫在《倏忽人间四月天》中对此有过一段记载："五百年古

晚年的林徽因与梁思成

城墙，包括那被多少诗人画家看作北京象征的角楼和城门，全被判了极刑。母亲几乎急疯了。她到处大声疾呼，苦苦哀求，甚至到了声泪俱下的程度。然而，据理的争辩也罢，激烈的抗议也罢，苦苦的哀求也罢，统统无济于事。"

几乎是转瞬间，一条完整的明清城墙就从北京消失了，拆下来的大部分城砖被用作修房子、铺道路、砌厕所、建防空洞。对于林徽因来说，这简直是一场噩梦。一次出席文化部酒宴，正好碰上也是清华出身的北京市副市长吴晗，她竟在大庭广众下谴责他保城墙不力。她痛心疾首地预言："等你们有朝一日认识到文物的价值，却只能悔之晚矣，造假古董罢。"

古都北京终于在林徽因的美丽梦想中沉沦了。五百年来从改朝换代的兵变灾劫中得以完整幸存的北京古城墙，却在和平建设中被当做封建余孽彻底铲除了。此时，林徽因积郁成疾，住进了医院。为避免刺激，众人封锁了批判梁思成的种种消息，但她从细微处察觉出来了。忧愤交加，拒绝吃药，终于在1955年的冬天，离开了梁思成，也离开这个世界。

林徽因的遗体安葬在八宝山革命烈士公墓，整座墓体由梁思成亲手设计，墓身没有一字遗文。然而就像北京的城墙没有幸免一样，她的墓碑在"文革"中被清华大学的红卫兵砸碎；她在病榻上为人民英雄纪念碑

所画的图稿被付之一炬；她成熟时期的诗作文章，也有很多在浩劫中毁失殆尽。

名言　　我的快乐都是微小的事情。

任何一件事情，只要心甘情愿，总是能够变得简单。

容易伤害别人和自己的，总是对距离的边缘模糊不清的人。

渴望占有愈多而愈脆弱。

没有欲望只能说是麻木不仁。

短暂的瞬间，漫长的永远。

鸟的翅膀在空气里振动。那是一种喧嚣而凛冽的，充满了恐惧的声音。一种不确定的归宿的流动。

人的寂寞，有时候很难用语言表达。

总是需要一些温暖。哪怕是一点点自以为是的纪念。

感情有时候只是一个人的事情，和任何人无关。爱，或者不爱，只能自行了断。

伤口是别人给与的耻辱，自己坚持的幻觉。

我大概是一只鸟。充满了警觉，不容易停留。所以一直在飞。

痛彻心扉的爱情是真的，只有幸福是假的。那曾经以为的花好月圆……爱情只是宿命摆下的一个局。

我的世界是寂静无声的，容纳不下别人。

像我这样的女人，总是以一个难题的形式出现在感情里。

我们可以失望，但不能盲目。

在这个世界上，所有真性情的人，想法总是与众不同。

我总是以为自己是会对流失的时间和往事习惯的。不管在哪里，碰到谁。以什么样的方式结束。

幸福始终充满着缺陷。

但是快乐太单纯，所以容易破碎。

我从来不自欺欺人。我只看真实。

聪明的女子值得同情。

一个女子的寂寞就是这样的不堪一击。如果一个男人对我伸出手。如果他的手指是热的。她是谁对我其实已经并不重要。

我会惧怕孤独吗？我只是偶尔会感觉寂寞。

爱情是容易被怀疑的幻觉，一旦被识破就自动灰飞烟灭。

陈衡哲：文学先锋，不让须眉

陈衡哲

传略　陈衡哲（1893—1976），原名陈燕，原籍湖南衡山，生于江苏武进。我国第一位女教授，新文学运动的第一位女战士。

幼年在亲友辅导下读书。1911年进入上海爱国女校，1914年考入清华学堂留学生班，成为清华选送公费留美的女大学生之一。留美期间，先在纽约瓦沙女子大学攻读西洋史，兼修西洋文学，1918年获文学学士学位。后进芝加哥大学继续深造，1920年获硕士学位，并与任鸿隽结婚。同年应北大校长蔡元培之邀回国，先后在北大、川大、东南大学任教授。抗战期间一度旅居香港和南方各省。解放后，陈衡哲曾任上海市政协委员，生活相对安静。1962年任鸿隽的去世对她打击很大，身体状况一直不佳。1976年1月7日，因病逝于上海瑞金医院。

1917年创作了白话短篇小说《一日》，以"莎菲"的笔名发表于《留美学生季报》，是最早为新文学呐喊助威的女作家。1920年回国后又陆续写白话小说在《新青年》发表。这些作品后结集为短篇小说集《小雨点》。另写有散文100余篇，自己从中精选了52篇，编为《衡哲散文集》。

家世

20世纪初的中国，大多数让女孩读书的家庭，其目的并不是为了像培养男孩一样读经书来考科举，将来求得一官半职，而是想让自己的女儿读些唐诗宋词，以增加修养，以便出嫁后为娘家赢得好名声。然而，不同于当时的很多大家庭，陈家从陈衡哲的曾祖母开始，"每个出生于或嫁入陈家的女子，或出于天性或由于环境，都在文学艺术方面有或多或少的造诣。"在陈衡哲这一辈，陈家女儿的成就更是令人目眩。陈衡哲父母育有八女二子，皆事业有成。二女陈衡哲被称为中国第一个女教授，以致向来只载男不载女的陈氏家谱，破例将陈衡哲收列其中。四女陈衡粹毕业于北京女子师范大学，其夫是著名戏剧家余上沅，余留学英国专攻戏剧，回国后创办国立剧专（今天中央戏剧学院、北京电影学院、上海戏剧学院的前身），曹禺、黄佐临、陈白尘等都是该校教授，谢晋即是该校学生。五女陈鹂，毕业于国立北平大学艺术学院西画系，后来成为了人民美术出版社的编辑。六女陈受为南开大学数学系资深教授，其夫吴大任为台湾"中央"研究院院长吴大猷之弟，曾任南开大学副校长。

此外，曾经写下"砍头不要紧，只要主义真；杀了夏明翰，还有后来人"绝命诗的著名革命烈士夏明翰，其母亲陈云凤是陈衡哲的堂姐。除夏明翰外，陈云凤另有3个儿女为中国革命付出了生命的代价：夏明衡、夏明震和夏明霹。陈衡哲伯父陈范是清末著名的《苏报》报馆馆主，曾因《苏报》案而被清廷逮捕。

陈衡哲母亲的娘家，乃是江苏常州的名门，戏剧家吴祖光的曾祖母与陈衡哲的母亲是姐妹。北洋政府都肃政使、审计院长庄蕴宽是陈衡哲的舅父。庄蕴宽曾任广西边防督办，蔡锷是他手下爱将。湖南起义失败后的黄兴，正是在庄蕴宽的重金资助和护送下，出镇南关，东渡日本。袁世凯阴谋恢复帝制惊醒所谓"国民代表"投票，60位代表中只有一位激烈反对，并用公函请徐世昌转呈袁世凯，此人即庄蕴宽。

启蒙　陈衡哲祖父陈钟英、父亲陈韬（字季略）是当时有名的学者和诗人，陈韬还曾经任四川乐至县知县。

陈衡哲的曾祖母、祖母、母亲都是能文善画的才女。其中母亲庄曜孚字茝史，是著名的画家和书法家，得恽南田画派真传，尤其以没骨花卉著称，早年随夫在乐至创办女子师范学堂，开女子上学风气之先河，同时还从事画艺。据当地人后来回忆，女子师范学堂位于天池西畔爱荷轩，"是年夏秋，池莲盛开并蒂莲，县人以为祥瑞，传为佳话。庄曾绘《瑞莲图》横轴，悬于校厅，县中人士亦尝歌咏其事。"学校还制作了由庄亲绘图样的"并蒂莲"银质挂片，用来奖励学习上进、成绩优良的女生。陈庄伉俪常妇画夫题，庄画花卉，陈题诗句或款识。庄的画作曾赴日本参展，所作扇面曾被荣宝斋订购。另据荣宝斋近年考证，她还是中国第一位在法国开画展的女画家。

1894年，刚刚4岁的陈衡哲便开始随母识字读书。姐妹们由母亲教诗词，父亲则亲自教授陈衡哲，课本居然是《尔雅》、词典和整整八卷的《黄帝内经》。7岁时她抵制缠足成功，同年，母亲开始教她用文言文写信，但教完开头和结尾的格式，忙于打理学堂事务的母亲便无暇再教她，陈衡哲于是发挥自己的聪明才智，"中间部分的内容却是用我的家乡的方言写的，其中还夹杂了很多我自己发明的词以配合方言的发音"，父亲读后非常高兴，鼓励她继续用这种方式写信。她后来回忆说："童年时代用白话写信是我早年教育中唯一觉得有趣生动的经历，就算我爱好的古典诗歌也不能与这种自由的表达方式相提并论，因为我对诗歌的爱好充其量只是被动地接受，而用白话写信则是积极又有创意的。"这是她后来支持胡适提倡白话文学的主要动机之一，并为她日后成为一代白话文作家埋下伏笔。

陈衡哲很幸运有庄蕴宽这位舅舅，他在陈衡哲的生命中有着不可替代的作用。她后来回忆说："督促我向上，拯救我于屡次灰心失望的深海之中，使我能重新鼓起那水湿了的稚弱的翅膀，再向那生命的渺茫大洋前进者，舅舅实是这样爱护我的两三位尊长中的一位。他常常对我说，世上的人对于命运有三种态度，其一是安命，其二是怨命，其三是造命。他希望我造命，他也相信我能造命,他也相信我能与恶劣的命运奋斗。"

陈衡哲自小在家读书,没有上过小学。每当舅舅来她家探亲,五六岁的陈衡哲总是天不亮便起身去看舅舅,缠着他讲故事。舅舅很推崇西洋的科学和文化,更佩服当时那些到中国来的美国女子。他把所看到的西洋医院、学校和各种近代文化生活的情形讲给陈衡哲,最后一句话总是:"你是一个有志气的女孩子,你应该努力地去学习西洋的独立的女子。"舅舅告诉她中国以外的世界是个什么样子,还对她说:"一个人必须能胜过他的父母尊长,方是有出息。"陈衡哲回忆说:"这类的话,在当时真可以说是思想革命,它在我心灵上所产生的影响该是怎样的深刻!"

陈衡哲13岁那年,由于求学心切,便要求母亲让她到广东舅舅那里去上学。一到广东,她便到当时唯一招收女生的医学校去报名。"虽然在我的心中,知道自己是绝对不喜欢学医的,但除了那个医学校之外还有什么别的学校可进呢?有一个学校可进,总比不进学校好一点吧?"但学校不收未满18岁的学生。于是舅舅不但亲自教陈衡哲,还请了一位先生教她初级数学和当时先进的医学知识。舅舅很忙,但每天下午,总要骑着马,匆匆回家教她一个小时《普通新知识》、《国民课本》等,然后又匆匆离去。她曾回忆说,舅舅"对于现代的常识,也比那时的任何尊长为丰富,故我从他的谈话中所得到的知识与教训,可说比书本上得到的要充足与深刻得多。经过这样一年的教诲,我便不知不觉的,由一个孩子的小世界中,走到成人世界的边际了。我的知识已较前一期为丰富,自信力也比较坚固,而对于整个世界的情形,也有从井底下爬上井口的感想"。

1911年的冬天,舅母带她远赴上海,进入一家新办的女校读书。虽然该校水平一般,但却为陈衡哲的英文打下了一个很好的基础,成为她后来考取清华学堂赴美留学生的关键。舅舅庄蕴宽去世后,陈衡哲写了一副感人至深的挽联:

  知我,爱我,教我,诲我,如海深恩未得报;
  病离,乱离,生离,死离,可怜一诀竟无缘。

情事　在对待自己的感情问题上,陈衡哲一度抱独身主义。关于婚姻,她的看法是:"我的这种想法有多方面的原因,主要是:第一,我希望能保持自由以便实现自己在知识界发展的志向,但我所认识的已婚女子没有人能享受多少自由。第二,我见过太多分娩的不正常状态,所以根本不想亲身经历。第三,我无法忍受和一个陌生人结婚,但我早年所受的教育和环境的影响都让我无法想象自己能选择自己的丈夫而又不自轻自贱。……所以终身不婚的决心轻易地战胜了一般年轻女孩对感情满足的渴望。"有才华、有个性的女子,在感情世界中大多坎坷,一则这样的女子眼界高,二则懂得并敢于欣赏这种女子的男子少之又少。陈衡哲留美时已经25岁,在那个年代算得上超级大龄"剩女"。但是就在此时命运在大洋彼岸给她安排了一个好伴侣,此人便是长她4岁的任鸿隽。

任鸿隽,字叔永,化学家和教育家,同时也是辛亥革命元老之一。1886年生于重庆,学识渊博,是晚清末科的秀才,后来曾就读于重庆府中学,之后又考入上海中国公学。1908年赴日本留学,留日期间加入了同盟会。1911年武昌起义后回国,任孙中山临时总统府秘书。因袁世凯窃国称帝,他辞去官位只身赴美求学,获得康奈尔大学化学学士和哥伦比亚大学化学硕士。1918年回国,曾任四川大学校长、教育部专门教育司司长、中华文化教育基金会干事长等职。

任鸿隽

任鸿隽是中国现代科学建制化的开路先锋和中国现代科学思潮的先驱,他第一个提出了"科学兴国"这一理念。1915年元月,我国最早的综合性科学杂志《科学》在上海创刊;同年10月,名垂后世的"中国科学社"在美国成立,这是我国最早成立的综合性科学团体,任鸿隽便是这些组织的主要发起人之一。作为实践科学兴国理念的一部分,任鸿隽致力于将关于西方科学、教育的著作介绍到中国来,其中包括《教育论》、《科学概论》、

《科学与科学思想发展史》、《现代科学发明谈》。而《科学大纲》第一卷一经问世,两个月内竟重印了8次。全书介绍了由当时天文学、地质学、海洋生物学、进化论、物理学、微生物学等领域的权威人士撰写的学术文章,这一科学巨著的出版也与当时在商务印书馆任编辑的任鸿隽密不可分。

1914年,陈衡哲作为清华首批女生前往美国,进入当时美国最有名的5所女子大学之一的瓦萨女子大学深造,主修西洋史,副修西洋文学,英文名为Sophia(莎菲),后来又进入芝加哥大学并获得了文学硕士学位。而位于纽约近郊的康奈尔大学,是一所中国留学生比较集中的名校,任鸿隽、杨杏佛、胡适、赵元任等人都先后在此就读。原留学日本的任鸿隽,辛亥革命时回国任总统府秘书,后被公派美国留学,并被推选为《留美学生季报》主笔。陈衡哲向该刊投寄了一篇《莱茵女士传》,写的是莱茵女士创办益河女子大学的故事,任鸿隽很欣赏,评价说:"文辞斐然,在国内已不数觏,求之国外女同学中尤为难得。"

1916年暑假期间,任鸿隽邀请几位科学社的朋友郊游,这其中就有陈衡哲,这是他们的首次会面。9月初,假东美中国学生年会召开之便,召开了中国科学社的首次年会。陈衡哲虽是文科生,也加入了这一团体,在科学社前期的三四十个会员中,只有她一个女性。1917年春,任鸿隽与胡适专程拜访陈衡哲。陈衡哲后来说:"我是1914年秋到美国读书的,一年之后,对于留学界的情形渐渐熟悉了,知道那时在留学界中,正激荡着两件文化革新的运动。其一,是白话文学运动,提倡人是胡适之先生;其二,是科学救国运动,提倡人便是任叔永先生。"

任鸿隽于1918年初获哥伦比亚大学硕士学位后回国。第二年年底为在四川筹办钢铁厂——事再度赴美,同时为北京大学物色人才,在美期间与陈衡哲重逢。陈接受了任的求婚,

任鸿隽与陈衡哲

也接受了北京大学的聘任。1920年，陈衡哲获硕士学位回国，任北大西洋文学史教授，成为中国历史上第一位女教授。是年，30岁的陈衡哲与任鸿隽结婚。

据说陈衡哲一开始并没有接受任鸿隽的追求，任二度赴美求婚之后，方才点头应允。至于任打动陈衡哲的原因，她在一封家书中透露了些许："他对于我们的结婚有两个大愿望。其一是因为他对于旧家庭实在不满意，所以愿自己组织一个小家庭，俾种种梦想可以实现。其二是因为他深信我尚有一点文学的天才，欲为我预备一个清静安闲的小家庭，俾我得一心一意地去发达我的天才。"据陈衡哲回忆，任鸿隽曾对她说："你是不容易与一般的社会妥协的。我希望能做一个屏风，站在你和社会的中间，为中国来供奉和培养一位天才女子。"

敬慕

1916年，新文学运动前夕，胡适接任《留美学生季报》总编辑。古语云新官上任三把火，胡适的第一把火，是给陈衡哲寄约稿信。因为胡适常听友人任鸿隽"话说陈衡哲"，称其为不可多得的才女。

陈衡哲回信：你不是号称"天下无敌"的写诗高手么，怎么倒向我约起稿来！（胡适曾和任鸿隽戏言：我的白话诗你的古文天下无敌。）

胡适复信：细读来信，有葡萄酸哩。

她反击："细读"之下，便有发明创造，先生可当科学家了——请以后千万别再"细读"我的信了。一笑。

胡适复信：还请下次寄信时，声明读几遍最佳。

这以后，两人开始"游戏酬答"。

通信5个月，共计50多封信。少年意气，口水仗打得妙趣横生。

当然，他们并没有只顾打口水仗，陈衡哲给胡适寄去了一篇小说《一日》，胡适将其刊载于1917年第一期《留美学生季报》上，署了她的笔名"莎菲"。事实上，这篇《一日》是中国现代文学史上的第一篇白话小说，比

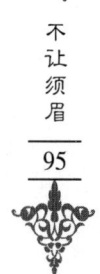

鲁迅的《狂人日记》还早一年多。接着她又创作了《老夫妻》、《巫峡里的一个女子》、《孟哥哥》、《小雨点》等等。这些作品既为陈衡哲成为新文学运动中第一位著名女作家奠定了基础，也给了当时正在积极倡导新文化运动的胡适以极大的支持，10年之后，胡适在给《小雨点》一书出版作序时说，"莎菲"是他倡导文学革命的"一个最早的同志"，"当别人还在讨论文学革命时，莎菲已经行动了"。

胡适与陈衡哲真正的相互敬慕，始于1916年的11月17日，胡适收到任鸿隽寄来的两首五绝：

月

初月曳轻云，笑隐寒林里；

不知好容光，已映清溪水。

风

夜间闻敲窗，起视月如水；

万叶正乱飞，鸣飙落松子。

任鸿隽请他猜作者，胡适在回信中猜道："两诗绝妙！《风》诗吾三人若用气力尚能为之（任、胡、杨杏佛），《月》诗则绝非吾辈寻常蹊径……足下有些情思，无此聪明，杏佛有此聪明，无此细腻。……以适之逻辑度之，此新诗人其陈女士乎？此两诗皆得力于摩诘，摩诘长处在诗中有画，此两诗皆有画意也。"陈衡哲通过任鸿隽得知胡适对她评价如此之高，深感荣幸，从此视胡适为平生知己。

以后，胡适与陈衡哲频繁地通信。1917年4月7日，胡适在任鸿隽的邀请下同访陈衡哲于普济布施村瓦萨学院所在地。当时是"一见如故，更加倾慕"。以后不久，胡适回到阔别7年的祖国，就任北大教授，时年26岁。同时，胡适加盟了《新青年》编辑部，继续倡导新文化运动。仍在美国

胡适

的陈衡哲更以前所未有的热情为《新青年》撰稿，支持胡适。尤其是1918年发表在《新青年》第五卷第三号上的白话诗《人家说我发了痴》，和同年鲁迅发表的《狂人日记》，一个美国"痴子"，一个中国"狂人"，不同的社会背景，但同样都是对不合理社会的控诉，这两篇文章都引起当时人们的深思。1920年陈衡哲回国后，用她那支才华横溢的笔为新文学呐喊、助威，共写了100多万字的小说、新诗、散文，成为民国初年当之无愧的知名女作家。

1917年底，胡适娶江冬秀为妻。1920年中秋，陈衡哲与任鸿隽成婚。当时，胡适特作《我们三个朋友》一诗相赠，并赠贺联一副：无后为大，著书最佳。

1920年夏，陈衡哲获芝加哥大学的硕士学位，并通过胡适的帮助，被聘为北京大学西洋文学史教授，成为中国近代教育史上第一位女教授。1921年7月31日，胡适在日记中记有："得冬秀一信，知叔永、莎菲新得一女，因到鸡鸣寺，作一诗贺他们。"其中最后两句是"去年湖上人都健，添得新枝姊妹花"。胡适还特地在他的诗末加注说："三个朋友一年之中添两女，吾女名素菲，即用莎菲之名。"胡适生平最反对的就是中国人取洋名，而给自己的女儿取一个与挚友相谐音的洋名，这至少也反映了他希望女儿长得像才女莎菲一样聪明可爱、上进好学。

陈衡哲与任鸿隽结婚后的40年间，可谓幸福美满，但她并没有减淡对胡适的友情。陈衡哲知道胡适在《努力周刊》的工作过重，担心他的身体受不了，几乎动员丈夫赴北京帮他的忙。1923年起，胡适家人不断遭到病魔侵袭，陈衡哲了解到江冬秀没有文化、缺乏医学常识，便致书胡适："适之，你如觉得受不起精神上的负担时，请随时到这里来休养。"这时陈在南京东南大学任教。她又担心胡适经济困窘，主动提出拿自己的积蓄来帮他的忙，又想到江冬秀，说"你的夫人想来也是十分劳苦，请你转致我的同情与她"。陈衡哲特别喜欢胡适的爱女素菲。素菲不幸染病夭折后，她与丈夫亲赴胡适家安慰，并让自己的女儿给胡适作干女儿。

1949年3月，胡适再次赴美，谁知却与大陆永诀，与陈衡哲、任鸿隽便再无直接联系。所幸，陈衡哲有一双儿女在美国，成为双方友情的中转人。1961年，陈衡哲还从儿女那里得知胡适赠送他们一套新版的《胡适留学日记》，里面记载了许多胡适与她和丈夫的友情交往。1962年2月24日，胡适与世长辞时，陈衡哲也正为丈夫的病逝而伤悲，她的子女因此致信台北的朋友："一定瞒着她，因为胡伯伯是娘和爸爸生平最好的朋友。"然而她还是知道了，只是知道得很迟，那份痛苦使她麻木了许久许久。

由于胡适的大名，以及他的小脚太太、他和多位女子的交往，关于陈衡哲和胡适的互相欣赏，历来有很多猜测。任以都的分析颇为中肯："当时人不明了一个女子跟一个男子之间同样可以真正做朋友，因此难免绘声绘影，以讹传讹；其实家母与胡适彼此尊敬，相待以礼，绝不可能有男女之情。更何况胡适老早就表示过，从小家里就帮他定了亲，他不能让那个女孩子下不了台。我说过，对他们那一代而言，新旧、中西文化的冲突是很厉害的，胡适在这方面的分寸，很令家母尊敬，不过，要是当初胡适没有订过婚，最后会有什么结果，我就不敢逆料了。"

学术

1920年回国后，陈衡哲总共写了100多万字的小说、新诗、散文，成为民国初年的知名女作家。在中国现代文化史上，陈衡哲领风气之先，为现代文学与历史的研究做出了独特的贡献。

陈衡哲参与创办了中国现代史上的重要刊物《独立评论》，并多次在《新青年》、《东方杂志》等刊物上发表文章，而她在西洋史的研究方面更是颇有建树，曾著《文艺复兴史》、《西洋史》等。陈衡哲善于用中国的成语和古典诗词来帮助读者理解外国古史的变迁，她的《西洋史》水平之高，至今仍广受称道。

1922年，陈衡哲任商务印书馆编辑，并被聘为南京高等师范学校史地研究会的指导老师，曾在南高演讲"中国与欧洲交通史大纲"，后又有多次演讲,每次演讲都深受史地研究会年轻会员的关注。1924年至1925年,陈衡哲曾在南京国立东南大学教西洋史,为期半年。1927、1929、1931和1933年,陈衡哲连续四次代表中国出席在美国、日本、上海、加拿大召开的太平洋国际学会会议。

1930年,陈衡哲回北京大学讲授西洋史一年。"九·一八"事变以后,她与胡适、蒋廷黻、丁文江、翁文灏、任鸿隽、吴宓等人共同创办《独立评论》周刊,创刊后3年之中发表了49篇文章。

1935年,南京政府认识到大西南的重要性,为控制和建设四川,将成都的几所大学合并为四川大学,请时任中华教育文化基金会总干事的任鸿隽去做校长。陈衡哲随任鸿隽赴四川大学担任西洋史教授,并曾担任四川大学史学研究会的指导教师。

短短一年内,陈衡哲连续在《独立评论》上发表文章,对四川军阀和官僚的腐败进行抨击。此外,她还对当时四川到处抽鸦片、四川女学生居然以"宁当英雄妾,不做庸人妻"为理由,争当小妾的现象进行了抨击。她的文章惹怒了四川上层,他们不仅在报章上对她污蔑谩骂,还进行威胁和恫吓。在这种情况下,陈任夫妇只能先后辞职。

离开川大后,正值北平静生生物调查所由中基会资助在庐山创建植物园,陈衡哲夫妇来到庐山,在园内筑屋隐居。这段平静的生活,以及胡适女儿素菲的不幸染病夭折,使她意识到自己作为母亲的职责,她说:"母亲是文化的基础,精微的母职是无人代替的","当家庭职业和社会职业不能得兼时,则宁舍社会而专心于家庭可也"。从此,她便把主要精力放在3个孩子的教育上。而1937年全面抗战爆发后,已经47岁的陈衡哲"流离转徙于香港及川滇两省,过着地道的文化难民生活"。抗战胜利后,陈衡哲除间或发表文章之外,只在1945年受

中年时的陈衡哲

美国国会图书馆之邀，前往美国担任指导研究员一年半。

3个子女也不负她的付出：长女以都为哈佛博士、宾大教授，三子以安获美国地理学博士学位，也在美国任大学教授；次女以书毕业于美国瓦萨女子大学，为照顾双亲，任教于上海外国语学院。

晚年

1948年，56岁的陈衡哲与丈夫赴香港，准备以此中转，去美国与子女团圆，但却又突然间回到上海，任鸿隽还北上出席了首届全国政协会议。这一大转变，据说原因是任鸿隽无法割舍中国科学社的事业。

新中国成立后，任鸿隽一直担任全国政协委员、上海市科协副主席、上海市图书馆馆长等职，陈衡哲担任上海市政协委员，生活相对安静。但是，在去世前的十余年里，任鸿隽不仅未能延续原有的事业，反而陆续将付出了毕生心血的中国科学社作了最后的了结：《科学》停刊，《科学画报》移交，科学社生物研究所解散，所属印刷厂北迁中科院，仪器公司分别交给上海量具厂和工具厂，科学社所有的房屋、图书、设备、款项全部捐献国家。1960年，任鸿隽编完《科学》杂志136卷总目录后退休。次年冬即因心力衰竭病逝。

1962年1月16日，时任台湾"中央"研究院院长的胡适，接到陈衡哲任鸿隽在美子女的来信，获悉任鸿隽病逝的消息，信中还附有陈衡哲的3首悼亡词。第二天夜里，他给任家姐弟复了一封长信，悲伤地说："政治上这么一分隔，老朋友之间，几十年居然不能通信。请转告你母亲，'替她掉泪'。"胡适在这封信的最后说："三个朋友之中，我最小，如今也老了。"不出一月，胡适即于2月24日骤然离世。

悼亡词中，陈衡哲难忘任鸿隽早年对她的承诺：

浪淘沙

何事最难忘，知己无双：

"人生事事足参商，

愿作屏山将尔护,恣尔翱翔。"

山倒觉风强,柔刺刚伤;

回黄转绿孰承当?

猛忆深衷将护意,热泪盈眶。

　　任鸿隽的去世对陈衡哲打击很大,因为丈夫一直比她健康。她后来眼疾加重,视力衰退,连楼都多年不下。十年动乱中,因有一双儿女在海外,抄家自然难免,她的诗词稿在浩劫中也不知去向。1976年1月7日,陈衡哲因肺炎病逝于上海瑞金医院,终年84岁。

文华

　　陈衡哲在美留学期间创作的《一日》是中国现代文学史上的第一篇白话小说,早于鲁迅的《狂人日记》。

一日

　　这篇写的是美国女子大学的新生,在寄宿舍中一日间的琐屑生活情形。它即无结构,亦无目的,所以只能算是一种白描,不能算为小说。但它的描写是很忠诚的,又因为它是我初次的人情描写,所以觉得应该把它保存起来。

早晨

当!当!当!当!七下钟了。

亚娜在床上欠身说,"贝田,这是几点钟?"

贝田模糊说道,"呀。你听见打钟吗?"

亚娜沉沉睡去,不答。

贝田亦睡去。

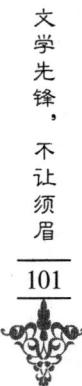

当！七下半钟。

贝田亚娜仍不醒。

钟指七下五十分。

亚娜惊醒。（看表）"阿呀，只有十分钟了。"自床上跳起，推贝田说，"快点醒来。早饭钟已经打过半天了。"

贝田不答。反身向壁而睡。

亚娜匆匆梳洗，飞奔下楼。餐室中侍者方欲关门，亚娜闪入。

亚娜走至一桌，桌间已坐有七八人。亚娜坐下说，"此地有多余的早饭吗？"

玛及："我晓得必定有人要来迟。所以预先多吩咐了一分早饭地此。现在就请你享用罢。"

对别一学生："后来怎样呢？"

亚娜："哦，幼尼司，又有新闻了。请你现在再从头讲起好吗？"

幼尼司："可以。昨晚有一个寄宿校外的新生来校看她的朋友。到了十点钟，还没有回去。她的房主人着了急，就打电话给监舍长。并且说她的朋友是仿佛住在莱孟院的。不过不晓得她的名字叫什么。监舍长听了，就立刻到莱孟院去，同了莱孟院的监舍，到每一个学生房中去问，'你今晚有客人住在此么？'"

爱米立大笑。"有趣。有趣。后来怎样呢？"

幼尼司："他们找了一点钟，惊扰了一百多人的好梦，仍旧找不出这个新生来。监舍长于是又差了无数的更夫到乡下去找。又哪里找得到呢？可怜监舍长因此着急得一夜没有睡觉。……你们试猜这个学生到底在哪里。……她今天早晨平平安安地从佳斯令院回家去吃早饭了。"

学生大笑。

玛及："本来监舍长也过分大惊小怪了。难道一个十八九岁的女孩子还不晓得保护自己吗？"

幼尼司："这个不要怪她。上月间有两个上级生到乡下去走路，险险的被匪人追到哩。"

亚娜:"这个新生晓得这事吗?"

幼尼司:"晓得。——她当心,要好好的受罚哩。"

亚娜:"现在什么时候了?"

玛及:(看表):八点十分钟。

亚娜:"请你们恕我失陪。我还有一篇论文要尽这十分钟中去做起来。"

课室中

钟指八下二十分,学生陆续至。

八下三十分,教师入。

梅丽走至教师前。"米儿博士,我昨晚头痛,未曾预备今日的功课。"

米儿:"好好。"对众学生:"现在请你们写十五分钟。题曰'以卢梭或孟德斯鸠或福禄特尔的口吻,评论法国第二次的宪法'。"

全堂悄寂。

十五分钟已过。

米儿:"请你们停写。"对梅丽:"巴德女士,请你明天把这个答句写出来,交给我罢。"对众学生:"你们的卷子可以不必交进。现在且请卡儿女士将她的答句读出来大家评论好了。"

全堂学生彼此相视微笑,若曰"白吃惊"。

梅丽面色懊丧,若曰"吃亏吃亏"。

午刻

贝田走至一校店。购得糖食一包,且食且至图书馆。适梅丽自图书馆出,值贝田。

梅丽:"贝田,你又要不吃饭在此读书吗?"

贝田:"中饭?我早饭还没有吃哩。下午的功课一点也没有预备,哪里有什么功夫吃饭呀。"

梅丽:"当心,你要生病。"

贝田:"我倒情愿生病,那时我就可以到病院里去好好的睡觉了。"

图书馆中钟打十二下半。学生陆续散去。贝田独不出。

下午（一）

钟指四下五十分。玛及走回室中，把书抛在床上说："谢天谢地，一天又过去了。"

闻叩门声。

玛及："请进来。"

贝田走进。"玛及，你有什么点心吗？我要饿死了。"

玛及笑。"又来讨饭了。苹果可以吗？还是要橘子呢？"

贝田："两个都要。"

贝田且吃且说。"玛及，我想大学中的生活真苦，我今早接到妈妈的信，她说明晚家中又要开跳舞会了。玛及，你想想他们在家中那样的快乐，我却在此冻得饿得要死，这可称得公平吗？"

玛及："可不是吗？我昨晚对一个上级学生说，'到底读书有什么好处呢？'她说，'你刚才到大学来，功课严重，自然觉得很苦。慢慢地你就喜欢它了。'她又拉长面孔说，'玛及，我们有了机会，不晓得享用，真是可惜。你没有看见此地的中国学生吗？她们离家去国来到此地，却是为着什么呢？'我说……"

贝田："请你恕我打断你的说话。不过我想真真希奇，怎样有人肯离了家乡，到外国读书呢？我可万万不能的。"

玛及："不但如此，他们连夏间也不能回去哩。"

贝田倒身床上。"天呀！"

下午（二）

贝田去了。玛及忙挂一牌在门上说，"忙请勿扰。"匆匆摊书诵读。

闻叩门声。

玛及（蹙额）："请进来。"

侍婢走进："亚当女士，教务长打电话来请你立刻就去。"

玛及（面色转白，对侍婢）："晓得了，谢谢。"

玛及走出，值幼尼司。

幼尼司："玛及，你来得恰好，我正要来找你去滑冰哩。"

玛及："滑冰。——"

幼尼司："什么？"

玛及："教务长传我去哩。"

幼尼司（伸舌）："好险好险，我望我没事。"

玛及："谢谢。"匆匆出。

下午（三）

玛及自教务长处回来，和一上级生同行，且说，"几乎把我吓死。"

上级生："到底她叫你去做什么？"

玛及："他说贝田的功课太不好，若是她向来很用功的，倒还可以原谅她，再给她些机会。现在她又笨，又不用功，所以要把她退出去了。"

上级生："她做什么不叫贝田自己去，倒叫你去呢？"

玛及（耸肩）："我不知道。"

上级生："你的功课又怎样？"

玛及不语。

上级生："这有什么要紧？"

玛及："她说。……她说，我的功课比贝田的要算好些，她再给我四个礼拜的机会，看有进步，我就可以留在此间了。"

上级生："哦，我懂得了。"

玛及："什么？"

上级生:"没有什么。我说教务长倒很注意你的功课哩!"

晚上(一)

钟指六下半。学生陆续自餐室中走出。

爱米立走近一个中国学生张女士前说,"你肯同我跳舞吗?"

张:"很情愿。不过我跳舞得不好。"

爱米立:"你们在中国也跳舞吗?"

张:"不。"

爱米立:"希奇,希奇!那么你们闲空的时候做些什么呢?——你喜欢美国吗——你想家吗?"

张女士未及答,学生渐渐聚近,围住张女士,成一半圈。

贝田:"你们在家吃些什么?有鸡蛋么?"

张:"有。"

玛及:"那么你们一定也有鸡了,希奇希奇!"

梅丽:"我有一个朋友,他的姑母在中国传教,你认得她吗?"

路斯:"我昨晚读一本书,讲的是中国的风俗,说中国人喜欢吃死老鼠。可是真的?"

幼尼司:"中国的房子是怎样的?也有桌子吗?我听见人说中国人吃饭,睡觉,读书,写字,都在地上,的确吗?"

亚娜:"你有哥哥在美国吗?我的哥哥认得一个姓张的中国学生,这不消说一定是你的哥哥了。"

张女士一一回答。

爱米立:"你不讨厌我们问你说话?"

张:"一点也不。"

爱米立:"请你教我几句中国说话,好吗?"

张:"很好。比如你见了人,你就说,'侬好拉否?'"

爱米立："这个很容易，'侬豪拉否'。还有呢？"

张："他就说，'蛮好，谢谢侬'。"

爱米立："'妹豪，茶茶侬'，对吗？"

张笑："差不多了。"

爱米立跳起，高声说："我会说中国话了，你们听哪，'侬豪拉妹豪茶茶侬'。"

当！当！当！六下五十分。

梅丽："我好不巴望他下雨，我们就可以不去做礼拜了。"

学生鱼贯入礼拜堂。

晚上（二）

贝田独居一室，抱头读书。

闻叩门声。

贝田："请进来。"

丽莲走进。"贝田，你的青年会捐款还没有交清。今天是收款的末日了，请你交给我罢。"

叩门声。

贝田："请进来。"

幼尼司走进："贝田，……（见丽莲），哦，对不住。我不晓得你有客人在此。隔一会再见罢。"

贝田："我立刻就来——你们可不要先把它吃光呵！"

幼尼司去。

贝田："丽莲，我今晚实在没有钱。明天妈妈就要寄汇票来了，请你……"

叩门声。

贝田："请进来。"

丽莲："那么请你一定把款子预备好，我明晚来罢。"

迦因走进。

丽莲去。

迦因："这是威伦女士吗？（威伦是贝田的姓。校中习惯，对于不甚相识的人，即称姓及女士。）威伦女士，你上月间想已听过法国佩打先生演讲法国的战地病院了。现在我就代这个病院募捐。你是热心的人，一定肯帮助那可怜的伤兵的。"出捐簿："多少随意。"

贝田看捐簿，捐数自半元起至五十元止。贝田写"二元"。迦因："谢谢你。下月请把款子预备好。我另叫人来收取。——晚安。"

贝田："晚安。"倒身椅中："我娴娜头痛呵。我立刻要到病院去了。——退出就退出罢，——这样的烦扰，就是要读书又怎样能够呢。"

晚上（三）

海伦素生亚德三上级生聚谈于一室。

海伦："你们晓得爱玛已经定期在下礼拜六放洋吗？"

素生："什么？——她真的要到法国去吗？"

海伦："自然真的。明晚她的好友还要在华纳旅馆中替她饯行哩，——我想她的运气真好。"

亚德："什么运气。你可晓得到战壕中间去做看护妇。并不是顽意的事。"

素生："她的功课又怎样？"

海伦："她横竖不过去年半。况且她人很聪明。所以教务长特别的给她半年假期。只要她慢慢地在夏间补起就是了。"

亚德："说起功课，又令我想起我那个宝贝表妹了。这人我也拿她没办法。今天教务长告诉我，她已经写信给她的母亲，叫她来领她回去。我受了她母亲的委托，心中倒很有点过意不去。"

素生："你不是说贝田威伦吗？这人本来有什么脑子。不过教务长有时却也过分，我听说今年被退出的学生，单单新生，已有三十多人哩。"

亚德："不但如此。……"

窗外人声嘈杂。"请马克出来！""我们要马克出来！"（按马克为素生的绰号。校俗以有绰号为能博众爱之证。）

海伦："哦，马克，我还没有恭喜你哩！"

亚德："什么？"

海伦："你还不晓得马克已经被举为我们的级长吗？"对素生："现在快点去受人家的'梭伦南丹'罢。"（按："梭伦南丹"，英文原名曰"Serenade"，即夜间在窗下唱歌颂美其人之谓；以吾国无是俗，故但译其音。）

素生探首窗外。窗外歌声大作。亚德海伦亦探首窗外，助素生拍掌答谢。须臾歌止，学生移队北向，再歌贺她们本级中的新级长。（按校俗第一三年二级曰"姊妹级"，第二四年级亦然。有大事，学生恒以"姊妹级"分为二群。故此次素生被举为第四年级级长，第二年级生遂先至歌贺，然后再及其本级。）

亚德："现在已经不早了，我与你们道晚安罢。"

海伦："我也应该去了。"

亚德才出门，又回头笑说，"我巴望今晚我们可以好好的安睡一晚，不要再被那火钟从床上出去了。"

海伦："可不是吗？我见了这个'火操'实在头痛，我想与其常常吃这样的苦，倒还不如真的被火烧死好了。"

素生笑："今晚法表降至零度下十八度，她们应该也有点慈悲心，不至于再叫我们到院子里去受冻罢——我保你们今晚没事，好好的去睡觉罢！"

当！当！当！十下钟。

全校静寂无声。但见玛及室中灯火光明，玛及尚在伏案做她的算学难题。

庐隐：敢爱敢恨，旷世才女

传略 庐隐（1898—1934），原名黄淑仪，又名黄英，福建省闽侯县人，民国女作家，曾与冰心、林徽因并称为"福州三大才女"。

1903年父亲去世，从福建到北京舅舅家居住。1909年入教会办的慕贞书院小学部，从此信仰基督教。1912年考入女子师范学校，1917年毕业后任教于北平公立女子中学、安徽安庆小学及河南开封女子师范学校。1919年考入北京女子高等师范学校国文系，开始文学创作，创作风格直爽坦率，哀婉缠绵。早期与冰心齐名，她们是五四时期文坛上人所瞩目的明亮的双星座。

1921年加入文学研究会。1922年大学毕业后到安徽宣城中学任教，半年后回北平师范大学附属中学教国文。1925年出版第一本小说集《海滨故人》。1926年到上海大夏大学教书，1927年任北京市立女子第一中学校长半年，几年间，母亲、丈夫（郭梦良）、哥哥和挚友石评梅先后逝世，悲哀情绪浸透在这个时期出版的作品集《灵海潮汐》和《曼丽》之中。1928年，她为亡夫写下祭文《雷峰塔下》，这篇文章后来受到茅盾的高度评价。1930年与李唯建结婚，1931年出版了二人的通信集《云鸥情书集》。婚后她们一度在东京居住，出版过《东京小品》。1931年起担任上海工部局女子中学国文教师。36岁时因分娩死于上海大华医院。

代表作品主要有：《海滨故人》、《曼丽》、《归雁》、《象牙戒指》、《灵海潮汐》、《云鸥情书集》、《庐隐短篇小说选》、《玫瑰的刺》、《女人的心》、《庐隐自传》、《东京小品》、《火焰》等。

童年

庐隐的父亲是晚清的举人，母亲是一个不曾读书的旧式女子，可以说是一个传统的家庭。庐隐出生前，家中已经有3个男孩，在当时那个标准的男尊女卑的社会里，父母却盼望再生一个女儿。1898年5月4日，她在福建省闽侯县城内降生的那天，外祖母去世了。仅仅因为这样，母亲就认定她是一颗灾星，便把她交给一个奶妈去喂养。于是庐隐在初到人世那天就从未享受过正常的母爱，全家人都讨厌她。庐隐2岁时生了一身疥疮，满了3岁，还不会走路，不会说话，但她却养成了爱哭、爱闹、拗傲的脾气。这时她得了极重的热病，母亲对她完全绝望，但心地善良的奶妈把她带到山清水秀的乡下，村野的空气和阳光使她很快健康起来。当她的父亲被任命为湖南长沙的知县时，她回到了父母的身边，可是她却终日闷闷不乐，总是怀念着养育她的奶妈和乡下的生活。

父亲乘船赴任，在去长沙的途中，幼小的庐隐根本未意识到这是要随父亲去享受荣华富贵，整天哭闹，竟哭得父亲心头起火，抱起她便向碧水抛去，幸亏被一个好心的差役搭救，才免了一死。6岁时，父亲因心脏病在长沙去世，没有生活来源的孤儿寡母马上陷入愁海之中，舅舅得到消息，立刻打电报要接他们到北京。母亲把父亲历年积存的一万多两银子和一些东西变卖了，折成两万块现款，然后到北京外祖父家生活。

庐隐的舅舅是清朝农工商部员外郎，兼太医院御医，家里房子多，还有大花园，家中人丁兴旺，光是庐隐的表姐妹就有20多个。到北京的第二年，庐隐到了上学的年纪，但是母亲讨厌她，不准她入学，但她在家中拜了没有进过学校的姨妈为师，才算开始启蒙教育。但是，读书对于她是真正的惩罚。每天早晨，姨妈教她一课《三字经》后，便把那间小房子反锁上，让她独自去读。待到中午，再叫她背，背不下来，便用竹板或鞭子抽打，有时还不给饭吃。在那间房子里，除了书桌和椅子再无其他什物，使她感到一种说不出来的荒凉，在这种环境下，她对于读书没有一点兴趣。每天除了在那间比牢狱还可恶的书房里关半天外，她不愿见任何人，总是一个人溜到花园里，同鸟儿、虫儿、花儿默默相望。

庐隐和婢女住在一起，每逢舅舅家里有什么喜事或请客，母亲便把她锁在另一个院子里，害怕她的出现给他们丢脸；而她的哥哥妹妹们都打扮得像小天使，在人群中飞翔……面对这种不公正的非人待遇，庐隐麻木了，常年的虐待摧毁了幼小心灵里的爱和希望，她只有怨恨，恨家里所有的人，于是心里产生了对生命的厌恶，她模模糊糊地觉得："假使死了，也许比活着快活……"

庐隐在家读书的成绩极差，于是在她9岁那年，被送到一所美国人办的教会学校——慕贞学院去读小学。美国女校长在她入校时对姨妈说："信道理（宗教），守规则……每年只暑假回家，平常是不许出学校的……还有她将来的婚姻问题，也由我们替她主张。"这些话使她顿时感觉像进入了一个恐怖、凄苦的监牢。

这所教会学校的学生有两种生活：一是穷人家的孩子，每天吃老米饭、窝窝头和不放油的咸菜；一是有钱人的子女，进小厨房。庐隐家里虽然有钱，但她却和这个学校的穷孩子一起，吃那种最低劣的饭。上学期间，由于条件艰苦，她的脚长了疮，这几乎使她成了残废；后来又曾肺管破裂，吐血不止。

病好了，她同大伙去做礼拜，但她心里并没有给上帝留一个位置，所以她东张西望，很不专心。这时美国人朱太太在她身边跪下，用颤抖的声音劝她："亲爱的孩子，上帝来祝福你！"

"我不信上帝，我没有看见上帝在哪里！"她说。

"哦！亲爱的孩子，上帝正在你的左右，你不能用眼睛看见，但是他是时刻都不离开你的……主呵！你用绝大的力量，使这个可怜的孩子皈依你吧……她是你所迷失的一只小羊，主呵！你领导她……"朱太太虔诚地祈祷着，并哭起来。

这时，弱小的、心灵空虚的，没有母爱、被兄妹抛弃、又经病魔折磨的庐隐，因为朱太太的话，竟感动得一同哭了起来："我信了，我真的信了！"庐隐就是这样皈依了宗教，她后来说："宗教的信仰，解除我不少心灵上的痛苦，我每次遇到难过或惧怕的时候，我便虔诚的祷告，这种心理作用，我受惠不少……现在虽觉得是一件可笑的事，但也多谢家教，不然我那童年的残破的心，必更加残破了！"

1911年，武昌起义爆发，冷血的家族竟抛下庐隐和她的两个表妹而躲到天津租界去了，直到清王朝被推翻以后才回到北京。这时的庐隐开始在大哥的帮助下，第一次练习作短文，由于她拼命用功，出乎家人意料地考上了高小。这时母亲和亲戚的脸上有了喜色，从此以后，曾经的丑小鸭居然时常被称赞"聪明"了。后来庐隐更加勤奋，不久后考进了师范预科，这使家里人更加惊奇不已。

庐隐13岁考进女子师范学校，开始了她的少女时代。她是班上最小的一个：年龄最小、个子也最小，因而处处都受到了同学们的关照，庐隐生平第一次发现人间似乎还有友情。但学校里的规矩太严，管制太多，在那个牢狱般的环境里，动辄就会受到处分，所以每逢星期六回家，她都像被囚禁的鸟儿飞回树林一样高兴。可是到了星期日，一吃过午饭，心情就重新开始紧张起来，因为下午4点前，她必须回到学校。当时，她总希望自己生病，以便能暂时脱离恐怖的学校生活。尽管如此，她和同学们还是努力在苦中作乐。她和5位好友结成了全校有名的"六君子"，她们调皮的主要形式很简单，那就是"笑"，只要见到哪个同学的举动、面孔、衣着上有所异样，便开始放声大笑，一声接一声，直到那人被笑得哭起来方才罢休。中学一二年级，就在这看似无休止的玩笑中不知不觉地过去了。

独立

到了中学三年级，庐隐16岁了。母亲开始关心起她的婚事，而她，对于结婚却莫名惶恐，觉得那是一件很神秘的事。就在这时候，她回忆说："我发现了看小说的趣味，每天除了应付功课外，所有的时间，全用在看小说上，所以我这时候看的小说真多，中国几本出名的小说当然看了，就是林译的三百多种小说，我也都看过了，后来连弹词，如《笔生花》、《来生福》一类的东西，也搜罗净尽……"那些多情善感的小说尤其适合她的口味，从此她的兴趣一天天转向文学，在学校还得了一个"小说迷"的绰号。

在这期间，她在舅舅家里认识了一位表亲，名叫林鸿俊。这位少年读书不多，人却聪明漂亮，其家境贫穷，无依无靠。庐隐从他手里借了徐枕亚的《玉梨魂》，那是一本描写一个多情而薄命的女郎的遭遇的小说，情节凄切哀婉。林鸿俊由此发现庐隐是一个多情的人，于是便给她写了一封述说自己平生不幸的信，庐隐看后十分同情，为他流了眼泪，这样渐渐地，两人开始亲密起来。不久林鸿俊向庐隐提出了结婚的请求，但是她的母亲和哥哥觉得林鸿俊没什么大出息，家又穷，因此拒绝了他。当时庐隐正莫名其妙地憎恶和恐惧结婚，并想过一生独身的生活。但母亲和哥哥的行为激起了她的反抗情绪，她觉得自己有必要挺身仗义反对母亲和哥哥，于是给母亲写了一封信："我情愿嫁给他，将来命运如何，我都愿承受。"母亲深知庐隐倔强的性格，只好答应了她，却又提出了一个条件：大学毕业后才能举行婚礼。

1916年，18岁的庐隐中学毕业了。但当时还没有专门的女子大学，别的大学又不开女禁，这意味着庐隐暂时不能继续升学。这时，母亲希望她找工作，以帮助分担家庭的压力。不久，在母亲和表哥们的活动下，庐隐竟被北京公立女子中学聘为体操、家事园艺教员。她虽然耍棍棒、操哑铃球杆还是可以的,但是家事园艺于她根本一窍不通。这个学校的校长、训育主任都是爱慕虚荣之人,教学上她努力去做,并精心组织了一次颇令校长满意、又为学校出风头的运动会。这个学校的学生多半个子比她高,有的年龄甚至比她还大,三年级有几个学生对她教课不满意,说她念错了字,园艺讲不清。这种挑剔正中了她的心愿,使她有了借口,于是春假过去,便悄然辞职,结束了她最初短暂的教学生活。

辞职后,应在安庆省立安徽女师附小当校长、原北京慕贞书院同学舒畹荪女士的邀请,庐隐决定离开那个令她窒息的家和带给她太多不愉快记忆的北京城,到外地执教。回忆起赴安庆任教时的心情,庐隐这样写道:"……到火车站,我匆匆的买好车票,心雄万夫似的跳上车子,当车轮蠕蠕而动,我和表哥告别时,在我心头没有离愁,没有别绪,只有一股洒然的情绪,充塞着我的灵宫。我觉得这十余年如笼中鸟般的生活,我实在厌倦了,时时我希望着离家,去过漂流的生活,因为不如此,似乎无以发泄我平生的抱负,——我虽是一个女孩儿,但在这时节,我的心肠没有温柔的情感,我羡慕飞剑侠,有时也希望作高人隐士,所以这一次离家,我是充满了骄傲,好像一只羽毛已经长成的鸟儿,从此天涯海角任我飞翔。"

在安庆这所小学里,她担任体操、国文、习字和史地等课程的教学,在工作中她极其敬业,得到许多学生心悦诚服的赞叹。这时她与同在那所小学兼课的苏雪林相识。在安庆的一年里,虽然得到了肯定,但她觉得生活无趣,于是半年后便回到了北京。这时,恰巧河南开封女子师范学校聘请教员,在母校校长的推荐下,她到了开封。但那里环境腐败,流弊积年,守旧的教员视言论激烈的庐隐为名教反叛的危险人物,在怕被挤掉饭碗的其他教员的怂恿下,一些学生开始在课堂上同她作对,故意给她难堪。庐隐当然不会受这样的气,熬到了暑假,她就像逃出了牢笼一样,返回北京。到了家里,母亲骂她没长性,她的表姐妹们则送给她一个新的雅号——"一学期先生"。

在漂流的这一年多的时间里,庐隐懂得了一些人情世故。就在这时,

"五四"前夕的新思潮在各个角落暗流涌动，仿佛在孕育着一场暴风骤雨，庐隐觉得自己必须进步，应该学习，不能再教书了。可是为了考取北京女子高等师范学校，她只好再到安庆教半年书，积攒学费和保证金。当她再次回到北京时，女高师的考期已过，但最终还是在母校老师的通融下，庐隐于1919年秋考进了该校国文部，做旁听生，经过学期考试后，再升为正班生。

蜕变

庐隐怀着对人生美好的希望，进入女高师。但旁听生的身份却让她有了自卑的情绪，在那些趾高气扬的大学生面前，她自惭形秽，觉得处处不如人。

第一次在大学里作文，老师出了一个莫名其妙的题目，庐隐不懂，却不敢问人，怕被取笑，只好独自钻进图书馆，翻阅大量相关资料，才总算是明白了一些，然后用了一天的工夫写出了一千多字的文章，惴惴不安地交了卷。但没想到的是，这篇作文竟被选入学校的刊物《文艺观摩录》，老师给出的批语是："立意用语别具心裁，非好学深思者不办。"从此，那些从前态度傲慢的学生也对她另眼看待了。年假大考以后，她和旧相识，此时同样在做旁听生的苏雪林的成绩最为突出，于是她们由旁听生升入正班生。这时期她的学习顺利，但心情却并未因此变好。母亲不仅经济上不帮忙，还时常责备她，使她"等是有家归未得"，经常独坐在走廊的栏杆上，暗自流泪。这时正值"五四"运动蓬勃兴起之际，许多新的学说激荡着她，许多闪光的思想照耀着她，她痛恨封建礼教，向往光明自由，她的灵魂里浸透了叛逆精神。当一位同学在讲演会上大讲恋爱自由，多数人向她吐舌头、翻白眼、冷嘲热讽时，庐隐却大胆地独自支持她，鼓励她勇敢前进，从此庐隐也被视为"新人物"了。

"五四"时代的新思潮、新思想冲淡了庐隐心里的悲哀，她精神焕发、时常处于亢奋的状态之中，废寝忘食地东奔西跑，她被选为学生会的干事，积极从事社会工作。她被女师大选为福建同乡会代表，到北大、师大开会，后来又被选为几次大会的副主席和一个刊物的编辑。就在这个时候，她开始觉得同她订婚的表亲林鸿俊思想平庸，同她的想法不一样，走的道路亦不相同，她所需要的人，不是仅仅脾气好就可以满足的，她说："我羡慕英雄，我服膺思想家。"她想到他们的志愿不同，婚后的平凡生活将毁了她的一生，于是便主动提出要求，解除了婚约。

爱看书和研究社会问题是当时许多追求光明的青年人的特点，庐隐就是其中的一个。起初，她同几个年龄相仿、志趣不凡、都爱嬉笑的朋友自称为"战国四公子"，她被封为孟尝君；后来又和十几个志趣相投的人组织了一个秘密团体——"社会改良派"，每星期活动一次。这时，她时常收到别人寄给她的一些关于社会主义的书，并常常同她通信和讨论。在这种环境的影响下，她的思想有了真正的飞跃，认识到"一个人在社会上所负的责任是那么大"，从此她"下决心做一个社会的人"。

在"社会改良派"这个团体中，她和郭梦良特别亲密。郭梦良是一位无政府主义者，对社会主义思想并没有清晰的认识，他的古文根底好，在杂志上发表过很多论文，也是一位作家。他曾同庐隐一起参加了文学研究会在北京中央公园来今雨轩召开的成立会（他俩是该会最早的成员之一）。当时在女高师的文学教师中，有很多人的崇尚古文，痛恨白话文，在郭梦良的指导下，很快庐隐也能写出通顺的文言，做出不错的诗词。那时她曾写过一首名为《云端一白鹤》的五言古诗：

云端一白鹤，丰采多绰约。

我欲借据缴，笑向云端搏。

长吁语白鹤，但去勿复忘。

世路苦崎岖，何处容楚狂？

这首诗，可以看出她当时的心境、志趣和抱负。

做完了毕业论文，拿到了文凭，庐隐就此告别了三年的大学生活。在大学期间，庐隐虽然已经成了文坛上有影响的作家，但以往短暂的教学经历还不足以让她认识纷纭的社会，于是，她怀着恐惧的心情，真正地踏进了社会。

婚姻

庐隐大学毕业时才22岁，她又到了安徽，在一个中学任教。在那里，她尝到了社会上的种种酸楚，她说虽然只有半年的工作，却使她的心境老了十年。她总是怀着美好的善心去看人，而她得到的却是轻蔑和敌意。

1923年夏，她不顾家庭、朋友和社会舆论的强烈反对，与有妻室的郭梦良南下，在上海一品香旅社举行了婚礼。庐隐的行为虽然受到许多人（包括最好的朋友）批评，但苏雪林倒着实为她辩护了一场，说批评者"不应当拿平凡的尺，衡量一个不平凡的文学家。"

庐隐曾经是一个坚定的独身主义者，但她和郭梦良的爱情摧毁了她的理智，她认为：只要有了爱情，就什么问题都没有了。结了婚，

郭梦良

一方面她满足了，同时也失望了——她理想的婚姻生活和婚后的生活实际完全相反。在不佳的情绪和家庭琐事中沉浮了半年之后，庐隐又重新开始了她的著作生涯，写出了《胜利以后》、《父亲》、《秦教授的失败》等短篇小说。1925年7月，她出版了第一个短篇小说集《海滨故人》。之后不久，不幸突然向她袭来：郭梦良因肠胃病竟一病而逝。这时，她身边已经有了一个女儿。她忍着痛苦，带着孩子，送郭梦良的灵柩回到郭的家乡福州。她在郭家居住时，在福州女子师范任教。郭的前妻对她并不坏，只是婆婆太刻薄，处处对她迫害，连晚上点煤油灯都要遭到恶骂，实在无法忍受，她便带着孩子，从福建到了上海。在福州，她写了《寄天涯一孤鸿》、《秋风秋雨》和《灵海潮汐》等短篇和散文，记载着一些暗淡生活里的暗淡日子。

在上海，她担任大夏大学的女生指导，并在附中任教，住女生宿舍；课余，夜以继日地继续着她的写作生活。她收入不多，生活很苦，常是满面愁容，向朋友感叹自己命运的不幸，责骂男人和爱情害了她。

北京是庐隐自幼生长的地方，她对于这里有着特殊深厚的感情。不久，她又回到了北京，一个朋友推荐她担任了使她头痛的北京市立女子中学校长的职务。她说："当校长真是要我的命。……一天到晚要同那些鬼脸的打官腔的人们会面，并且还要谨慎，还不能乱说一句话。现在不要说作品，真是连文学的感情，也消逝得干干净净了。"第二年，她便辞了职，又到北京师大附中教书去了。

在北京，她还任过平民教育促进会的文字编辑，编的是"平民千字课"，每日笔不离手，用那一千个基本生字，编成各种常识和歌谣。她这样死板、机械地工作了一年，便辞了职，准备动手试写中篇或长篇小说。

这时，她与几个朋友每人出几百元筹办了一个"华严书店"。"华严"，取文章之彩饰、态度之庄严之意。书店开张之前，他们办了一种《华严半月刊》，庐隐任编辑，并亲自撰写文章。这时期，她创作的小说、散文和散文诗，多发表在北京《晨报》副刊和石评梅所办的《蔷薇周刊》上，其短篇集成一册出版，名曰《曼丽》。当时她正读德国唯心主义哲学家叔本华的著作，隐隐约约服膺了他的"人生——苦海"的悲观主义思想。庐隐自己也承认这时期是悲哀主宰着她，无论什么东西，在她看来都有悲哀的色调，人们的每一声叹息，每一滴泪水，都能在她心里得到共鸣，也使她的灵魂得到安慰。她悲哀着走路，悲哀着看世界，但她并不想解决这种支配着她的悲哀，也不知道如何解决。这种思想浸透在《灵海潮汐》和《曼丽》两个集子里。

这时期，庐隐遭到了人间最不幸的死别，在不太长的时间里，她死了母亲、丈夫、挚友石评梅和哥哥。他们的相继死亡，使悲哀像山一样压在她的心上，哀伤紧紧捆绑着她，折磨着她。丈夫死后，她常同石评梅散步、谈心，跑到陶然亭对着荒冢放声痛哭，登上中央公园的高峰酣歌狂舞。石评梅死后，她成了一个没有伴侣的长途旅人。她说："这时节我被浸在悲哀的海里，我但愿早点死去，我天天喝酒吸烟，我试作慢性的自杀。"她哥哥的去世，使她的悲哀生活到了高潮，她病倒了。病好后，她觉得自己的思想有转变的必要，不能再如此生活在悲哀之中了。她在自传里说："虽然世界是有缺陷的，我要把这些缺陷，用人力填起来……我只要有这种努力的意念，我的生命便有了光明、有了力……"在这种思想主导下，她写了中篇小说《归雁》。她说："在《归雁》中，我有着热烈的呼喊，有着热烈的追求，只可恨那时节，我脑子里还有一些封建时代的余毒，我不敢高叫打破礼教的藩篱。可是我内心却燃烧着这种渴望，因为这两念的不协调，我受了痛苦，最后我是被旧势力所战胜，'那一只受了伤的归雁，仍然负着更深的悲哀重新去漂泊了。'"

1928年，庐隐认识了比她小9岁，当时还是清华大学学生的乐天派青年诗人李唯建。他们相识不久便由友谊发展到了恋爱。这时，她从"重浊肮脏的躯骸中逃逸出来了"，她成了一朵花，一只鸟，一阵清风，一颗亮星；她觉得"前面有一盏光明的灯，前面有一杯幸福的美酒，还有许多青葱的茂林满溢着我们生命的露滴"，"宇宙从此绝不再暗淡了"……爱情将庐隐从悲哀的深渊中挽救出来！1930年秋，她不顾世俗的阻力，宣布与李唯建结婚。他们东渡日本，寄居在东京郊外，努力开拓他们爱情生活和创作生活的前程。

关于恋爱，庐隐自己说："我自然不会主张恋爱要以金钱地位年貌为条件，可是也不相信是绝对无条件的。"庐隐所说的条件就是精神，她自己对待爱情便是这样的，她说："在我的生命中，我是第一次看见这样锐利的人物，而我

庐隐与丈夫李唯建

呢，满灵魂的阴翳，都被他的灵光，一扫而空……"这是她从李唯建那里得到的精神财富，也是他们相爱最坚不可破的基础。这时期，他们合写的那本《云鸥情书集》里收集了他们之间一年中的几十封书信，字里行间都能感受到爱情带给他们的甜蜜。庐隐自己不再固执悲哀了，她要重新建造生命，转换生活的方向。她说："从前我是决意把自己变成一股静波一直向死的渊里流去。而现在我觉得这是太愚笨的勾当。这一池死水，我要把它变活，兴风作浪。"

他们在日本生活了一段时间，《东京小品》便是她旅居日本所写的小品文，原拟20题，但只写了11篇，都在《妇女杂志》上发表过。由于日元高涨，生活不能维系，他们决定回到杭州，寄居在山清水秀的西子湖畔。被压迫已久的灵感，在这美丽的地方，似乎得到了解放。庐隐说："我们当然可以写出很好的文章了。"那半年，她写了一部10万字的长篇《象牙戒指》，这是一个充满哀感，为她的朋友石评梅不幸的生命留下的永久纪念。这个长篇，十分之九都在《小说月报》上发表过，其余一部分因国难遭焚。这时期，她还出版了一部短篇集《玫瑰的刺》。

1931年夏天，庐隐离开杭州到上海，由刘大杰介绍，进入工部局女子中学，为生计再一次开始了教书生涯。她一面教书，一面写文章。庐隐在这一时期进入了创作的高峰期，在《申江日报·海潮》、《女声》、《时代画报》、《前途杂志》和《现代杂志》上，都有她的作品发表。《时事新报·青光》上发表了她的中篇小说《女人的心》及短篇小说《情妇日记》。她后期的作品，所反映的情绪较以前乐观、开朗，特别是"一二·八"淞沪战争后，她跳出了由社会、环境、生活筑成的囹圄，着眼于民族战争，在艰苦的条件下，先后创作了中篇小说《地上的乐园》和《火焰》。

这时期，庐隐也认为自己已经跳出了苦海，进入她的开拓时期。她说："我现在写文章，很少想到我的自身，换句话说，我的眼光转了方向，我不单以个人的安危为安危，我是注意到我四周的人了。最近我所写的《女人的心》，我大胆的叫出打破藩篱的口号，我大胆的反对旧势力，我大胆的否认女子片面的贞操。""但这些还不够，我正努力着，我不只为我自己一阶级的人作喉舌，今而后我要更深沉的生活，我要为一切阶级的人鸣不平。我开始建筑我整个的理想。"她的世界观、文艺观在这一时期发生了转变。

早逝

庐隐与李唯建婚后的四年，是她一生最快乐最幸福的四年。正当她的思想和创作开始转向的时候，1934年5月，因难产手术，开刀后流血不止，高烧不退，遂于13日11点20分逝世于上海大华医院14号病室，年仅36岁。据苏雪林回忆，庐隐生活拮据，"为节省费用没有进医院，仅以十数元代价雇一助产士来家伺候，以手术欠佳，流血不止，送入医院，终于不救。"对庐隐的早逝，闻者无不扼腕叹息！

庐隐一生清贫，度日艰难，没有任何财产，只有几部比生命还宝贵的作品。为了慰藉庐隐的在天之灵，李唯建将她的全部作品放进棺内，让她毕生心血的结晶永世伴着她。

庐隐去世后，留下大女儿郭薇萱（郭梦良之女）和李瀛仙（李唯建之女），而贫穷、年轻的李唯建却无法抚养两个孩子。这时，舒新城约集庐隐生前好友和她的哥哥黄勤（当时任天津上海银行经理）到上海，在南京路冠生园餐厅共商薇萱的抚养问题，大家一致赞同由其舅父黄勤抚养，庐隐的著作版权归属薇萱所有。不久，李唯建带着瀛仙回到四川，从此便与郭薇萱失掉联系，音信杳无。

回忆

程俊英和庐隐在大学时期就成为了好朋友，以下是程俊英所写的《回忆录一二三事》中有关庐隐的片断。

一

我校原名北京女子师范学校，附设国文专修科。我于一九一七年考入该科肄业。当时北大、北高师、清华、燕京等校都不招女生。一九一九年教育部将我校改为北京女子高等师范学校，将我级国文专修科改为国文部，这是当时全国唯一的女子高等学府。"五四"运动把这座学府搅得天翻地覆。从五月开始，学校罢课，我们整天开会、游行、演讲、印传单、办刊物、宣传罢市罢工、驱逐阻挠运动的校长，忙得不亦乐乎。长期禁锢在红楼铁门里出入不能自由的女学生，才初步接触社会，过着"人"的生活。

红楼共有四排房，第一排是校长、教务长、各部门职员的办公室。第二排是教室。国文部的教室在楼上左边的第一间。开学那天，当我们走进教室，同学都坐齐了。铛、铛、铛，九时大钟响了，班长走上讲台，大声喊"别讲话了，欢迎三位新来的同学。"教室顿时鸦雀无声。三位新同学中舒畹荪、苏梅（雪林）首先作了简要的自我介绍，接着，庐隐也站起来了，微笑地说："我叫黄英，福州人，二十一岁。我是新生，也是老生，原是本校前身初级师范毕业的。教了两年书，增加了一些见识。没什么可说，完了。"她的发言，立刻引起同学们的注意。她身材短小，面容黄瘦，使我不禁产生一种莫名的"身世飘零"之感。

几天住下来，经过同学们的互相介绍，比前更加熟悉了。她特别喜欢接近我，拉着我的手说："你最小，最天真！我最喜欢天真。天真，最可贵啊！哈、哈！上帝！"我欣赏她为人爽朗，对友诚恳。作文一气呵成，不加藻饰，字迹遒劲，确有才华。古人以才力超人训"英"，她可能是一位出类拔萃的人，是我的良师益友，从此，我也主动地找她请教或闲谈。她好代同学抱不平，自名"亚洲侠少"，特别对同学中有恋爱婚姻问题者，必挺身相助，故被同学所敬重。

我级同学约四十人，年龄相距甚远，长者已四十余岁，次者三十余岁，有的已经抱孙。庐隐、世瑛、定秀和我四人年龄相仿，她们三人都是一八九九年生，二十一岁，我十九岁。陈定秀是苏州人，我们三人都是福州同乡。有抱负，有志气，有毅力，这是四人相同的，所以很快就成了好友。庐隐说："我们四人不但志同道合，而且都懂得人生真谛。我们四个人就像战国时代的四公子，我是孟尝君，他有狡兔三窟。我的三窟是教师、作家、主妇。"从此，我们四人无论是上课、自修、寝食、外出，都形影不离。又自制一套衣裙，上面是浅灰布的罩衫，下面是黑绸裙，裙的中间横镶一道二寸宽的彩色缎花边。每逢假日便穿它到中央公园或北海、陶然亭等地去玩。不仅班上的同学叫我们为"四公子"，就连他校的人也这样称呼我们。后来庐隐写的短篇小说《海滨故人》，其中的故人，主要是四公子。

二

庐隐说的"人生真谛"，主要指反对封建包办婚姻，主张恋爱至上，婚姻自由。所谓抱负，现在看来也是非常狭隘，只想学得一技之长，自食其力，不甘心寄人篱下，靠丈夫吃饭。但在当时来说，是知识界妇女共同追求的愿望。对于国家的命运如何挽狂澜于既倒，虽然也随着"五四"的新潮加以考虑；但在感情上，注意得很不够。总想靠自己奋斗努力，满足这些愿望。庐隐的写作动机、写作题材，多从这种思想散发出来的。

有一天饭后，我和庐隐到操场散步聊天，谈到冯淑兰（沅君）家已代她和一个素不相识的男子订了婚，正在嗟叹不已的时候，庐隐忽然告诉我"我也订婚了"。这突如其来的消息，使我停步不前，呆住了，不禁问："你未婚夫是什么样的人？是你看中的吗？"

"他名林鸿俊，我姨母的亲戚，和我们都住在舅舅家西斜街，现在北京工业专科学校读书。他喜欢看小说，我们是同好。我将我们恋爱的经过写成短篇小说——《隐娘小传》。"我更加惊讶地问："你已经会写小说了，真佩服！我想拜读拜读。"她点点头，说："不必与外人道呀！"晚上，我们趁同学还没上楼就寝的时候，庐隐从她的床底下箱子里拿出《隐娘小传》的手稿。这部手稿，约半寸来厚，用直红格的毛边纸写成，我把它藏在枕头底下。第二天早上，下课铃响了，我悄悄地躲在资料室里，从头到尾细细地读了两遍。吃午饭时，庐隐对我耳语说："这里面写的全是真事。"我从此才了解她初恋的经过。

原来庐隐自幼就不为父母所喜，因为她爱哭，性格倔强。父亲原在湖南长沙当知县，全家都住在那里。庐隐六岁那年，父亲因病死于长沙。母亲带着几个孩子到北京，投奔自己的胞弟，同住在西斜街一个四合院里。那四合院是个杂院，庐隐的姨母和其他的亲戚也住在那里。姨母是一位喜欢读书的妇女，旧社会不要求女子读书，可她总是努力自学，读些《四书》、《五经》一类的古书，希望自己的女儿也读书。庐隐的母亲身体虚弱，好静，讨厌庐隐哭闹，就托妹妹管教。庐隐得到读书的机会，加上聪敏警悟，比别的孩子读得多学得快，深为姨母所喜。庐隐的哥哥很欣赏妹妹的聪敏，帮她制订每日的课程表，照此学习，学业大进。到了暑假，考进女师范附小。毕业以后，又考进女子师范学校。当时的师范学校，学杂费、膳宿费均免，不累家了。初入学时，她虽然只有十四岁，但好阅读古今小说，为林黛玉、崔莺莺不知洒了多少眼泪。

当庐隐在女师范读书的时候，西斜街杂院里忽然住进了一位姨母的亲戚，名林鸿俊。《隐娘小传》中化名为凌君。庐隐描写他身材魁梧，体魄壮健，谈吐文雅，待人谦虚，已近二十岁，既无父母，又鲜兄弟，是一位无依无靠的青年。他上不起学，整天在院子里晃来晃去，大家都叫他做"野孩子"。他闲得发慌，借姨母的书看，借亲戚的小说看，看书成了他的癖。有一天，庐隐从学校回家，看见他手里拿着一本书，不禁问："是什么书，借我看看，好吗？""好，《玉梨魂》，你拿去吧。"说着就溜走了。从此，他们二人就以交换小说为名，在一起谈话。接触的机会渐渐多了，彼此都产生了一种莫名的感情。有时在跨院小花园的葡萄架下，互诉衷情；有时在宣纸的小笺上，交流仰慕。这些蛛丝马迹，早被表兄弟们所识破，一传二，二传三，传得西斜街满城风雨，不免传到庐隐的母亲和舅舅的耳朵里。

旧社会上层人物的门第观念非常严重,当官的女儿,一定要嫁给门当户对的子弟为妻,才算光彩。当隐母和舅舅听到隐娘和凌君恋爱的消息,不禁火冒三丈,认为丢脸。但如何处理此事,却束手无策。因为他们都了解隐娘的性格非常倔强,说一不二的。隐母只是整天板起面孔,默默无言,冷淡地对待他们,凌君和隐娘也觉察到了。有一天,凌君对隐娘说:

"这几天,妈妈和舅舅都不开心,不理我。的确,我无家无业,没有进学校,寄人篱下,是野孩子,西斜街有谁看得起我?我配不上你。"

"别管这么多,我看得起你。等我毕业以后,到别省工作,我们就可远走高飞了。他们越反对,我越要这么干,谁也管不了。"第二天,庐隐就写了一封信给妈妈,表明心迹。

隐母接到女儿信后,双泪涟涟,对弟弟说:"实在没办法,我想对他们提出一个条件,等凌君大学毕业,才是我的女婿,你看怎样?"弟弟点点头,表示同意。过几天,他就将隐母的意见告诉了隐娘。凌君经过一番应考的准备,到了暑假,果然考取了北京工业专科学校。开学前,隐母在西斜街自己的房子里办了几桌筵席,举行隐娘和凌君订婚的仪式,请西斜街所有的亲戚参加。席间,有一位亲戚站起来敬酒致贺,并自告奋勇地说:"凌君很有志气,努力自学,居然考取了大学,但你双亲去世,我愿意拿出两千大洋,作为你四年的学费和膳费。"他从身上掏出两千元的票据摆在桌上,笑嘻嘻地望着凌君,"请收下吧,自己亲戚,别客气,请收下吧!"凌君涨红了脸,站起来,向他鞠个九十度的躬,"谢谢!我一定好好读书。毕业以后,一定报您的大恩。"

从此以后,他们心满意足,来往更加亲密了。常背着家人在跨院小花园里谈天,彼此都认为对方是世界上最完美的人,有朝一日能共同生活,那真是进入仙境。隐娘说:"愿作鸳鸯不羡仙,我们俩就是仙!"

"我不但爱你,更感激的是你对我的提携,如果我不上大学,那现在还是一个无家可归的流浪者。"

"这是庸人之见,我真不在乎什么大学不大学,只要谈得来,我就感到幸福了,上帝!"

《隐娘小传》全文大约有七八千字,给我印象最深至今记忆犹新的就是这些。由于年老,有的记不清了。现在看起来,她的初恋确实不计门第、地位、金钱等条件,是纯洁的爱,这本小册子的可贵就在此。但它的笔调,不免受徐枕亚等鸳鸯蝴蝶派小说的影响。庐隐这部处女作,后来自己撕毁了,真可惜!

见解　作为特立独行的女性,庐隐对于恋爱有着自己深刻的见解,她曾写《恋爱不是游戏》这篇文章来表达自己的观点。

《恋爱不是游戏》

没有在浮沉的人海中,翻过筋斗的和尚,不能算善知识;没有受过恋爱洗礼的人生,不能算真人生。

和尚最大的努力,是否认现世而求未来的涅槃,但他若不曾了解现世,他又怎能勘破现世,而跳出三界外呢?而恋爱是人类生活的中心,孟子说:"食色,性也。"所谓恋爱正是天赋之本能;如一生不了解恋爱的人,他又何能了解整个人生?

所以凡事都从学习而知而能,只有恋爱用不着学习,只要到了相当的年龄,碰到合式(适)的机会,他和她便会莫名其妙地恋爱起来。

恋爱人人都会,可是不见得人人都懂,世俗大半以性欲伪充恋爱,以游戏的态度处置恋爱,于是我们时刻可看到因恋爱而不幸的记载。

实在的恋爱绝不是游戏,也绝不是堕落的人生所能体验出其价值的,它具有引人向上的鞭策力,它也具有伟大无私的至上情操,它更是美丽的象征。

在一双男女正纯洁热爱着的时候,他和她内心充实着惊人的力量;他

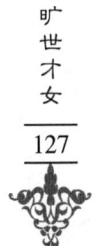

们的灵魂是从万有的束缚中，得到了自由，不怕威胁，不为利诱，他们是超越了现实，而创造他们理想的乐园。

不幸物欲充塞的现世界，这种恋爱的光辉，有如萤火之微弱，而且"恋爱"有时适成为无知男女堕落之阶，使维纳斯不禁深深地叹息："自从世界人群趋向灭亡之途，恋爱变成了游戏，哀哉！"

评誉

苏雪林：总是充满了悲哀，苦闷，愤世，嫉邪，视世间事无一当意，世间人无一惬心。在庐隐的作品中尤其是《象牙戒指》，我们可以看出她矛盾的性格。……庐隐的苦闷，现代有几个人不曾感觉到？经验过？但别人讳莫如深，唯恐人知，庐隐却很坦白地自加暴露，又能从世俗非笑中毅然决然找寻她苦闷的出路。这就是她的天真可爱和过人处。

茅盾：庐隐作品的风格是流利自然。她只是老老实实写下来，从不在形式上炫奇斗巧。

在小品文中，庐隐很天真地把她的"心"给我们看。比我们在她的小说中看她更觉明白。她不掩饰自己的矛盾。

萧红："掀天之意气，盖世之才华"

萧红

传略　萧红（1911—1942），原名张廼莹，笔名萧红，悄吟，玲玲，田娣。民国女作家，被誉为"30年代文学洛神"，是民国四大才女中命运最为悲苦的女性。

出生于黑龙江省呼兰县一个地主家庭，幼年丧母，童年时代的萧红就懂得自立。她以柔弱多病的身躯面对社会，在民族危难中，经历了反叛、觉醒和抗争的经历以及一次次与命运的搏击。她的一生从不向命运低头，在与苦难挣扎、抗争的一生中，直接影响其命运并引导她开始文学创作的是萧军，他走进了她的生活，两人共同完成散文集《商市街》。1934年到上海，与鲁迅相识，同年完成长篇小说《生死场》，次年在鲁迅帮助下作为"奴隶丛书"之一出版。萧红由此取得了在现代文学史上的地位。《生死场》是最早反映东北人民在日本帝国主义统治下生活和斗争的作品之一，引起当时文坛极大重视。鲁迅为之作序，并给予热情鼓励。抗日战争爆发后，她投入到轰轰烈烈的抗日救亡运动。后应李公朴之邀到山西临汾，在民族革命大学任教。1940年去香港，1942年去世。

在她短暂的31年人生中，先后与萧军、端木蕻良产生过感情，然而这位没有受过高等教育却有着极高写作天赋的作家，在去世时仍旧孑然一身。

萧红带有左翼现实主义风格的作品还有一部长篇小说《马伯乐》，但质量不高。她更有成就的作品是写于香港的回忆性长篇小说《呼兰河传》，以及一系列回忆故乡的中短篇小说，如《牛车上》、《小城三月》。其中长篇小说《呼兰河传》被香港"亚洲文坛"评为20世纪中文小说百强第九位。

主要作品有：

长篇小说：《呼兰河传》。

中篇小说：《麦场》（现名为《生死场》）、《马伯乐》。

短篇小说：《三个无聊人》、《王阿嫂的死》、《后花园、祖父和我》。

散文：《天空的点缀》、《失眠之夜》、《在东京》、《火线外二章：窗边、小生命和战士》、《饿》、《回忆鲁迅先生》、《桥》。

童年

萧红幼年丧母，父亲冷酷暴戾，再婚后基本上对她不闻不问。萧红自小就缺乏父母的关爱。在寂寞的童年里，只有年迈的祖父给她疼爱和温暖，令萧红忘却了父亲的冷漠和母亲的刁难，让她感到一些人间的温情。她和祖父之间的感情是十分深厚的，她依恋祖父，跟他学习《千家诗》，以慰藉祖父失去祖母的悲苦。他们互相依恋，互相安慰，度过了很美好的一段时光。萧红能进学校读书，也得力祖父的支持。所以萧红对祖父身怀思念。

萧红的祖父是一个慈祥的老人，他慈爱、宽容、仁厚，由于有了祖父的关爱，萧红童年虽然寂寞，却依然有温情有快乐，以至于萧红"觉得这世界上有了祖父就够了，还怕什么呢？"所以她与祖父一天到晚寸步不离。祖父一天到晚都在后花园里边劳作，于是萧红也总跟着祖父在后花园里玩乐。家里的后花园给萧红的童年增添了无数欢乐，锄草、吃黄瓜、捉蜻蜓、采花、捉蚱蜢、浇菜，玩累了用草帽遮一遮，睡上一觉，一切对她来说都是非常美好的。这些在她自己的文章中就能体现出来。

情事 1927年秋，萧红考入哈尔滨市东省特别区区立第一女子中学（现为哈尔滨市萧红中学）。在这里，萧红除喜欢绘画外，还广泛阅读中外文学作品，校刊上发表过她署名悄吟的抒情诗。1927年冬，哈尔滨学生联合会组织反对日本在东北修筑铁路的游行，学生们情绪高昂，纷纷请愿。萧红在这一抗日爱国运动中表现得坚定勇敢，一直站在斗争的最前面。

1930年的春天，萧红唯一可以依赖的祖父去世。接着她的父亲听信了她继母的话，为她寻定了一门亲事。这人家姓汪，是当地的大地主兼富商。儿子是个浪荡公子，萧红对此很不满意，于1931年逃到北京，入女师大附属中学读书。她的未婚夫汪某竟也追至北京，汪也在北京入学，使尽手段讨好萧红，同时汪还答应供给萧红上学的学费，在汪百般纠缠和欺骗下，萧红同汪某回到哈尔滨，并在旅馆中同居。在欠下了600余元债务后，汪某托辞回家取钱，把萧红作为人质留在旅馆，结果他一去而不返。

1932年的夏季，流浪在哈尔滨的萧军正在为一家私人经营的报纸——《国际协报》撰写一些零星小稿，一天报社的副刊主编老斐收到了萧红的来信，当然这是一封凄切动人的求助信。老斐立刻与萧军商量怎样去探看一下。于是，在一天的傍晚，萧军来到了萧红被困的旅馆。因为萧军是以报馆编辑的名义来的，旅馆方还不能不让萧军见萧红。

两次敲门后，打开的两扇门中间萧红怯生生地出现了，她整身只穿了一件褪了色的蓝长衫，"开气"有一边已裂开到膝盖上了，小腿和脚是光赤着的，最让萧军惊讶的是萧红的散发中间已经有了明显的白发，接着就是萧红那怀有身孕的体形，好像不久就可能临产了……

经过一番坦率的谈话，他们开始放松了起初的拘谨，在萧军起身要走时，萧红要求萧军再坐下谈谈，迟疑中的萧军又坐了下来，萧红坦率、流畅而快速地向萧军述说了自己过去的人生历程及目前的处境，萧军静静地听着，在萧红述说的过程中，无意间萧军发现散落在床上的几张信纸，便顺手拿过来看了一下，这一眼却是成就他们爱情的关键一眼。那几张纸上面画有一些图案式的花纹和一些字迹，还有仿照魏碑体的几个较大的字，萧军问她画与字出自于什么人的手，萧红回答他是自己无聊时干的，并且从床上寻到一段约有一寸长短的紫色铅笔头举给萧军看。接着萧军又指着那些诗句询问，萧红被问得不好意思起来，局促中承认也是自己写的。

那些美丽的图画、美丽的魏碑字体、美丽的诗句深深地打动了萧军年轻的心，萧军似乎感到世界都变了，他认为出现在他面前的萧红是他此前认识过的女性中最美丽的人！她最开始给他的印象全都消泯了，这是一个晶明的、美丽的、可爱的、闪光的灵魂……

萧军决定不惜一切牺牲和代价去拯救她，拯救这颗美丽的灵魂！这就是萧军与萧红由于偶然相遇，偶然相知，偶然结合的一段"偶然姻缘"。

萧军设法救出了萧红，并与她同居在哈尔滨。年终，萧红写出了她的第一个短篇小说《王阿嫂的死》。这是她正式从事文学写作的开始。

1934年萧红与萧军赴青岛，萧军在青岛的一家报社任副刊主编以维持生活，萧红此间写完了《生死场》，萧军继续写他的《八月的乡村》，同年两人同去上海，见到鲁迅先生。并在鲁迅先生的指导下进行创作。在鲁迅的帮助下，两人的小说《八月的乡村》和《生死场》得以先后出版。

1937年8月上海抗战爆发后，萧红与萧军去了武汉，和胡风、聂绀弩等共办《七月》文艺月刊。11月，萧红与萧军被国民党特务拘捕至当地公安分局。后经董必武营救被释。之后萧红、萧军、聂绀弩、艾青等一些热血青年应邀去山西临汾

萧红与萧军

"民族革命大学"任教。

1938年2月间,由于日军准备进攻临汾,"民族革命大学"准备撤退。这时候的萧红和萧军开始在前进的道路上公开发生了分歧,萧军决心留下和学校一同撤退,必要时准备和学生一道去打游击战;而萧红则主张继续从事写作。结果萧军留在了临汾,萧红随同当时丁玲所领导的"西北战地服务团"乘火车去了西安。这一别致使两个人的婚姻生活从此结束。

萧红与萧军在临汾分手时,表面上都当做一种暂别。当时大家都想去运城玩玩,只有萧军的兴趣不高,独自留下来。在分别的当晚,萧军送萧红、聂绀弩、丁玲、塞克、端木蕻良到车站,快开车的时候,萧军对聂绀弩说要到五台去打仗,但是让聂不要告诉萧红,他嘱咐聂绀弩说:"萧红和你最好,你要照顾她,她在处世方面,简直什么也不懂,很容易吃亏上当的。"还说"她单纯、淳厚、倔强、有才能,我爱她。但她不是妻子,尤其不是我的!""……如果她不先和我分手,我们永远是夫妇,我决不先抛弃她!"

然而,这时,一个人的出现最终还是让萧军与萧红彻底分手了!这个人就是端木蕻良。

一天晚上,萧红与聂绀弩走在西安的小路上,萧红一边走一边用手里的小竹棍儿敲着路边的电线杆子和街树,心神不宁地对聂绀弩说:"我爱萧军,今天还爱,他是一个优秀的小说家,在思想上是同志,又一同在患难中挣扎过来的!可是做他的妻子却太痛苦了……"在谈了很多很多之后,萧红说有一件事要拜托聂绀弩,她举起了那个小竹棍,这个小竹棍是萧红在杭州买的,带着已经一年了,她对聂绀弩说:"今天,端木要我送给他,我答应明天再讲。明天我打算放在箱子里,却对他说是送给你了,如果他问你就承认有这回事行吗?"聂绀弩不假思索地答应了她。在聂绀弩看来萧红是讨厌端木蕻良的,她常说端木蕻良是胆小鬼、势利鬼、马屁鬼,一天到晚在那里装腔作势的。不过聂绀弩也发现了这几天,端木蕻良没有放过每一个接近萧红的机会,聂绀弩想起了萧军的嘱托,就说了一些暗示萧红的话。

此后，聂绀弩与丁玲忙于办理去延安的事宜，没有时间接触萧红，临别时在路上遇到萧红，萧红坚决要请聂绀弩吃饭。在吃饭的时候，聂绀弩又一次邀请萧红去延安，他告诉萧红在延安或许可以见到萧军，萧红肯定地说："不会的，他的性格不会去，我猜他到别的什么地方打游击去了。"出了饭馆之后，萧红突然对聂绀弩说："要是我有事情对不住你，你肯原谅我吗？""那个小竹棍，刚才我已经送给端木了。"聂绀弩感到这是一个不好的预兆，就说："你没有说已先送给我了吗？""说过，他坏，他晓得我说谎。"聂绀弩听出了她那声音在发颤，分手时聂绀弩提醒她："萧红姐，你是《生死场》的作者，你要想到自己在文学上的地位，你要向上飞，飞得越高越远越好……"

半个月后，萧军在去五台山的中途折到延安，碰到聂绀弩、丁玲，他们一同回到西安，一到住处，萧红和端木蕻良一同从丁玲的房里出来，一看见萧军，两个人都愣住了一下。接着端木蕻良就过来和萧军拥抱，但神色一望而知，含着畏惧与惭愧。接着又好像掩饰什么似的拿起刷子给聂绀弩刷衣服上的尘土，不敢抬头地说着"辛苦了！"聂绀弩好像感觉到他是在向自己求救。聂绀弩在他回忆萧红的文章里写道："我知道，比看见一切还要清楚地知道：那大鹏金翅鸟，被她的自我牺牲精神所累，从天空，一个筋斗，栽到'奴隶的死所'上了！"正当萧军洗除着头脸上沾满的尘土时，萧红在一边微笑着对萧军说："三郎——我们永远分开吧！""好。"萧军一面擦洗着头和脸，一面平静地回答着她，接着萧红很快地就走了出去……屋子里还有另外几个人，气氛很宁静，谁也不说一句话。萧红与萧军的爱情就在这样没有任何废话和纠纷的情况下永远"诀别"了。

与萧军分手后，萧红随端木蕻良去了武汉，在武汉只住了几个月便又只身去重庆，那时她已怀了身孕。当时她曾经十分感伤地说："我总是一个人走路，……好像命定要一个人走路似的……"

1940年的春天，萧红与端木蕻良从重庆到香港。她想寻求一个安静的环境写长篇作品，于是开始写《马伯乐》和《呼兰河传》。两部作品都反映出她内心的苦闷和情绪的灰颓，前者看不到希望，后者充满了怀旧的情调，失去了她早期创作的光彩。

1941年春天，萧红与美国进步女作家史沫特莱在香港重逢。当年她们是在上海经鲁迅介绍认识的。用美国人的标准来衡量，萧红、端木蕻良那只有一间屋子的居室当然很狭小，加之看到被疾病折磨得瘦弱的萧红，史沫特莱感到很不安，她劝萧红赶快去玛丽医院疗养。史沫特莱回到美国后，把萧红的一篇散文译成英语，介绍给当时美国《亚细亚》月刊的主编，得以发表，之后她又及时将稿酬200元港币寄至香港大通银行，交萧红领取，可是收到通知单的萧红已经卧病在床。领取外汇需要办理一系列手续，此事只能由端木蕻良代为奔走。不巧第二天爆发了太平洋战争，手续尚未办完就中止了，萧红永远也没有拿到这笔救命的款子。

从文

1933年3月，萧红在哈尔滨参加了中共党员金剑啸组织的赈灾画展，展出她的两幅粉笔画。同时，在萧军的影响下，萧红开始从事文学创作。

1933年4月，她以悄吟为笔名发表了第一篇作品《弃儿》。

1933年5月21日，她写出第一部短篇小说《王阿嫂的死》。作品通过描写王阿嫂一家的悲惨遭遇，愤怒地控诉了地主对农民的残酷剥削和压迫。这篇小说发表以后，她便以悄吟作笔名陆续发表了《看风筝》、《腿上的绷带》、《太太与西瓜》、《小黑狗》、《中秋节》等小说和散文，从此踏上文学征程。

"牵牛坊"是画家冯咏秋的宅院，因院内种植牵牛花而得名，是位于道里水道街（今道里兆麟街）的一处平房。萧红、萧军经常到这里参加左翼文化人士的聚会，常来的还有罗烽、白朗、金剑啸、舒群等人。通过与他们接触，萧红开阔了眼界，增加了文学知识，而且还受到了一些共产党员爱国进步思想的影响。

萧红还积极参加社会活动，与萧军、白朗、舒群等人在抗日演出团体"星星剧团"中担任演员，以实际行动支持抗日。由于引起敌伪特务机关注意，剧团于公演前解散。

1933年8月，长春《大同报》文艺周刊《夜哨》创刊，萧红作为主要撰稿人，在《夜哨》上发表了《两个青蛙》、《哑老人》、《夜风》、《清晨的马路上》、《八月天》等许多作品。

10月，萧红与萧军合著的小说散文集《跋涉》，在舒群等人的帮助下，自费在哈尔滨出版。萧红署名悄吟，萧军署名三郎。《跋涉》的出版，在东北引起了很大轰动，受到读者的广泛好评，也为萧红继续从事文学创作打下了坚实的基础。

因《跋涉》集中大部分作品揭露了日伪统治下社会的黑暗，歌颂了人民的觉醒、抗争，带有鲜明的现实主义进步色彩，引起特务机关怀疑。为躲避迫害，萧红、萧军在中共地下党组织的帮助下，于1934年6月逃离哈尔滨，经大连乘船到达青岛。

两人到达青岛后，靠了舒群等朋友的帮助，在观象一路1号一所石块垒成的二层小楼里租了一间房子居住。这里地处海边，环境优美，左右两边都可以看到大海。那碧蓝的海水，起伏的群山，翠绿的树林，飘荡的船帆……都强烈地吸引着这两位渴望自由的青年，使他们常常暂时地忘却生活的贫困和烦恼，陶醉在美好的想象之中。

青岛美丽的风光，并未减少他们心头的忧伤，更不能削弱他们的战斗意志。这时，萧军被朋友介绍到《青岛晨报》文艺副刊当编辑，工作之余便创作长篇小说；萧红则一面创作，一面在家操持家务。此时他们的生活是相当困苦的。据他们的朋友回忆说，这时萧红身穿旧布旗袍，脚穿后跟磨去一半的破皮鞋，头发用一根天蓝色的粗糙绸带束着，每天要到街上买菜，再回到家中劈柴烧饭，做俄式大菜汤和烙葱油饼吃。后来穷得连大菜汤、葱油饼也吃不成了，就到马路上去卖家具……尽管生活如此艰难，他们仍勤勉不辍地潜心创作。在近半年的时间内，萧军完成了著名的长篇小说《八月的乡村》，萧红也完成了她的第一部中篇小说《生死场》。这两部作品，是他们奉献给千千万万不愿做奴隶的人们的最好礼品，也是奠定他俩文学史地位的成功之作。

这两部作品写成后，他们寄给了远在上海的鲁迅。鲁迅对这两部作品给予了充分的肯定，多方设法介绍出版，并亲自为这两本书写序。在序言中，他赞扬《八月的乡村》是描写东北被占领小说的"很好的一部"；"'要征服中国民族，必须征服中国民族的心'！但这书却与'心的征服'有碍。"而对《生死场》，鲁迅则赞扬它"叙事和写景，胜于人物的描写，然而东北人民的对于生的坚强，对于死的挣扎，却往往已经力透纸背；女性作者的细致观察和越轨的笔致，又增加了不少明丽和新鲜。"

正当二萧想继续留在青岛生活和写作的时候，意外的情况发生了。随着省会济南以及山东各地中共地下党组织遭破坏，青岛的地下党组织也遭到严重破坏，市委书记高嵩以及舒群等地下党员被捕，作为党的外围组织的《青岛晨报》也被迫停刊。这种政治气候的突变，迫使二萧不能再在青岛待下去了。1934年的11月1日，他们躲开了警察和特务的监视，抛弃了所有家具，搭乘一艘日本轮船逃离青岛去了上海，开始在鲁迅的亲切关怀和帮助下，投身于更加艰辛复杂的文学事业。

伯乐

1934年11月30日，萧红和萧军在上海终于见到了文坛大师鲁迅。萧红眼中的这位带有传奇色彩的一代大师出奇的平和并充满善意，他面色苍白，脸颊消瘦，颧骨突出，嘴上留有浓密的唇须，头发极富于特征，硬而直立，眼睛喜欢眯起来，但目光却异常锐利。他们完全被先生的人格魅力所征服。

鲁迅喜欢萧红、萧军的纯朴爽直，而且萧红与鲁迅的夫人许广平也一见如故，甚至淘气的满嘴上海话的海婴，也很快和萧红混熟了。这次见面后，鲁迅为了给二萧在上海铺展一条从事文学写作的道路，又于12月29日以庆祝胡风的儿子满月为名，在梁园豫菜馆举行了一次宴会，把二萧介绍给茅盾、聂绀弩、叶紫等左翼著名作家，并指派叶紫作为二萧的向导，帮助他们尽快熟悉上海，加入到左翼作家队伍中去。后来又支持他们三人结成"奴隶社"，出版"奴隶丛书"。

从此，在鲁迅的关怀引导下，萧红开始走入上海文坛，并与当时的许多重要人物建立了广泛联系。而萧红与鲁迅之间的情谊日益加深，这对其日后事业的发展产生了难以估量的作用和影响。

1935年12月，第一次以"萧红"为笔名发表的成名作《生死场》，就是在鲁迅的帮助下，作为"奴隶丛书"之三，由上海容光书局出版的。鲁迅还亲自为《生死场》一书写了序，震动了当时的文坛。《生死场》的出版，不仅为萧红打开了上海文坛的大门，而且使她立于20世纪30年代中国著名左翼作家之林。

在鲁迅的帮助与鼓励下，萧红很快步入了上海文坛，创作也如山中瀑布，奔泻而来。在此之后，萧红发表了不少散文和小说。如散文《索菲亚的愁苦》，短篇小说《手》、《马房之夜》等等。这期间萧红写的作品大多经过鲁迅的审阅并介绍发表。

鲁迅不仅在文学创作、出版方面鼓励、支持萧红，而且在经济、生活等方面也特别予以关怀和帮助。鲁迅时刻关心着萧红的成长，还经常把萧红介绍给一些外国的进步文化人士，萧红与美国作家史沫特莱女士的相识，就是鲁迅介绍的。而鲁迅的人格风范、美学思想和文艺创作乃至为人处世等方面都给萧红极其深远的影响。

1936年夏，由于个人感情方面的原因，在极度苦闷的心情指使下，萧红只身东渡日本去东京疗养。临行前的7月15日，鲁迅支撑着病重的身体，设家宴为萧红饯行，许广平亲自下厨烧菜。鲁迅爱怜地嘱咐萧红："每到码头就有验病的上来，不要怕，中国人就会吓唬中国人。"这一次相聚，竟成了萧红与鲁迅的永诀。

1936年10月21日，萧红在日本东京得知了鲁迅逝世的消息，悲痛万分。为此,她写了散文《海外的悲悼》。

回国后,萧红怀着巨大的悲痛,拜谒了鲁迅墓,写下了令人泪下的《拜墓》一诗。她用很多时间负责《鲁迅纪念集》中新闻报纸部分的剪贴、校对工作,以寄托她对鲁迅的哀思。同时也写了许多回忆鲁迅的文章,字里行间都流露出对鲁迅的深深怀念、崇敬与感激之情。她用细腻、清新的笔调,为读者刻画出一个特别富有人情味的鲁迅的形象。让读者看到鲁迅家庭的和谐、生活的朴素以及她与鲁迅全家之间的感情。

在萧红笔下,鲁迅不仅是一个伟大的思想家,还是一个和蔼宽厚的老人;他不仅是中国文化界的思想领袖,还是一个美满家庭的家长,一个尊重妻子的好丈夫,一个了解儿子的好父亲,一个辛勤培植晚辈作家的情意深重的长者。

与鲁迅相处的日子,是萧红坎坷不幸的一生中少有的闪烁着灿烂阳光的日子,她对鲁迅一直怀着深深的崇敬与感激之情。鲁迅的早逝,对她是一个沉重的打击,给她留下了难以消除的悲痛,甚至在她生命的最后时刻,也没有忘记自己的恩师鲁迅。1942年1月22日,弥留之际的萧红一再拜托守候在她床前的挚友骆宾基说:"我死后只有一个愿望,就是能把我的一点骨灰埋葬在鲁迅先生的墓旁……如果真有在天之灵的话,以便在天国里也能聆听到先生的教诲。"

情忆

《回忆鲁迅先生》(节选)

萧红

鲁迅先生的笑声是明朗的,是从心里的欢喜。若有人说了什么可笑的

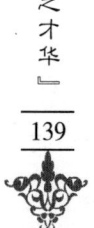

话，鲁迅先生笑的连烟卷都拿不住了，常常是笑的咳嗽起来。

鲁迅先生走路很轻捷，尤其使人记得清楚的，是他刚抓起帽子来往头上一扣，同时左腿就伸出去了，仿佛不顾一切地走去。

鲁迅先生不大注意人的衣裳，他说："谁穿什么衣裳我看不见得……"

鲁迅先生生的病，刚好了一点，他坐在躺椅上，抽着烟，那天我穿着新奇的大红的上衣，很宽的袖子。

鲁迅先生说："这天气闷热起来，这就是梅雨天。"他把他装在象牙烟嘴上的香烟，又用手装得紧一点，往下又说了别的。

许先生忙着家务，跑来跑去，也没有对我的衣裳加以鉴赏。

于是我说："周先生，我的衣裳漂亮不漂亮？"

鲁迅先生从上往下看了一眼："不大漂亮。"

过了一会又接着说："你的裙子配的颜色不对，并不是红上衣不好看，各种颜色都是好看的，红上衣要配红裙子，不然就是黑裙子，咖啡色的就不行了；这两种颜色放在一起很浑浊……你没看到外国人在街上走的吗？绝没有下边穿一件绿裙子，上边穿一件紫上衣，也没有穿一件红裙子而后穿一件白上衣的……"

鲁迅先生就在躺椅上看着我："你这裙子是咖啡色的，还带格子，颜色浑浊得很，所以把红色衣裳也弄得不漂亮了？"

"……人瘦不要穿黑衣裳，人胖不要穿白衣裳；脚长的女人一定要穿黑鞋子，脚短就一定要穿白鞋子；方格子的衣裳胖人不能穿，但比横格子的还好；横格子的胖人穿上，就把胖子更往两边裂着，更横宽了，胖子要穿竖条子的，竖的把人显得长，横的把人显得宽……"

那天鲁迅先生很有兴致，把我一双短统靴子也略略批评一下，说我的短靴是军人穿的，因为靴子的前后都有一条线织的拉手，这拉手据鲁迅先生说是放在裤子下边的……

我说："周先生，为什么那靴子我穿了多久了而不告诉我，怎么现在才想起来呢？现在我不是不穿了吗？我穿的这不是另外的鞋吗？"

"你不穿我才说的，你穿的时候，我一说你该不穿了。"

那天下午要赴一个筵会去，我要许先生给我找一点布条或绸条束一束头发。许先生拿了来米色的绿色的还有桃红色的。经我和许先生共同选定的是米色的。为着取美，把那桃红色的，许先生举起来放在我的头发上，并且许先生很开心地说着："好看吧！多漂亮！"

我也非常得意，很规矩又顽皮地在等着鲁迅先生往这边看我们。

鲁迅先生这一看，脸是严肃的，他的眼皮往下一放向着我们这边看着："不要那样装饰她……"

许先生有点窘了。

我也安静下来。

鲁迅先生在北平教书时，从不发脾气，但常常好用这种眼光看人，许先生常跟我讲。她在女师大读书时，周先生在课堂上，一生气就用眼睛往下一掠，看着他们，这种眼光是鲁迅先生在记范爱农先生的文字曾自己述说过，而谁曾接触过这种眼光的人就会感到一个时代的全智者的催逼。

我开始问："周先生怎么也晓得女人穿衣裳的这些事情呢？"

"看过书的，关于美学的。"

"什么时候看的……"

"大概是在日本读书的时候……"

"买的书吗？"

"不一定是买的，也许是从什么地方抓到就看的……"

"看了有趣味吗？"

"随便看看……"

"周先生看这书做什么？"

"……"没有回答，好像很难以答。

许先生在旁说："周先生什么书都看的。"

在鲁迅先生家里作客人，刚开始是从法租界来到虹口，搭电车也要差不多一个钟头的工夫，所以那时候来的次数比较少。记得有一次谈到半夜了，一过十二点电车就没有的，但那天不知讲了些什么，讲到一个段落就看看旁边小长桌上的圆钟，十一点半了，十一点四十五分了，电车没有了。

"反正已十二点，电车也没有，那么再坐一会？"许先生如此劝着。

鲁迅先生好像听了所讲的什么引起了幻想，安顿地举着象牙烟嘴在沉思着。

一点钟以后，送我（还有别的朋友）出来的是许先生，外边下着的蒙蒙的小雨，弄堂里灯光全然灭掉了，鲁迅先生嘱咐许先生一定让坐小汽车回去，并且一定嘱咐许先生付钱。

以后也住到北四川路来，就每夜饭后必到大陆新村来了，刮风的天，下雨的天，几乎没有间断的时候。

鲁迅先生很喜欢北方饭，还喜欢吃油炸的东西喜欢吃硬的东西，就是后来生病的时候，也不大吃牛奶。鸡汤端到旁边用调羹舀了一二下就算了事。

有一天约好我去包饺子吃，那还是住在法租界，所以带了外国酸菜和用绞肉机绞成的牛肉，就和许先生站在客厅后边的方桌边包起来。海婴公子围着闹的起劲，一会按成圆饼的面拿去了，他说做了一只船来，送在我们的眼前，我们不看他，转身他又做了一只小鸡。许先生和我都不去看他，对他竭力避免加以赞美，若一赞美起来，怕他更做的起劲。

客厅后边没到黄昏就先黑了，背上感到些微微的寒凉，知道衣裳不够了，但为着忙，没有加衣裳去。等把饺子包完了看看那数目并不多，这才知道许先生我们谈话谈得太多，误了工作。许先生怎样离开家的，怎样到天津读书的，在女师大读书时怎样做了家庭教师。她去考家庭教师的那一段描写，非常有趣，只取一名，可是考了好几十名，她之能够当选算是难的了。指望对于学费有点补助，冬天来了，北平又冷，那家离学校又远，每月除了车子钱之外，若伤风感冒还得自己拿出买阿司匹林的钱来，每月薪金十元要从西城跑到东城……

饺子煮好，一上楼梯，就听到楼上明朗的鲁迅先生的笑声冲下楼梯来，原来有几个朋友在楼上也正谈得热闹。那一天吃的是很好的。

以后我们又做过韭菜合子,又做过荷叶饼,我一提议鲁迅先生必然赞成,而我做的又不好,可是鲁迅还是在桌上举着筷子问许先生:"我再吃几个吗?"

因为鲁迅先生胃不大好,每饭后必吃"脾自美"药丸一二粒。

鲁迅先生不游公园,住在上海十年,兆丰公园没有进过。虹口公园这么近也没有进过。春天一到了,我常告诉周先生,我说公园里的土松软了,公园里的风多么柔和。周先生答应选个晴好的天气,选个礼拜日,海婴休假日,好一道去,坐一乘小汽车一直开到兆丰公园,也算是短途旅行。但这只是想着而未有做到,并且把公园给下了定义。鲁迅先生说:"公园的样子我知道的……一进门分做两条路,一条通左边,一条通右边,沿着路种着点柳树什么树的,树下摆着几张长椅子,再远一点有个水池子。"

我是去过兆丰公园的,也去过虹口公园或是法国公园的,仿佛这个定义适用在任何国度的公园设计者。

鲁迅先生不戴手套,不围围巾,冬天穿着黑土蓝的棉布袍子,头上戴着灰色毡帽,脚穿黑帆布胶皮底鞋。

胶皮底鞋夏天特别热,冬天又凉又湿,鲁迅先生的身体不算好,大家都提议把这鞋子换掉。鲁迅先生不肯,他说胶皮底鞋子走路方便。

"周先生一天走多少路呢?也不就一转弯到×××书店走一趟吗?"

鲁迅先生笑而不答。

"周先生不是很好伤风吗?不围巾子,风一吹不就伤风了吗?"

鲁迅先生这些个都不习惯,他说:"从小就没戴过手套围巾,戴不惯。"

鲁迅先生一推开门从家里出来时,两只手露在外边,很宽的袖口冲着风就向前走,腋下夹着个黑绸子印花的包袱,里边包着书或者是信,到老靶子路书店去了。

鲁迅先生的记忆力非常之强,他的东西从不随便散置在任何地方。鲁迅先生很喜欢北方口味。许先生想请一个北方厨子,鲁迅先生以为开销太大，请不得的，男佣人，至少要十五元钱的工钱。

离世 1941年4月，美国进步作家史沫特莱回国途经香港，特意到九龙看望病中的萧红。后来萧红听从史沫特莱的建议到玛丽医院做全面检查，才发现患有肺结核。于是，在10月份住院打空气针治疗。因受医院冷遇，11月底萧红返回九龙家中养病。

1941年12月8日，太平洋战争爆发，九龙陷于炮火中。当天，柳亚子先生应萧红之约，到九龙乐道萧红住处去探望她。次日，端木蕻良和青年作家骆宾基护送萧红从九龙转移到香港，住进思豪酒店。

1942年1月12日，日军占领香港。萧红病情加重，被送进香港跑马地养和医院，因庸医误诊而错动喉管手术，致使萧红不能饮食，身体衰弱。

1月15日，端木蕻良和骆宾基将萧红转入玛丽医院。第二天，萧红精神渐复，她在纸上写下"我将与蓝天碧水永处，留下那半部《红楼》给别人写了"，"半生尽遭白眼冷遇，……身先死，不甘，不甘"。

1月21日，玛丽医院由日军接管，萧红又被送进红十字会在圣提士反设立的临时医院。1月22日，萧红与世长辞，在战火纷飞中，寂寞地离开了人间，享年31岁。

1月24日，萧红遗体在跑马地背后日本火葬场火化后，葬于浅水湾。

1942年5月1日，延安文艺界举行萧红追悼会，在延安的作家及文化艺术工作者深切悼念萧红。

1957年8月15日，中国作家协会广州分会将萧红骨灰从香港迁到广州银河公墓，重新安葬。

成就 1935年12月，萧红的中篇小说《生死场》以"奴隶丛书"的名义在上海出版，鲁迅为之作序，胡风为其写后记，在文坛上引起巨大的轰动和强烈的反响,萧红也因此一举成名,从而奠定了萧红作为抗日作家的地位。

《生死场》原名《麦场》,后由胡风改名为《生死场》,是她以"萧红"为笔名发表的第一部作品。

《生死场》以沦陷前后的东北农村为背景,真实地反映旧社会农民的悲惨遭遇,以血淋淋的现实无情地揭露日伪统治下社会的黑暗。同时也表现了东北农民的觉醒与抗争,赞扬他们誓死不当亡国奴、坚决与侵略者血战到底的民族气节。

《生死场》的发表,符合时代的要求,呼唤民族意识的觉醒,对坚定人民抗击日本侵略的斗志起到了很大的鼓舞作用。萧红在作品中大胆地反映人民的要求和愿望,抒发了她对祖国和人民的热爱,表现了强烈的爱国主义思想。

《生死场》深受广大读者的喜爱,社会影响很大。萧红也因此成为20世纪30年代中国文坛知名的女作家,从而确立了她在中国文学史上的地位。

《呼兰河传》是萧红后期的代表作,也是萧红一生中最重要的作品。这是作者在现实生活陷入极度困惑和迷茫时,企图以对童年生活的回忆唤回一缕情感和精神上的希冀与慰藉。所以作者刻意采用一种回忆性的温馨浪漫的语调,童稚化的烂漫天真的视角,展开了故乡呼兰河城充满诗情画意的风土人情。因为作者感情的强力贯注,这其中的人和事与《生死场》中判若两样。虽然作者对故土民众的生活方式和态度仍不乏批判的意识,但都显得漫不经心和微不足道。同时,孤僻"自闭"的影子也映在了童年的自我身上,却远没有所曾享有的生活的温馨安稳来得沁人肺腑。

萧红的《呼兰河传》乃至她后期的全部创作由于偏离了左翼文学政治化的轨道,义无反顾地走上了个人性、自我化之路。这在左翼阵营中招致批评和非议就不足为怪的。但正如茅盾所说,与她在"情调"、"思想"上的缺失相对应的,是她在艺术上的巨大成功。当然,这也不是纯艺术的技巧化的成功,而是一种源于作者短促生命和凄美个性的悲剧性的成功。

这就说明，政治理想的贯注和技巧性的锤炼之外，真正艺术的成功在于生命的投入与付出。

在中国现代小说史上，从《生死场》到《呼兰河传》孕育并造就了一种萧红式的独特的小说文体。这种小说文体的发展道路就是"中国现代小说的散文化"。其意义在于"从一个方面实现了文学史的衔接、承续，在审美意识上沟通了现代文学与传统文学"。更准确地说，是把传统文学中最高雅的部分——诗和"文"（散文），与现代文学中已经代替了诗而成为主体的部分——小说，实现了新的"对接"。正是这一"对接"造就了现代文学中最具生命力的内容。

萧红故居

评誉　鲁迅说萧红"是我们女作家中最有希望的一位，她很可能取丁玲的地位而代之，就像丁玲取代冰心一样"。对于《生死场》，鲁迅赞之为"北方人民对于生的坚强，对于死的挣扎，却往往已经力透纸背；女性作者的细致的观察和越轨的笔致，又增加了不少明丽和鲜艳……"。

胡风给《生死场》做的后记中也对该书提出了批评，可是全文中也有极高的赞扬："在我们已有的农民文学里面似乎还没有见过这样动人的诗篇……在女作家里面不能不说是创见了。"1981年，萧红诞辰七十周年的除夕，晚年的胡风写了《悼萧红》一文。提及当年的批评，他说："当时这样写，并不是苛求，因为她有能力克服这些弱点和短处的。"

茅盾评价萧红是"中国最有前途的女作家"。

柳亚子评价萧红是"掀天之意气，盖世之才华"。

吕碧城："近三百年来最后一位女词人"

传略　　吕碧城（1884—1943），一名兰清，字遁夫，号明因、宝莲居士，安徽旌德县人。中国第一位报纸女编辑，女权运动首倡者。诗词创作文采斐然，被称为"近三百年来最后一位女词人"。

吕家有姐妹四人，吕碧城排行老三。她和她的姐姐吕惠如、吕美荪都以诗文闻名于世，号称"淮南三吕，天下知名"。20世纪初中国文坛、女界以至整个社交界，曾有过"绛帷独拥人争羡，到处咸推吕碧城"的一大景观。

吕碧城

吕碧城的父亲吕凤岐乃光绪三年丁丑科进士及第，曾任国史馆协修、玉牒纂修、山西学政等。家有藏书三万卷，诗书自可娱人。书香之家的熏陶，使吕碧城聪颖而早慧："自幼即有才藻名，工诗文，善丹青，能治印，并娴音律，词尤著名于世，每有词作问世，远近争相传诵。"她的诗词创作，有着极高的天赋和才华，是辛亥革命前后著名的文学团体——南社的重要成员，在她12岁时，诗词书画的造诣已达到很高水准，当时有"才子"美称的樊增祥读了吕碧城的诗词，不禁拍案叫绝。当有人告诉他这只是一位12岁少女的作品时,他更是惊讶得不能相信。

作为《大公报》的第一位女编辑,吕碧城享誉20世纪初的京津地区。作为女权运动的领导者,她连续撰写鼓吹女子解放与宣传女子教育的文章,如《论提倡女学之宗旨》、《敬告中国女同胞》、《兴女权贵有坚忍之志》等,引起了强烈的反响,也因此在文坛崭露头角,声誉鹊起。她在诗文中流露的刚直率真的性情以及横刀立马的气概,深为时人尤其新女性们所向往和倾慕。

终生未婚,曾自述自己的情感感悟:"生平可称心的男人不多,梁启超早有家室,汪精卫太年轻,汪荣宝人不错,也已结婚,张謇曾给我介绍过诸宗元,但年届不惑,须眉皆白,也太不般配。"

1943年1月24日在香港九龙孤独辞世,享年61岁。遗命不留尸骨,火化成灰后将骨灰和面为丸,投于南中国海。

家世 在20世纪初的民国,活跃着两位特立卓异的女性,她们号称民国时期的"女子双侠"。其中一位是悲歌慷慨、舍生取义的秋瑾,另一位就是中国第一位女报人、中国女权运动的首倡者、中国女子教育的先驱吕碧城。

吕碧城的父亲吕凤岐在山西学政任上时,正值晚清四大名臣之一的张之洞担任山西巡抚。1884年,两人在山西太原共同筹划创办了著名的令德书院(山西大学的前身之一),"其后通省人才多出于此"。令德书院初以教授经史、考据、词卷为主,至戊戌变法期间,又增设政治事务、农工物产、地理兵事、天算博艺四门功课,由学生任选其一。

也正是在此时,吕凤岐与任令德书院协讲的杨深秀结下情谊。吕凤岐藏有杨深秀赠他的一幅山水画作,在吕碧城年幼时,他常常将此画拿出来,让吕碧城临摹习学,可见在当时,他对于杨深秀的胸怀品格就深为敬佩。而事实也证明了他的识人之准。1898年,戊戌变法失败后,时任山东道监察御史、立志以"澄清天下为己任"的杨深秀挺身而出，上书质问光绪被囚原因，要求西太后慈禧归政，因而遇害。吕碧城后来曾有《二郎神》纪念这位先贤："齐纨乍展，似碧血，画中曾污。叹国命维新，物穷思变，筚路艰辛初步。凤钗金轮今何在？但废苑斜阳禾黍。矜尺幅旧藏。渊渟岳峙，共存千古。"吕凤岐国学深厚，同时又不因循守旧，思想开明。父亲的识见和胸襟，对吕碧城深有影响，使得她从小就拥有了不同于一般人的志向和眼界。

吕碧城是吕凤岐续弦严氏所生四女中的老三。严氏生于书香门第，能诗会文，秉承家教，亲自课女，又兼吕凤岐藏书甚巨，有三万卷之多，可以说，吕家姊妹自幼即耳濡目染于书香之中。

1885年，吕凤岐不满朝政日益腐败，又兼个性耿直，难以见容于官场，遂辞官还乡，定居于安徽六安。在这里，吕碧城度过了一段幸福平静的童年时光。吕氏姐妹个个聪颖早慧，其中尤以吕碧城为最。在她5岁时，一次在花园中，父亲见风拂杨柳，便随口吟了一句上联"春风吹杨柳"，谁知话音刚落，年幼的碧城即脱口而出接道"秋雨打梧桐"，令吕凤岐大为惊讶。7岁时，吕碧城已经能作大幅山水。时人赞她："自幼即有才藻名，工诗文，善丹青，能治印，并娴音律，词尤著称于世，每有词作问世，远近争相传诵。"12岁时，吕碧城的一首词作，被与父亲同年中进士、有着"才子"和"诗论大家"美誉的樊增祥读到："绿蚁浮春，玉龙回雪，谁识隐娘微旨？夜雨谈兵，春风说剑，冲天美人虹起。把无限时恨，都消樽里。君知未？是天生粉荆脂聂，试凌波微步寒生易水。漫把木兰花，错认作等闲红紫。辽海功名，恨不到青闺儿女，剩一腔豪兴，写入丹青闲寄。"当听说这样一阕豪气冲天、壮怀激烈的词作竟然出自一位稚龄弱女之手时，樊增祥惊讶得半天说不出话来。他后来有诗赞碧城曰："侠骨柔肠只自怜，春寒写遍衍波笺。十三娘与无双女，知是诗仙与剑仙？"

1895年11月，吕凤岐意外病逝，严氏母女还没有从丧夫丧父的悲痛中舒缓过来，便又突然遭遇飞来横祸。因为女子在当时的宗法制度下没有继承权,而吕凤岐原配蒋氏生的两个儿子又在几年前先后夭亡,族人以吕凤岐没有子嗣为由,打上门来,想要霸取财产,甚至将严氏母女幽禁起来。在族人的威逼下,严氏最后只得献出所有,然后带着三个孩子回到娘家,这时,严氏的长女惠如已经出嫁。吕碧城的二姐吕美荪后来有诗描写当年离家的惨状:"覆巢毁卵去乡里,相携痛哭长河滨。途穷日暮空踯躅,朔风谁怜吹葛巾。"

在此之前,吕碧城早就经父母做主,许配给同乡的汪家。听闻吕氏家变,汪家不但没有出手相助,反而提出了退婚。按照当时的风俗,女孩一旦订婚,便相当于有了人家,中途被退婚,只有在女方发生了极不光彩的事情的情况下才能发生,是件令人名誉扫地的事情。

接连发生的剧变,对年幼的吕碧城来说,是个不小的刺激,使她对世途之凶险、人心之险恶有了初步的认识,也更加树立了自强自立的信念。后来她有《感怀》诗二首,追忆当年的不幸,并抒发自己不畏苦难的心志:"燕子飘零桂栋摧,乌衣门巷剧堪哀。登临试望乡关道,一片斜阳惨不开。荆枝椿树两凋伤,回首家园总断肠。剩有幽兰霜雪里,不因清苦减芬芳。"

作为一个弱质女流,严氏无法对抗当时的宗法社会,保护丈夫的遗产,给自己和女儿一方庇护,但她此后的选择,却显示出了过人的见识和眼光。当时洋务运动兴起,各地先后建立了一些新式学堂,1895年以后,随着"北洋大学堂"(今天津大学前身)和"京师大学堂"(今北京大学前身)的设立,现代新式教育已成不可阻挡之势。严氏虽处深闺,却敏锐地感觉到时代的变化,决定不让女儿们碌碌无为,走嫁人生子、老死乡间的老路,而要送她们出去接受新式教育,拥有不一样的人生,于是她让吕碧城投奔在天津塘沽任盐课司使的舅父严朗轩。虽然对于一个敏感多才且有个性的少女来说,寄人篱下的生活必定充满了痛苦,但也由此,吕碧城得以接受了较好的教育,国学根底更见深厚,而且由于父母开明思想的影响,以及自己早年亲身经历的创痛,更使她对于新学不但不排斥,还深有好感,颇下了一番苦功。

在此期间，吕家又发生了一件不幸的大事。在吕碧城和大姐、二姐先后走出家门之后，来安只剩下母亲严氏和最小的妹妹坤秀两个人。有亲戚对她们就食于娘家感到不满，1902年，竟唆使匪徒将二人劫持，为免受辱，母女二人只好服下毒药。在大姐惠如的请求下，时任江宁布政使的樊增祥星夜飞檄邻省，隔江遣兵营救。幸亏救兵赶到得及时，才将母女二人救活。

这在吕碧城的心灵上又留下一道深深的伤痕，不过和童年时期不同的是，在经历了戊戌变法、庚子事变等一系列家国巨变后，这个敏感早慧的少女已经将自己的眼光由家庭渐渐转向了更加广阔的社会，去探寻诸多悲剧形成背后的更深刻的原因。在《老马》一诗中，吕碧城借一匹被驱赶着拉盐车的千里驹，写出了自己虽被现实环境所拘缚，但却志在千里的雄心。

盐车独困感难禁，齿长空怜岁月侵。

石径行来蹄响暗，沙滩眠罢水痕深。

自知谁市千金骨，终觉难消万里心。

回忆一鞭红雨外，骄嘶直入杏花阴。

文华

戊戌变法之后，维新思想狂飙突进，因不满闺中书艺墨魂、粉黛丝竹的生活，20岁的吕碧城于1903年有意到天津"探访女学"。外甥女要入新学，遭到守旧的舅父的严词骂阻，说女孩家应在家中"恪守妇道"，引起吕碧城的极大激愤，她第二天便逃出了家门，踏上开往天津的火车。而当离家出走时的激愤、兴奋渐渐地消退，吕碧城第一个意识到的就是这个现实问题：她两手空空，身无分文，连买车票的钱都没有。就在她苦想无计的时候，通过和车上乘客的谈话，她意外地结识了一位贵人天津佛照楼旅馆的老板娘。这位好心的女人非常同情吕碧城的遭遇，不仅为她补上车票，抵达天津之后，还将暂时无处可去的吕碧城带到自己家中安顿下来。知道这样下去不是长久之计，吕碧城经过打听，得知方太太就住在天津《大公报》报馆中，于是提笔给她写了封长信。无巧不成书，这封信恰被《大公报》总经理英敛之看到，一读之下，不禁对吕碧城的文采倍加称许，又兼得知吕碧城就是自己早先认识的才女吕美荪之妹，便欣然前往佛照楼探望。两人相见后，言谈甚欢，英敛之对吕碧城的才华胆识甚是赞赏，当即约定聘请她担任《大公报》见习编辑，让她搬到报馆居住。吕碧城因祸得福，到天津"新学"没有上成，却自此成为我国新闻史上第一个女编辑，并开始走上独立自主的人生之路。

不久，吕碧城在《大公报》上发表了一系列格律严谨、文采斐然的诗词作品，因其迥异于一般女性的开阔视野和胸襟，赢得了一片赞誉之声，当时名流纷纷唱和，并登门造访。1904年至1908年，吕碧城成为《大公报》的主笔，她的锦绣文章频频面世。她的两个姐姐吕惠如、吕美荪和她一样，均以诗文闻名于世，号称"淮南三吕，天下知名"。《大公报》编辑出版了《吕氏姊妹诗词集》，并发表评论，称她们是"硕果辰星"式的人物。

育才 做《大公报》主笔期间，吕碧城借助这一舆论阵地，积极为她的兴女权、倡导妇女解放等主张发表了大量诗文。作为妇女思想解放的先行者，她认为，要想实现女性的真正独立，必须"启发民智"，极大提高女性人群的思想文化素质。因此，兴办新式女学成为她实践自己理想的奋斗目标。于是，吕碧城发表了多篇言论，宣扬兴办女学的必要性和重要性。她把兴办女学提到关系国家兴亡的高度，以此冲击积淀千年的"女子无才便是德"的陈腐观念。

为了帮助吕碧城兴办女学，《大公报》总经理兼总编辑英敛之介绍她与社会名流严复、严范荪、傅增湘等相识，以求支持。《天演论》译者、著名思想家、教育家严复当时执教于天津水师学堂，并任该校总教习、总办（校长），与英敛之过从甚密，曾为其手书《大公报》报名。他也早闻吕碧城大名，对她十分赏识，不仅收她为女弟子，悉心教授逻辑学原理，师生互致诗词唱和，还向总督袁世凯鼎力推荐吕碧城，说她是兴办女学的最佳人选。于是袁世凯欣然同意,让她协助戊戌科进士、直隶提学使傅增湘筹办女学。在天津道尹唐绍仪等官吏的拨款赞助下,女学筹办进展顺利。1904年11月17日,北洋女子公学正式成立并开学,吕碧城出任总教习(教务长),傅增湘为监督(校长)。两年后添设师范科,更名为北洋女子师范学堂,时年23岁的吕碧城升任监督(校长)。这样年轻的女校长,当时在全国也是绝无仅有。

在这方校园的净土上,吕碧城为推广新式女子教育不遗余力。她一干就是七八年,既负责行政又亲自任课,把中国的传统美德与西方的民主、自由思想结合起来,将中国国学与西方的自然科学结合起来,使北洋女子学府成为中国现代女性文明的发源地之一。许多在此学习的女生后来都成为中国杰出的革命家、教育家、艺术家,如邓颖超、刘清扬、许广平、郭隆真、周道如(曾是袁世凯敬重的家庭教师)等,她们都曾亲聆过吕碧城授课。在沉寂的中国大地上,吕碧城为女性的整体觉醒播下了一粒粒希望的种子。

榜样的力量是无穷的。在吕碧城影响下,吕氏姐妹皆从事女子教育,并成就斐然。大姐吕惠如担任南京两江女子师范学校校长,二姐吕美荪担任奉天女子师范学校校长,妹妹吕坤秀在厦门女子师范学校任教员,亦成为著名诗人和教育家。"旌德一门四才女"一说成为当时广为传诵的美谈,为时人所称羡。

恩怨 吕碧城在《大公报》工作期间,英敛之对于吕氏三姐妹都给予爱护与多方关爱,也都曾发生过不愉快的事情,但除了和碧城之外,同惠如、梅生的不睦,不仅极其偶然,而且时间短暂。至于与吕碧城,从英敛之日记可见,一方面英氏感情极其丰富而又容易冲动,另一方面吕氏则性格极强而又特立独行,这两种相异

英敛之

的性情，决定了他们之间的处事原则及其行为，以至于后来不断发生矛盾，实在是预料中的和不可避免的事。为此，吕碧城与傅增湘夫妇、与英敛之，常不相投，常有极不愉快的时候。不过英敛之即使对吕碧城在一些事情上有其不满，但是在该帮助的重要事情上，英氏照样毫不惜力地尽心尽力。这从两件事上看得最明显：

其一，在乙巳年（1905年）二月间，英敛之虽然对吕碧城已有所不满，但是仍然筹编《吕氏三姊妹集》。在3月1日天津《大公报》千号纪念日，刊出了《吕氏三姊妹》的序跋各一篇，序中详述英氏同吕氏三姐妹的交往经过，高度评价吕氏三姐妹的诗词，极力推崇她们的高风亮节，认为"碧城能辟新理想，思破归锢蔽，欲拯二万万女同胞，复其完全独立自由人格"。"梅生性豪爽，有古侠士风，言吐慷慨，气度光昌。素不屑弄事词翰；然落笔清灵，极挥洒之致，亦颇与乃姊乃妹并驾齐驱，各树一帜，何天地灵淑之气独钟于吕氏一门乎？"

其二，英敛之还在《吕氏三姊妹集》序中说："予久蓄兴女学之志，惟苦于师范无人。得此天假之便，乃奔走组织，获诸君子力，为天津公立女学堂。"吕碧城在天津创办官立女学堂，可以说是英氏集合了众多朋友们的力量助她成功的。然而吕碧城与英敛之友谊之裂痕，恰从女学的事权争执上而产生。

同时，吕氏姐妹之间也时有分歧与争执，英氏和梅生的友谊或恋情，在某种程度上说比对碧城还更深切些；后来梅生在事前不让英氏知情的情况下结婚，这其中定有不能互谅的隐情存在。但是，最后终于绝交的仅碧城一人而已，这正是她一生难于自解的一个难题。她最后所以皈依佛法，独身以逝，恐怕也正是这个原因。这位志高而倔强的奇女，以独身主义终其一生，成为她必然的结局。

从现存英敛之1907年阴历九月十三日日记所记看，英、吕二人绝交的直接原因是："碧城因《大公报》白话，登有劝女教习，不当妖艳招摇一段，疑为讥彼。旋有津报登有驳文，强词夺理，极为可笑。数日后，彼来信，洋洋千言分辩，予乃答书，亦千余言。此后遂不来馆。"就这样，二人分道扬镳了。当然，他们最终的分歧，还在于信仰上的不同，一个是虔诚的天主教徒，另一个却执著地走向了佛门。尽管英敛之曾苦口婆心，而吕碧城却始终"沉哀凝怨"，所维系的不过是一段"道义交情"罢了。由此也可见东西文化在俩人关系上的深层矛盾及其纠葛因素。

疾呼　　在《大公报》期间，吕碧城连续撰写多篇倡导女子解放与宣传女子教育的文章，如《论提倡女学之宗旨》、《敬告中国女同胞》、《兴女权贵有坚忍之志》、《论中国当以遍兴蒙学女学为先务》等。

在这些文章中，吕碧城指出，"民者，国之本也；女者，家之本也。凡人娶妇以成家，即积家以成国"，"有贤女而后有贤母，有贤母而后有贤子，古之魁儒俊彦受赐于母教"，"儿童教育之入手，必以母教为根基"，"中国自嬴秦立专制之政，行愚民黔首之术，但以民为供其奴隶之用，孰知竟造成萎靡不振之国，转而受异族之压制，且至国事岌岌存亡莫保……而男之于女也，复行专制之权、愚弱之术，但以女为供其玩弄之具，其家道之不克振兴也可知矣。夫君之于民、男之于女，有如辅车唇齿之相依。君之愚弱其民，即以自弱其国也。男之愚弱其女，即以自弱其家也"。同时吕碧城还指出，维护旧礼法之人闻听兴女学、倡女权、破夫纲之说，即视为洪水猛兽，其实是为误解，"殊不知女权之兴，归宿爱国，非释放于礼法之范围，实欲释放其幽囚束缚之虐奴；且非欲其势力胜过男子，实欲使平等自由，得与男子同趋文明教化之途；同习有用之学，同具刚毅之气……合完全之人，以成完全之家，合完全之家以成完全之国"。提倡女子教育，就是要通过新文化和新文明的洗礼，使旧礼教桎梏下的女子成为"对于国不失为完全之国民"、"对于家不失为完全之个人"的新女性，最终"使四百兆人合为一大群，合力以争于列强"。

吕碧城的这些观点在社会上一石激起千层浪，引起强烈反响，成为人们街头巷尾热议的话题。吕碧城由此在文坛崭露头角，声名鹊起，而其在诗词中所表现出的开阔视野和非凡气概，更是受到时人的广泛推重。

在1905年的《书怀》诗中，吕碧城写道：

> 眼看沧海竟成尘，寂锁荒陬百感频。
> 流俗待看除旧弊，深闺忧愿做新民。
> 江湖以外留余兴，脂粉丛中惜此身。
> 谁起平权倡独立？普天尺蠖待同伸。

此诗传唱一时，当时任袁世凯幕僚的沈祖宪、曾任清廷内史的缪素筠（又名缪姗如。云南昆明人，擅长书法、绘画，封三品女官。慈禧时常赏赐给大臣的字画，上面虽有"慈禧太后御笔之宝"的玺印，其实是出自缪素筠的代笔）等人纷纷唱和，缪素筠有诗云："雄辩高谈惊四筵，娥眉崛起一平权。会当屈蠖同伸日，我愿迟生五十年。"她还写诗赞吕碧城曰："飞将词坛冠众英，天生宿慧启文明。绛帷独拥人争羡，到处咸推吕碧城。"

1908年，光绪与慈禧先后驾崩，清朝遗老遗少们为之惶惶不安，仿佛慈禧一死，国家就失去了主心骨，有人甚至将慈禧的画像挂到万寿山排云殿里，希望得到她的保佑。这时，吕碧城却填了一阕《百字令》：

> 排云深处，写婵娟一幅，翠衣轻羽，禁得兴亡千古恨，剑样英英眉。屏蔽边疆，京垓金币，纤手轻输去，游魂地下，羞逢汉雉唐鹉。

文中大意，慈禧在主持朝政的近半个世纪中，把国家搞得一塌糊涂，边疆大片领土、国库中大把银钱，全都送给西洋诸国，她到阴曹地府后，哪有脸面去见汉朝的吕后与唐朝的武则天？文边还配有作者手绘慈禧画像，亦是丑态可掬。题咏在慈禧的画像旁，登于报上，此时正值大清帝国摇摇欲坠之际，这篇不到百字的小文，如同滴落油锅中的火星，炸起了一片喧嚣。时任直隶总督的袁世凯甚至动了杀心，吕碧城闻讯，不得不离开报馆，前往欧美游历。

同道

1904年6月10日，借住在英敛之家中的吕碧城正在看书，门房举着一张名片进来禀报说："来了一位梳头的爷们儿。"吕碧城接过名片一看，上书"秋闺瑾"三字。等到门房将此人引进来之后，吕碧城但见来客身着长袍马褂，一副男人的装扮，头上却梳着女人的发髻，长身玉立，目光炯炯，英气勃发，气度非凡，一看就不是寻常之辈。此人就是后来号"鉴湖女侠"的秋瑾，当时正准备留学日本。秋瑾亦曾以"碧城"为号，因此许多人经常将吕碧城的诗词误为秋瑾之作，而秋瑾读吕碧城的作品，亦曾有引为同调之感，所以此次留日之前，特来登门拜访。

吕碧城和秋瑾交谈之下，不禁都有相见恨晚之感。当晚，吕碧城即将秋瑾留宿在自己的住所内，彻夜长谈，同榻而眠。对于国家的积弱凋敝、政府的腐败无能、民族的危机忧患，两人在观点上可谓一拍即合，但在具体做法上，却各有选择。秋瑾试图劝说吕碧城跟她一起东渡扶桑，筹划革命。可是吕碧城自称是个世界主义者，虽然同情革命派，但并没有政治上的企图，相反，她更愿意从教育入手，启迪民智，转移社会风气，以为将来济世救民作准备。

次日清晨，迷蒙中醒来的吕碧城一张开眼，不由大吃一惊，首先映入眼帘的是一双男子的黑缎皂靴。再抬头一看，只见秋瑾正坐在床边的梳妆台前对镜扑粉。吕碧城这才想起昨日之事，不由莞尔一笑。

吕碧城和秋瑾的此番相会不足四天，却一见如故。二人约定，秋瑾去日本从事革命事业，吕碧城则在国内倡导舆论，遥相呼应。秋瑾还慨然取消其"碧城"之号，让与吕碧城专用，成就了两位卓异女性间的一段因缘佳话。

1907年7月15日，秋瑾在绍兴遇难。吕碧城用英文写就《革命女侠秋瑾传》，发表在美国纽约、芝加哥等地的报纸上，引起颇大反响，一度也使自己陷于险境。

1916年秋，秋瑾遇害近十年后，吕碧城与友人袁克文、费树蔚等同游杭州，途经西泠桥畔的秋女侠祠，回想旧事，感而赋诗云：

松篁交籁和鸣泉，合向仙源泛舸眠。

负郭有山皆见寺，绕堤无水不生莲。

残钟断鼓今何世，翠羽明珰又一天。

尘劫未销惭后死，俊游愁过墓门前。

独身　其时，各种聚会上常常会出现吕碧城的丽影芳踪，一时成为京津地区的一道奇特景观，人们对这个有思想的美女加才女刮目相看。当时各界名流纷纷追捧吕碧城，如著名诗人樊增祥、易实甫，袁世凯之子袁寒云、李鸿章之子李经羲等，用吕碧城自己的话说："由是京津闻名来访者踵相接，与督署诸幕僚诗词唱和无虚日。"

令人不解的是，吕碧城虽姿容优雅却终身未婚。有人说，这是因为她早年被人退婚而留下阴影所致，但这只是一部分原因。事实上，后来与之交往过的社会名士不乏其人，如英敛之、杨志云等均与其有过感情纠葛，严复、张謇都为她的婚事操过心，但吕碧城却宁愿独身终老而不曾踏入婚姻的大门。

当时追求吕碧城的人很多，据说吕碧城的眼光也非常高，只看上了梁启超与汪精卫，但她又嫌梁启超年纪太大（比吕碧城大9岁），汪精卫年纪太小（与吕碧城同岁）。另外，根据近代天主教史学家方豪先生考证，《大公报》主编英敛之十分爱慕吕碧城，甚至引起了英夫人的误会。史学家梁元生先生也在英氏日记中发现了英敛之写给吕碧城的词："稽首慈云，洗心法水，乞发慈悲一声。秋水伊人，春风香草，悱恻风情惯写，但无限悃款意，总托诗篇泻。"确实情意绵绵，流露着一片深情。

吕碧城是这样与友人说起她的情感感悟的：生平可称心的男人不多，梁启超早有家室，汪精卫太年轻，汪荣宝人不错，也已结婚，张謇曾给我介绍过诸宗元，但年届不惑，须眉皆白，也太不般配。我的目的不在钱多少和门第如何，而在于文学上的地位，因此难得合适的伴侣，东不成、西不就，有失机缘。幸而手头略有积蓄，不愁衣食，只有以文学自娱了。

皈依

民国成立后，袁世凯窃取辛亥革命的果实，任大总统，吕碧城进入新华宫担任大总统的公府机要秘书。后袁世凯欲称帝，筹安会的一批人积极充当袁世凯帝制复辟的吹鼓手。吕碧城不屑袁世凯及其追随者之所为，毅然辞职，携母移居上海。她与外商合办贸易，仅两三年间，就积聚起可观财富，成为富甲一方的女商人。

1918年，吕碧城前往美国就读哥伦比亚大学，攻读文学与美术，兼上海《时报》特约记者，将她看到的美国之种种情形发回中国，让中国人与她一起看世界。四年后学成归国。1926年，吕碧城再度只身出国，漫游欧美，此次走的时间更长，达7年之久。她将自己的见闻写成《欧美漫游录》（又名《鸿雪因缘》），先后连载于北京《顺天时报》和上海《半月》杂志。

吕碧城终身未婚，后逐渐开始对宗教发生兴趣。民国初年，吕碧城在北京见过天台宗高僧谛闲，若有所悟。不过吕碧城真正开始信佛，根据她自己的记叙，是在1929年前后。当时吕碧城旅居英国伦敦，友人孙夫人偶然在街头"捡得印光法师之传单，及聂云台君之佛学小册"，孙夫人对此不屑一顾："当这时代，谁还要信这东西！"但吕碧城立刻说："我要！""遂取而藏之，遵印光法师之教，每晨持诵弥尊圣号十声，即所谓十念法。此为学佛之始。"

吕碧城信佛后，守五戒，茹素，不再肉食，而且大力宣传动物保护。1929年，她接受国际保护动物会的邀请，代表中国出席国际保护动物会在维也纳召开的会议，大力提倡素食，"护生戒杀"。1930年，吕碧城正式皈依三宝，成为在家居士，法名曼智。

1939年，第二次世界大战爆发，欧洲的硝烟比中国更浓。吕碧城由瑞士返回香港，先是住在香港山光道自购的一所房子中，后搬入东莲觉苑。1943年1月24日在香港九龙孤独辞世，享年61岁。遗命不留尸骨，火化成灰后将骨灰和面为丸，投于南中国海。

逸事　吕碧城特别喜欢小动物,她曾养有一对芙蓉鸟,每日亲自喂食,还养了一条狗。一次,狗被一个洋人的汽车碾伤,吕碧城随即聘请律师和那个洋人交涉,并送她的爱犬去兽医院,等到狗的伤完全好之后,事情才告了解。上海一位报人叫平襟亚,从中得到启发,以此为素材,写了一篇名为《李红郊与犬》的文章刊登于《笑报》上,其中女主角行为落拓怪异。吕碧城读后,认为自己被影射,侮辱到了她的人格,于是诉之于租界法庭。该作者知道吕碧城与英国领事馆的人相交深厚,闻讯赶紧躲到苏州。吕碧城寻不到他的踪迹,便将他的照片寄往沪上各家报馆,要求自费刊登大幅广告,通缉平襟亚。但各报均未答应。于是吕碧城又到处放风:"如得其人,当以所藏慈禧太后亲笔所绘花卉立幅以酬。"吓得平襟亚终日足不敢出户,为消烦解闷,撰写长篇小说《人海潮》,半年脱稿,一经发表,轰动一时,平襟亚由此一举奠定了自己在文坛的地位,亦堪称一段逸事趣话。

张爱玲说,"中国人不太赞成太触目的女人",早在爱玲出世前半世纪,在"万马齐喑究可哀"的清朝,却有一位才女高调彩衣大触世目。她便是吕碧城。

吕碧城喜欢穿绣有大幅孔雀的薄纱舞衫。苏雪林曾供奉一张吕碧城照片——吕着黑色薄纱的舞衫,胸前及腰以下绣孔雀翎,头上插翠羽数枝,美艳有如仙子。

孔雀,羽衣华美,是"百鸟之王"、"鸟中皇后",吉祥、善良、美丽、华贵,一般女子,见之情怯。而吕碧城,却喜着孔雀装的彩衣。孔雀,契合了她的心性,是她的服饰语言。在历代文学史上,没有哪一个才女像吕碧城这样高调。孔雀衣,穿出了吕碧城飞扬的才气与雍容。

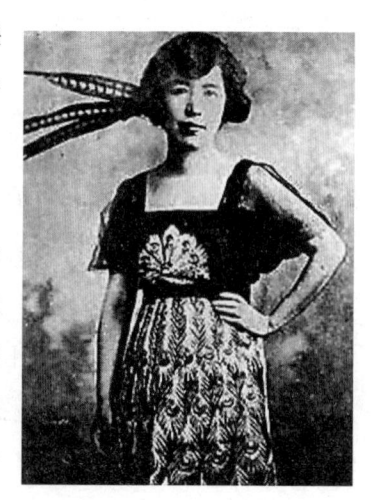

着孔雀装的吕碧城

名词

《琼楼》

琼楼秋思入高寒,看尽苍冥意已阑;
棋罢忘言谁胜负,梦余无迹认悲欢。
金轮转劫知难尽,碧海量愁未觉宽;
欲拟骚词赋天问,万灵凄恻绕吟坛。

《江城梅花引》

寒霞扶梦下苍穹。怨东风,问东风。底时朱唇,催点费天工。已是春痕嫌太艳,还织就,花一枝,波一重。一重一重摇远空。波影红,花影融。数也数也数不尽,密朵繁丛。恼煞吟魂,颠倒粉园中。谁放蜂儿逃色界?花历乱,水凄迷,无路通。

《清平乐》

冷红吟遍,梦绕芙蓉苑。银汉恹恹清更浅,风动云华微卷。水边处处珠帘,月明时按歌弦。不是一声孤雁,秋声哪到人间。

《长相思》

枫叶红,柿叶红,红尽江南树几丛,离人泪染浓。
山重重,水重重,水复山重恨不通,梦魂飞绕中。

《南乡子》

雨过涨留痕,新水如云绿到门。几处小桃开泛了,前村,寒食东风别有春。

重读断碑文,宿草多封旧雨坟。蝴蝶一双飞更去,春魂,知是谁家坏绿裙。

《浪淘沙》

寒意透云帱,宝篆烟浮。夜深听雨小红楼。姹紫嫣红零落否?人替花愁。

临远怕凝眸,离思难收。一身多病苦淹留。来日送春兼送别,花替人愁。

《踏莎行》

水绕孤村,树明残照,荒凉古道秋风早。今宵何处驻征鞍?一鞭遥指青山小。

漠漠长空,离离衰草,欲黄重绿情难了。韶华有限恨无穷,人生暗向愁中老。

《一剪梅》

一抹春痕梦里收,草长莺飞,柳细波柔。珠帘十里荡银钩,筝语东风,那处红楼。

别有前程忆旧游,几日韶华,赋笔生愁。长安云物恋残秋,铃语西风,那处红兜。

杨荫榆：被"风潮"掩蔽的抗日女杰

传略 杨荫榆（1884—1938），江苏无锡人。中国第一位女性大学校长。因反抗日军的暴行，被日军杀害。

1903年在其兄杨荫杭创办的锡金公学就读，学习近代数理知识，是为开男女同校的风气之先。后至苏州景海女学堂读书两年左右，又转学到上海务本女中，直至毕业。1907年江宁学务公所录取她官费留学日本。先入青山女子学院，后在东京女子高等师范学校理化博物科学习。1911年毕业回国后，受聘于江苏省立第二女子师范学校，担任教务主任，同时兼任生物解剖教师。1914年，出任国立女子高等师范学校学监。1918年赴美国哥伦比亚大学留学，获教育学硕士学位。1922年回国，一度在上海教书。1924年2月被北洋军阀政府教育部召至北京，被任命为国立女子师范大学校长。

任女师大校长期间，她竭力维护北洋政府的专制统治，受到北洋政府的赏识。但她在管理上施行封建家长的粗暴方式，限制学生思想和行动的自由，并依仗权势打击和排挤进步教师，导致1924年8月在北师大任教的鲁迅也退回了该校的聘书。1925年5月9日，杨荫榆假借评议会名义开除许广平、刘和珍、蒲振声、张平江、郑德音、姜伯谛等六个学生自治会员。1925年8月，北洋政府迫于社会舆论的压力，不得不撤走进驻女师大的武装警察，并批准了她的辞职，免去了她女师大校长的职务。

此后十多年，先后任中央大学区立民众教育院讲师、东吴大学日文兼教育学教授，执教于苏州女师和省立苏州中学。三十年代中期，她还创办了名为"二乐女子学术研究社"的私立学校。抗日战争爆发后，日军侵占苏州，侵华日军要她出任伪职，遭到她的严词拒绝。她面对侵华日军在苏州烧杀抢掠的暴行，曾几次到日军司令部提出抗议。有一天，几个被日军追逐的妇女逃至盘门新桥巷的杨荫榆家时，杨荫榆立即勇敢地站出来用日语同日军交涉，当众斥责日军的暴行，保护了这些中国妇女。凡此种种，刺激了日本侵略军，她成为了日军的眼中钉。1938年1月1日，两名日军以司令部传见为借口，把杨荫榆诱出家门，行至盘门外吴门桥，突然向她开枪，并把她抛入河中，因见她在河中晃动手臂，又开数枪将其射杀。次年，杨荫榆被安葬于苏州灵岩山绣谷公墓。

抗婚　　1901年，杨荫榆遵父母之命，与寓居在无锡的常州籍某蒋姓人家的少爷成亲。当初定亲的时候，其父母"只求门当户对，并不知对方的底细"（见杨绛《回忆我的姑母》，下同）。在新婚之夜，杨荫榆发现对方竟是个愚蠢无能之辈，和自己没有半点共同语言。而且这位蒋少爷长得也极丑，据杨荫杭形容，"那位少爷老嘻着嘴，露出一颗颗紫红的牙肉，嘴角流着哈喇子"。面对这样一桩荒唐的婚姻，性格倔强而有主见的杨荫榆以那个时代大家闺秀所罕有的勇气进行了大胆而彻底的抗争，在当时的无锡城掀起了一场不大不小的风波：

"新婚之夜她撕破了新郎的脸，第二天一早就毅然返回家中。结果婆婆亲自上门来接，三姑母对婆婆有几分惧怕，就躲在我母亲的大床帐子后面。那位婆婆不客气，竟闯入我母亲的卧房，把三姑母揪出来。逼到这个地步，三姑母不再示弱，索性撕破了脸，声明她怎么也不再回蒋家。她从此就和夫家断绝了。"

对杨荫榆这段极为短暂的婚姻，杨绛写下这样一段文字：

"我母亲曾说：'三伯伯（无锡方言：姑母）其实是贤妻良母。'我父亲只说：'申官（杨荫榆的乳名）如果嫁了一个好丈夫，她是个贤妻良母。'我觉得父亲下面半句话没说出来。她脱离蒋家的时候还很年轻，尽可以再嫁人。可是据我所见，她挣脱了封建家庭的桎梏，就不屑做什么贤妻良母。她好像忘了自己是女人，对恋爱和结婚全不在念。她跳出家庭，就一心投身社会，指望有所作为。"

由于杨荫榆的坚决态度，这桩封建包办婚姻终于告吹。而这时的杨荫榆只有18岁。从此以后，杨荫榆终生独居，再也没有结过婚。这桩荒唐的婚姻给了她很大的刺激，对她后来的人生产生了难以磨灭的影响。此后杨荫榆比一般女性更勇敢、自觉、超前，一心投身社会，希望有所作为。

求学

1902年，中国近代最早的学制《钦定学堂章程》公布，但章程上却未涉及女子教育。在仍然被所谓"女子无才便是德"的传统思维方式支配的中国社会中，女子的教育是不被重视的。但在鸦片战争以后，由于五口通商，西方的文华开始逐渐侵染中国，到1902年的时候，中国各地纷纷设立教会学校，人们已开始意识到教育的必要，然而吸收的学生大多为上流社会的女子。景海女学堂就是类似的教会学校之一，由美国监理会主办，校址设在苏州市内东南部、葑门附近的天赐庄。这所学校收取的费用很高，杨荫榆依靠兄长的帮助，进入该校学习两年。

之后，她转学到上海务本女中。这个务本女中原本是个私塾。1902年被命名为"务本女子学校"，与蔡元培在同年创办的"爱国女学"并驾齐驱，是一所为社会培养独立的新女性的私立女子学校。与杨荫榆同班的有章太炎夫人汤国梨。这个学校有学生150多人，在当时已经是具有相当规模的学校。1907年5月，杨荫榆毕业，后赴江苏省参加官费留学考试并顺利通过，7月启程去往日本。她先入青山女子学院，后在东京女子高等师范学校理化博物科学习。6年后的1913年，杨荫榆从日本毕业归国。

归国时的杨荫榆，日语水平很高，对日本的礼仪也极熟悉。毕业之际，她因成绩优秀受到校方嘉奖，奖品是一对不知是金的还是铜的别针。

1907年1月24日，即杨荫榆赴日本留学5个月前，清政府公布了《女子师范学堂章程》和《女子小学堂章程》。至此，被忽视长达几千年的女子教育终于建立了制度。当时由于列强侵略中国，一些开明人士认为，要培养优秀人才，改变落后的国家面貌，就必须对所有国民进行教育，几千年来不被重视的女性也不例外。但是当时女子教育的目标却与现代教育的精神背道而驰，清政府建立女学的最大目标是把女性培养成传统的贤良淑德的妻子。与以往的差别是，这些贤妻良母是具有现代知识的贤妻良母，她们不需要专门知识和深厚学问，能对子女进行良好的家庭教育就可以了。

回到国内后，杨荫榆就开始了她的教师生涯。1913年，她被聘为江苏省立第二女子师范学校（新苏师范前身）教务主任，教生物学课程。1914年，她到了北京，任国立女子高等师范学校（简称"女高师"）的学监兼讲习科主任。1918年，教育部首次选派教授赴欧美留学，她应选赴美，入哥伦比亚大学攻读教育专业。

在这一段教学经历中，她在校内有很高的威信，也得到同学们的拥戴。据许广平回忆："关于她的德政，零碎听来，就是办事认真、朴实，至于学识方面，并未听到过分的推许或攻击，论资格，总算够当校长的了。"

杨绛回忆当时杨荫榆赴美留学时她去车站送行的场景："那天我跟着大姐到火车站，看见三姑母有好些学生送行。其中有我的老师。一位老师和几个我不认识的大学生哭得抽抽噎噎，使我很惊奇。三姑母站在火车尽头一个小阳台似的地方，也只顾拭泪。火车叫了两声（汽笛声），慢慢开走。三姑母频频挥手，频频拭泪。月台上除了大哭的几人，很多人也在擦眼泪。"

这一切，正如杨绛所说："我现在回头看，那天也许是我三姑母平生最得意、最可骄傲的一天。她是出国求深造，学成归来，可以大有作为。而且她还有许多喜欢她的人为她依依惜别；据我母亲说，很多学生都送礼留念；那些礼物是三姑母多年来珍藏的纪念品。"

独断　1924年2月，杨荫榆受教育部委任，接替许寿裳任女高师的校长。同年，女高师改名为"国立女子师范大学"，杨荫榆成为中国近代教育史上第一位女大学校长。

杨荫榆是一位称职尽责的教师，但一名尽责称职的教师却未必能成为一名合格的校长。虽然杨荫榆在国外受过欧美先进思想的熏陶，但是她对中国的了解远远落后了。在成为女师大的校长之后，她的办学目标仍停留在戊戌变法时期把女子培养成贤妻良母式的人物这一水平上。经过辛亥革命，特别是五四运动洗礼的国人，尤其是学生，对专制、独裁与黑暗充满了厌恶和唾弃，对自由、民主充满了渴望。年轻学子们就像当年勇于退婚的杨荫榆一样，对社会的不公与黑暗充满了战斗的精神，他们勇于挑战权威，不怕压制。杨荫榆把从西方学来的那一套教育理论，不加甄别地运用到中国来，在当时政治黑暗、国家动荡不安的中国，是不可能行得通的。

留过洋、接受过先进教育思想，又当上校长的杨荫榆成为了时代的落伍者。她强调秩序、学风，强调学校犹如家庭，需要一个稳定的局面。她曾在一篇文章中宣称："窃念好教

女师大遗址

育为国民之母,本校则是国民之母之母。"所以被学生讽为"国民之母之母之婆"。她要求学生只管读书,不要过问政治活动,把学生的爱国行为一律斥为"学风不正",横加阻挠。在校务方面,作为女强人的她则免不了独断专行、处事不公。这样就必然激起公愤。

1924年秋季开学之际,由于南方水灾以及江浙战争的影响,部分学生回校耽误了一两个月的时间,没有按时报到。杨荫榆决定进行整顿校风。她在学生回来以后制定了一个校规,说凡是逾期返校的都要开除。但在处理具体学生时,她对逾期返校的部分学生作出退学处理,而对和自己关系较好的学生却手下留情,放过不问。此事在学校引起轩然大波,驱杨风潮由此爆发。

1925年1月,女师大学生自治会向杨荫榆递交了要她去职的宣言,并派代表前去教育部申述杨荫榆任校长以来的种种黑暗情况,请求教育部撤换校长。4月,章士钊以司法总长兼任教育总长之名义,强调"整顿学风",公开支持杨荫榆。5月7日,杨荫榆以"国耻纪念日"的名义举行演讲会,她作为主席登台,却被全场学生的嘘声赶走。5月9日,杨荫榆即借校评议会名义,开除刘和珍、许广平等6名学生自治会成员,"即令出校,以免害群"。并在给学生家长的信中说:"本校为全国女学师资策源之地,学风品性,尤宜注重。乃近年以来,首都教育,以受政潮影响,青年学子,遂多率意任情之举。习染既深,挽救匪易,本校比以整饬学纪,曾将少数害群分子,除其学籍,用昭惩儆……"

杨荫榆宣布开除6名学生学籍后,女师大学生会召开紧急会议,颁发致评议会的公开信,同时针锋相对宣布:校方关于开除的牌示"自归无效"。5月11日,女师大学生召开紧急大会,决定驱逐杨荫榆,并出版《驱杨运动特刊》。杨荫榆闻讯后,立即逃往女师大附属学校。这时,大家一致推举总干事许广平为代表,拿封条封闭校长办公室;还派人张贴布告,值班把守,不准杨荫榆进入校门。为了争取教员的支持,学生会印发了《女师大学生自治会恳请本校教员维持校务函》,并派人分头谒见各级主任和职员，请他们出面主持正义。5月27日，鲁迅、钱玄同等7人联名在《京报》上发表《对于北京女子师范大学风潮宣言》，表示坚决支持学生。

7月29日，杨荫榆借口暑假整修宿舍，叫来警察强迫学生搬出学校，被学生拒绝。7月31日，杨荫榆以学校名义向京师警察厅发出公函，请准于8月1日照派保安警察三四十名到校。8月1日，杨荫榆率领二十多个职员，在警察的武力支持下进入学校，勒令留在校内的学生即刻离校。杨荫榆宣布：解散大学预科甲乙两部，国文系三年级和教育预科一年级，所有住校学生立即离校。刘和珍、许广平、郑德音等率领学生，坚决反抗。杨荫榆指使警察强行驱逐学生，但他们仍不屈服。各校学生会代表闻讯前来慰问，杨荫榆见此情势立即逃离现场，但是警戒线一直没有解除。8月2日，杨荫榆下令女师大全体职员工友离校，在太平湖饭店和首善公寓集合，致使学校处于瘫痪状态，甚至厨房断炊，学生只得靠各校支援来的食品充饥。8月3日，杨荫榆在报上发表《致各界声明书》，把女师大发生纠纷的责任推到学生身上。

事情闹到这个地步，杨荫榆只有辞职一条路可走了，于是她向教育部提出辞职。并在8月4日的《晨报》上发表了辞职感言："荫榆置身教育界，始终以培植人材恪尽职守为素志，在各校任职先后将近十年，服务情形，为国人所共鉴。去年三月，蒙教育部之敦促，承乏斯校。任职以来，对于校务进行，必与诸同人协议熟商，对于学生品性学业，务求注重实际。惟荫榆秉性刚直，不善阿附，有时处理事物，自问过于认真，容有不见谅与人者，但即受国家委以重任，矢志以尽力女子教育为职责。毁之劳怨，所不敢辞，至于个人进退。原属无足轻重，所以勉力维持至于今日者，非贪恋个人之地位，为彻底整饬学风计也（按本校近七年来每年皆有风潮）。"

8月6日，段祺瑞政府决定停办女师大。8月7日，由鲁迅参加的校务维持会成立，决议：一、拒绝解散令；二、驱逐章、杨；三、请社会上热心教育人士，共起维持。

8月8日，教育总长章士钊批准了杨荫榆的辞职，免去了她女师大校长的职务。教育部的免职公文上列举了杨荫榆的9条罪状：一、以教务会评议会之籍便私图，则废弃各级主任，而滥用员司；二、以学校经费之充饱私囊，则违幸征收，而剥削寒酸；三、硕学宿儒，以弄己而排斥之；四、朽木樗栎，以私谊竞登庸焉；五、学生以爱憎为优劣；六、市恩而代缴学费，利诱学生；七、其尤倒行逆施者，则舞弊营私，破格收生；八、溺职虚应，徒事敷衍；九、头脑冬烘，居心残酷。

牺牲

杨荫榆的校长生涯惨淡收场，但在她短暂的一生中，还是有许多令人钦佩的情节。除了早年大胆反抗封建包办婚姻、终生致力于女子教育事业之外，杨荫榆的一生还有一个极大的亮点：那就是她晚节可嘉，当目睹周围邻居饱受日军烧杀抢掠之苦时，她不惧日寇淫威，挺身而出，凛然斥敌，最终被日军杀害。

女师大风潮之后，杨荫榆在北京待不下去了，只得回到了家乡苏州执教。抗日战争爆发后，日军侵占苏州，侵华日军要杨荫榆出任伪职，遭到她的严词拒绝。面对侵华日军在苏州烧杀抢掠的暴行，杨荫榆曾几次到日军司令部提出抗议。

有一天，几个被日军追逐的妇女，逃至盘门新桥巷的杨荫榆家时，杨荫榆立即勇敢地站出来用日语同日军交涉，当众斥责日军的暴行，保护了这些中国妇女。

1937年底的一天清晨，气候和日寇的统治一样阴冷严酷，苏州古城发生了一件惨无人道的事件。在盘城楼下的河边，一位姑娘刚洗完衣服站起身，突然遭到两个日本兵的强暴和残杀，令人惨不忍睹。手提菜篮的杨荫榆女士恰巧经过这里，目睹此状，浑身上下一阵惊悸，当即晕倒在地。很久很久，她才从昏迷中醒来。这令人发指的血腥奸淫杀掠，使她悲痛万分。

次日，身着黑色大氅，披着满头银丝的杨荫榆，到日本领事馆，要求见日本领事，被拒之门外。杨荫榆用流利的日语说明来由，把门的日本兵终于被她的身份和气势所慑服，把她领了进去。杨荫榆一见到领事，便义正词严地谴责日寇的胡作非为，指责他们强盗行径，并要日方严惩杀人凶手。在她义正词严的抗议下，日本领事答应严惩凶犯。临走时，杨荫榆扔下一份连夜赶写的抗议书，凛然离去。回家之后，她天天等待日本人的答复。

杨荫榆绝不会想到，她已成为日寇的眼中钉。狠毒的日寇已悄悄把魔掌向她伸来。1938年1月1日，杨荫榆被两个日本兵骗至盘门外吴门桥，在光天化日、众目睽睽之下，两个日本兵一个朝杨荫榆扳动了罪恶的枪机，一个把中弹的杨荫榆抛入河中。见杨荫榆在水中晃动手臂挣扎，两个日本兵又连开数枪，将杨荫榆射杀。河水霎时泛起一片殷红。老百姓闻声纷纷赶来，然而，河面上漂浮的，只有杨荫榆常用的一条鹅黄色围巾，以及她常用的一个陈旧竹篮……捞出的尸体无法入殓，杨荫榆家又买不起棺木。她的丧事，是街坊邻里凑钱操办的。次年，杨荫榆被安葬于苏州灵岩山绣谷公墓。

杨绛在《回忆我的姑母》一文中对杨荫榆之死是这样记述的：

"日寇髦占苏州，我父母带了两个姑母一同逃到香山暂住。香山沦陷前夕，我母亲病危，两个姑母往别处逃避，就和我父母分手了。我母亲去世后，父亲带着我的姐姐妹妹逃回苏州，两个姑母过些时也回到苏州，各回自己的家。三姑母住在盘门，四邻是小户人家，都深受敌军的蹂躏。据那里的传闻，三姑母不止一次跑去见日本军官，责备他纵容部下奸淫掳掠。军官就勒令他部下的兵退还他们从三姑母四邻抢到的财物。街坊上的妇女怕日本兵挨户找'花姑娘'，都躲到三姑母家里去。一九三八年一月一日，两个日本兵到三姑母家去，不知用什么话哄她出门，走到一座桥顶上，一个兵就向她开一枪，另一个就把她抛入河里。他们发现三姑母还在游泳，就连发几枪，见河水泛红，才扬长而去。邻近为她造房子的一个木工把水里捞出来的遗体入殓。棺木太薄，不管用，家属领尸的时候，已不能更换棺材，也没有现成的特大棺材可以套在外面，只好赶紧在棺外加钉一层厚厚的木板。"

杨荫榆身为一名弱女子，面对凶残的日本兽兵，能做出这样的壮举，这该需要何等的胆气！故她的这一行为赢得了后人的高度评价："慷慨孤怀，颠危不惑；遑恤身家，惟念邦国，是旧知识分子在国难期间觉醒并为国捐躯的杰出人物！"

争议 杨荫榆是一个充满了争议的人物，即使鲁迅和他的家人也无法统一意见。

在女师大风潮中，鲁迅坚决地站在了进步学生一方，1925年8月10日章士钊下令解散女师大，同日，该校教员及学生即行组织校务维持会，负责校内外一切事务，鲁迅即为该会委员之一。同时，鲁迅还和马裕藻、钱玄同、沈尹默、周作人等7名教师联名在《京报》上发表了《对于北京女子师范大学风潮宣言》，坚决支持学生的正义斗争，并联络30多名教师为学生义务授课。除此之外，鲁迅还因女师大风潮而写了一系列的文章，对杨荫榆、章士钊、段祺瑞政府的种种倒行逆施给予有力地批判，并和以陈西滢为首的、对女师大风潮中学生们的行动持冷漠态度的"现代评论派"展开了论战。也就是在这些文章中，鲁迅多次提及杨荫榆，并多次对她的所作所为给予冷嘲热讽。例如：

在作于1925年5月21日夜、发表于6月1日《语丝》周刊第29期上的《"碰壁"之后》一文中，鲁迅将杨荫榆与学生的关系比喻为婆婆与童养媳关系，指出"许多媳妇儿，就如中国历来的大多数媳妇儿在苦节的婆婆脚下似的，都决定了暗淡的运命。"

在作于同年8月6日、发表于8月10日《京报副刊》上的《女校长的男女的梦》一文中，鲁迅将杨荫榆比作"上海洋场上逼勒良家妇女的恶虔婆"，对"杨氏的诬妄"进行了指责，指出"诬蔑是她的教育法的根源"。

在作于同年11月23日、发表于12月20日《京报》附刊《妇女周刊周年纪念特号》上的《寡妇主义》一文中更是讥讽杨荫榆为"'寡妇'或

'拟寡妇'的校长"，并针对其早年的婚姻经历这样写道："至于因为不得已而过着独身生活者，则无论男女，精神上常不免发生变化，有着执拗猜疑阴险的性质者居多……所以在寡妇或拟寡妇所办的学校里，正当的青年是不能生活的。青年应当天真烂漫，非如她们的阴沉，她们却以为中邪了；青年应当有朝气，敢作为，非如她们的萎缩，她们却以为不安本分了：都有罪。只有极和她们相宜，——说得冠冕一点罢，就是极其'婉顺'的，以她们为师法，使眼光呆滞，面肌固定，在学校所化成的阴森的家庭里屏息而行，这才能敷衍到毕业；拜领一张纸，以证明自己在这里被多年陶冶之余，已经失了青春的本来面目，成为精神上的'未字先寡'的人物，自此又要到社会上传布此道去了。"

此外，鲁迅还在作于1925年5月30日后发表于6月1日《京报副刊》上的《并非闲话（一）》、作于6月5日后发表于6月7日《京报副刊》上的《咬文嚼字（三）》、作于12月9日后发表于1926年1月10日《莽原》半月刊第一期上的《论"费厄泼赖"应该缓行》、作于1925年12月18日后发表于同年12月24日《国民新报·副刊》上的《"公理"的把戏》、作于1926年2月1日后发表于2月8日《语丝》周刊第65期上的《不是信》等文章中多次提及杨荫榆，并对之进行了或明或暗的讥讽。

而《鲁迅全集·华盖集·碰壁之余》、《鲁迅全集·坟·论"费厄泼赖"应该缓行》等文后的注释更是给杨荫榆作了这样定性："她依附北洋军阀，肆意压迫学生，是当时推行帝国主义和封建主义奴化教育的代表人物之一。"

可以这么说，杨荫榆之所以能够出名不是因为她早年大胆而决绝的抗婚之举，也不是因为她是中国近现代史上一位出类拔萃的知识女性、中国第一位女大学校长，而是因为女师大风潮——更确切地说，是因为她在风潮中的所作所为遭到了鲁迅的多次讥讽嘲骂。如果不是鲁迅在因女师大风潮而写的一系列文章中多次提及"杨荫榆"这个名字，如果没有《鲁迅全集》中那些关于女师大风潮和杨荫榆的注释，现在恐怕不会有几个人知道中国近现代史上曾有过一位名叫"杨荫榆"的女大学校长的。

女作家苏雪林曾经不满地说:"她（杨荫榆）原是已故某文学大师（鲁迅）的对头，而某大师钦定的罪案是从来没人敢翻的。"

鲁迅的弟弟周作人在女师大事件中也写了不少文章，但他总是把批判的矛头对准章士钊，对准帮闲官员刘百昭和教授陈西滢。就是到了非批杨荫榆不可的时候，也是有所保留，许多时候都是以章士钊为主打，将杨荫榆排在其后。

周作人在《女师大的学风》中，对杨荫榆多有批评，但这种批评显得很冷静，比如他说:"女师大的风潮早已发生，杨先生却不适当解决，始终以为少数人的行动，想用釜底抽薪的旧方法使风潮消灭于无形，这第一步就走错了。其结果当然是自此更为多事，反对者更激愤而直接行动。"这些话的口气是中性的，随后他这样说:"女师大既有此种趋势，无论实在的原因何在，校长不能不负其责，即不能适当地解决风潮而反使学风变坏之责任，当及时引退。""杨先生因解决自身进退问题不得法而反引起有害教育前途的现象，不能不说是很可惜的错误。为学校计，为学风计，为校长计，我愿对于杨先生上劝退之表，不知能及时容纳否？"这里的话没有多少批判的意思，反而增加了不少的同情之心。周作人还再三强调自己与杨荫榆的进退"毫无利害关系，本无干预之必要"等等。也就是说他与杨荫榆丝毫也没有个人的恩怨，他完全是站在中间人的立场，因为他自己也是浙江人，并且在女师大任课，并且是站在公正的立场上说话。《勿谈闺阃》一文可能是周作人批杨荫榆最为严厉的文章。杨荫榆开除许广平、刘和珍等6名学生，用的理由不是品性不良而是反对校长，同时又以宣传品性问题为口实，真是双管齐下把学生搞臭。但周作人批评的主要方面在于"借了道德问题想引起旧社会之恶感以压倒敌人"的做法，他认为"这是极卑劣的行为，若在女子用了这个手段来对付同性，更是言语道断。"周作人最反对用道德杀人，他看到杨荫榆使用道德惩罚学生很是反感，但行文是非常谨慎、节制的。

痛悼　　杨荫榆去世第二年，她的生前好友苏雪林得悉死讯后，写了著名的《悼女教育家杨荫榆先生》一文。

《悼女教育家杨荫榆先生》

数月前，一位旧同学从桂林来信，告诉我说女教育家杨荫榆先生已于苏州沦陷时殉死的情况，她没有说明白，因为这消息也不过从苏州逃难出来的朋友口中听来。只说荫榆先生办了一个女子补习学校，苏州危急时，有家的女生都随父母逃走了，还有五六个远方来的学生为了归路已断，只好寄居校中，荫榆先生本可以随其亲属向上海走的，因要保护这几个学生，竟也留下了。"皇军"进城，当然要照例表演他们那一套烧杀淫掳的拿手戏，有数兵闯入杨校，见女生欲行非礼，荫榆先生正言厉色责以大义，敌人恼羞成怒，将她乱刀刺死，所有女生仍不免受了污辱云云。那位同学知道我是一个荫榆先生的同情者，信尾又赘上几句道："时局极端混乱中，音讯断绝，关于社会上有名望的人士，讹传是很多的。像前些日子报载吴门名绅张一麐先生已投井殉节，旋又传他落发为僧，即其一例。荫榆先生的死耗也许同样的不确，劝你不要过于伤感。"前日高君珊先生来嘉定看朋友，谈起荫榆先生，才知道她是真死了。不过并非死于乱刀之下，而是死于水中。是被敌军刺下桥去，又加上一枪致命的。她的尸首随流漂去，至今还没有寻获。死状之惨烈，我想谁听了都要为之发指，为之心酸的吧。

我与荫榆先生相识，系在民国十七八年间。关于她的平生，我曾在一篇《几个女教育家的速写像》中介绍一二。提到北京女师大风潮曾替荫榆先生说了几句公道话。她原是已故某文学大师的对头，而某大师钦定的罪案是从来没人敢翻的，我胆敢去太岁头上动土，岂非太不自量？所以这篇文字发表后，居然吃了人家几支暗箭。这也是我过于爱抱不平，昧于中国古贤明哲保身之道的结果，只好自己骂一声"活该！"

自十九年滥竽安徽大学和武汉大学讲席以来，接连六七年没有回过苏州，同荫榆先生也没有通过一封信。去年四月间忽接她一函，说她想办一个女子补习学校，定名二乐学社，招收已经服务社会而学问上尚想更求精进的或有志读书而无力入校的女子，授以国文、英文、算学、家事等有用学问，请我也签名于发起人之列。七月间我回苏州度夏，会见了我最为钦佩的女教育家王季玉先生，才知道二乐学社系荫榆先生私资所创办。因经费支绌，无法租赁校舍，校址就设在她盘门小新桥巷十一号住宅里。过了几天，我特赴杨宅拜访荫榆先生。正值暑假期内，学生留校者不过寥寥数人，一切规模果然简陋。她虽然想同教育当局接洽一所校址并津贴，但未能如愿。谈起女师大那场风潮，她源源本本的告诉了我。又说某大师所有诬蔑她、毁谤她的话，她毫不介意，而且那也早成过去了。如果世间公理不灭，她所受的那些无理的攻击，总有昭雪的一天。不过所可恨者，她挥斥私财办理二乐学社，而竟有某大师私淑弟子们故意同她捣乱，像苏州某报的文艺副刊编辑某君，就曾屡次在报纸上散布关于她不利的谣言。将女师大旧事重提，指她为专制魔君、女性压迫者、教育界蟊贼、甚至还是什么反革命分子。一部分无识女生受其蛊惑，竟致退学，所聘教员也有不敢与她合作者，致校务进行大受妨碍。荫榆先生言及此事时颇为愤愤，我亦深为不平。咳！荫榆先生死了，她竟遭大日本的"皇军"惨杀了，谁能料到呢？她若不办二乐补习社，则无女生寄居，无女生寄居则她可以轻身遁往安全地点，她的死是为了保护女生而死，为了热心教育事业而死。记得我从前那篇《女教育家速写像》，写到荫榆先生时，曾引了她侄女寿康女士写给我的信几句话来安慰她道："我们只须凭着良心，干我们认为应当干的事业，一切对于我们的恶视、冤枉、压迫，都由它去，须知爱的牺牲，纯正的牺牲，在永久的未来中，是永远有它的地位，永远流溢着芬芳的。"当时用这"牺牲"字眼，原属无心，谁知今日竟成谶语。她的牺牲，自有其价值，中国一日不亡，她一日不会被忘记的。现在我们一面要学荫榆先生这纯正的爱的牺牲的精神，一面也要永永记住敌人这一篇血账，努力达到那清算的一天！

回忆

《回忆我的姑母》（节选）

杨 绛

三姑母1923年回苏州看我父亲的时候，自恨未能读得博士，只得了美国哥伦比亚大学的硕士学位，我父亲笑说："别'博士'了，头发都白了，越读越不合时宜了。"我在旁看见她头上果然有几茎白发。1924年，她做了北京女子师范大学的校长，从此打落下水，成了一条"落水狗"。

我记得她是1925年冬天到苏州长住我家的。我们的新屋刚落成，她住在最新的房子里。后园原有三间"旱船"，形似船，大小也相同。新建的"旱船"不在原址，面积也扩大了，是个方厅（苏州人称"花厅"），三面宽廊，靠里一间可充卧房，后面还带个厢房。那前后两间是父亲给三姑母住的。除了她自买的小绿铁床，家具都现成。三姑母喜欢绿色，可是她全不会布置。我记得阴历除夕前三四天，她买了很长一幅白"十字布"，要我用绿线为她绣上些竹子做帐围。"十字布"上绣花得有"十字"花的图样。

我堂兄是绘画老师。他为三姑母画了一幅竹子，上面还有一弯月亮，几只归鸟。我不及把那幅画编成图案，只能把画纸钉在布下，照着画随手绣。"十字布"很厚，我得对着光照照，然后绣几针，很费事；她一定要在春节前绣好，怕我赶不及，扯着那幅长布帮我乱绣，歪歪斜斜，针脚都不刺在格子眼儿里，许多"十"字只是"一"字，我连日成天在她屋里做活儿，大除夕的晚饭前恰好赶完。三姑母很高兴，奖了我一支自来水笔。可惜那支笔写来笔画太粗，背过来写也不行。我倒并不图报，只是看了她那歪歪扭扭的手工不舒服。

她床头挂一把绿色的双剑——一个鞘里有两把剑。我和弟弟妹妹要求她舞剑，她就舞给我们看。那不过是两手各拿一把剑，摆几个姿势，并不像小说里写的一片剑光，不见人影。我看了很失望。那时候，她还算是喜欢我的，我也还没嫌她，只是并不喜欢她，反正和她不亲。

我和二姑母也不亲，但比较接近。二姑母上海启明女校毕业，曾在徐世昌家当过家庭教师，又曾在北京和吉林教书。我家房子还没有全部完工的时候，我曾有一二年和她同睡一屋。她如果高兴，或者我如果问得乖巧，她会告诉我好些有趣的经验；不过她性情孤僻，只顾自己，从不理会旁人。三姑母和她不一样。我记得小时候在北京，三姑母每到我们家总带着一帮朋友，或二三人，或三四人，大伙儿热闹说笑。她不是孤僻的。

可是1925年冬天她到我们家的时候，她只和我父亲有说不完的话。我旁听不感兴趣，也不大懂，只觉得很烦。她对我母亲或二姑母却没几句话。大概因为我母亲是家庭妇女，不懂她的事，而二姑母和她从来说不到一块儿。她好像愿意和我们孩子亲近，却找不到途径。

有一次我母亲要招待一位年已半老的新娘子。三姑母建议我们孩子开个欢迎会，我做主席致辞，然后送上茶点，同时演个节目助兴。我在学校厌透了这一套，可是不敢违拗，勉强从命。新娘是苏州旧式小姐，觉得莫名其妙，只好勉强敷衍我们。我父亲常取笑三姑母是"大教育家"，我们却不爱受教育，对她敬而远之。

家庭里的细是细非确是"清官难断"，因为往往只是个立场问题。三姑母爱惜新房子和新漆的地板，叫我的弟弟妹妹脱了鞋进屋，她自己是"解放脚"，脱了鞋不好走路，况且她的鞋是干净的。孩子在后园玩，鞋底不免沾些泥土，而孩子穿鞋脱鞋很方便，可是两个弟弟不服，去问父亲："爸爸，到早船去要脱鞋吗？"我父亲不知底里，只说"不用"。弟弟便嘀咕："爸爸没叫我们脱鞋，她自己不脱，倒叫我们脱！"他们穿着鞋进去，觉得三姑母不欢迎，便干脆不到她那边去了。

三姑母总觉得孩子不如小牲口容易亲近。我父亲爱猫，家里有好几只猫。猫也各有各的性格。我们最不喜欢一只金银眼的纯白猫，因为它见物不见人，最无情；好好儿给它吃东西，它必定作势用爪子一抢而去。我们称它为"强盗猫"。我最小的妹妹杨必是全家的宝贝。她最爱猫,一两岁的时候,如果自个儿一人乖乖地坐着,动都不动,一脸称心满意的样儿,准是身边偎着一只猫。一次她去抚弄"强盗猫",挨了猫咪一巴掌,鼻子都抓破,气得伤心大哭。从此"强盗猫"成了我们的公敌。三姑母偏偏同情这只金银眼儿,常像抱女儿似的抱着它,代它申诉委屈似的说:"咱们顶标致的!"她出门回来,便抱着"强盗猫"说:"小可怜儿,给他们欺负得怎样了?"三姑母就和"强盗猫"同在一个阵营,成了我们的敌人。

三姑母非常敏感,感觉到我们这群孩子对她不友好。也许她以为我是头儿,其实我住宿在校,并未带头,只是站在弟弟妹妹一边。那时大姐在上海教书,三姐病休在家,三姑母不再喜欢我,她喜欢三姐姐了。

1927年冬,三姐订婚,三姑母是媒人。她一片高兴,要打扮"新娘"。可是三姑母和二姑母一样,从来不会打扮。我母亲是好皮肤,不用脂粉,也不许女儿搽脂抹粉。我们姐妹没有化妆品,只用甘油搽手搽脸。我和三姐刚刚先后剪掉辫子,姐妹俩互相理发,各剪个童化头,出门换上"出客衣服",便是打扮了。但订婚也算个典礼,并在花园饭店备有酒席。订婚礼前夕,三姑母和二姑母都很兴头,要另式另样地打扮三姐。三姑母一手拿一支管子,一手拿个梳子,把三姐的头发挑过来又梳过去,挑出种种几何形(三姑母是爱好数理的):正方形、长方形、扁方形、正圆形、椭圆形、还真来个三角形,末了又绕上一个桃儿形,好像要梳小辫儿似的。挑了半天也不知怎么办。二姑母拿着一把剪子把三姐的头发修了又修,越修越短。三姐乖乖地随她们摆布,毫不抗议,我母亲也不来干涉,只我站在旁边干着急。姐姐的头发实在给剪得太短了;梳一梳,一根根直往上翘。还亏二姑母花样多。当时流行用黑色闪光小珠子钉在衣裙的边上,或穿织成手提袋。二姑母教我们用细铜丝把小黑珠子穿成一个花箍,箍在发上。幸亏是三姐,怎么样儿打扮都行。她戴上珠箍,还顶漂亮。

三姐结婚,婚礼在我家举行,新房也暂设我家。因为姐夫在上海还没找妥房子。铺新床按老规矩得请"十全"的"吉利人",像我两位姑母那样的"畸零人"得回避些。我家没有这种忌讳。她们俩大概由于自己的身世，对那新房看不顺眼，进去就大说倒霉话。二姑母说窗帘上的花纹像一滴滴眼泪。三姑母说新床那么讲究，将来出卖值钱。事后我母亲笑笑说："她们算是怄我生气的。"

我母亲向来不尖锐，她对人事的反应总是慢悠悠的。如有谁当面损她，她好像不知不觉，事后才笑说："她算是骂我的。"她不会及时反击，事后也不计较。

我母亲最怜悯三姑母早年嫁傻子的遭遇，也最佩服她"个人奋斗"的能力。我有时听到父母亲议论两个姑母。父亲说："扮官（二姑母的小名）'莫知莫觉'（指对人漠无感情），申官'细腻恶心'（指多心眼儿）。"母亲只说二姑母"独幅心思"，却为三姑母辩护，说她其实是贤妻良母，只为一辈子不得意，变成了那样儿。我猜想三姑母从蒋家回娘家的时候，大约和我母亲比较亲密。她们在务本女中也算是同过学。我觉得母亲特别纵容三姑母。三姑母要做衬衣——她衬衣全破了，我母亲怕裁缝做得慢，为她买了料子，亲自裁好，在缝衣机上很快地给赶出来。三姑母好像那是应该的，还嫌好道坏。她想吃什么菜，只要开一声口，母亲特地为她下厨。菜端上桌，母亲说，这是"三伯伯"要吃的，我们孩子从不下筷。我母亲往往是末后一个坐下吃饭，也末后一个吃完；她吃得少而慢。有几次三姑母饭后故意回到饭间去看看，母亲忽然聪明说："她来看我吃什么好菜呢。"说着不禁笑了，因为她吃的不过是剩菜。可是她也并不介意。

胡蝶：被强权和冤屈包围的默片影后

传略 胡蝶（1908—1989），原名胡瑞华，满族，原籍广东鹤山，生于上海。20世纪三四十年代影坛巨星。

自小随任京奉铁路总稽查的父亲辗转北京、天津、营口、广州等地。1924年，16岁的胡瑞华成为上海中华电影学校的学生，改名胡蝶，开始了她的从影之路。曾主演过《绝代佳人》、《火烧红莲寺》、《歌女红牡丹》等近70部影片，塑造过慈母、女教师、女演员、娼妓、舞女、女工等各阶层的各类女性形象。她雅致脱俗，才华横溢，表演温良敦厚，姣美清丽，成为上世纪三四十年代中国影坛最优秀的顶级巨星。

1933年3月，当选为"中华民国第一届电影皇后"，《明星日报》准备为她举行加冕仪式，但被她婉拒，她回信说："当此国难严重时期，务请取消加冕典礼，诸承厚爱，实不敢当。"1935年春，她作为中国第一个女演员出席了在莫斯科举办的国际电影展，并携《姊妹花》和《渔光曲》到伦敦、巴黎、罗马等地交流，撰写了《欧游札记》。1946年迁居香港，1966年息影。1960年她以影片《后门》获得第七届亚洲电影节最佳影片"金乐奖"和最佳女主角奖，同年获日本文部大臣特别最佳影片奖。1964年参加亚洲第十一届影展并获台湾电影"金马奖"。她横跨"默片"和"有声片"两个时代，而且使中国早期电影走向了世界。

1975年定居加拿大温哥华，改名潘宝娟，宝娟为父母给她取的乳名，以潘为姓则是对亡夫潘有声的纪念。上世纪80年代后，胡蝶开始撰写回忆录，她在这部书中回顾了自己绚丽多姿的从影经历，也评述了那个令她不快的"九·一八"之夜对她的讹传。对于这桩公案，胡蝶一直心如止水："马君武激于义愤，一时也未能考证事情的可靠与否，只是将我也牵连进去了……是日本通讯社从中造谣中伤张学良，以引起国人对他的愤慨，转移目标。"她还说，"我和张学良不仅那时未谋面，以后也未见过，真可谓素昧平生。1964年6月，我赴台湾出席第十一届亚洲影展时，还曾有记者问我要不要见张学良，我回答说：'专程拜访就不必了，既未相识就不必相识了。'"胡蝶的这一谈话在报上发表后，台湾考试院院长莫德惠有一次去看望张学良，据莫事后对记者说，张曾问他，是否看到胡蝶的那段谈话，然后说："到底有水落石出的一天。"

1985年王丹凤赴美探亲，曾绕道加拿大专程看望了好友胡蝶，当时77岁的胡蝶向王丹凤表示，如果健康情况允许，她希望有朝一日能回到使她成名并留下她青春年华的上海，旧地重游，与影友同人团聚话旧。然而她的这一愿望未能实现。1989年4月23日，胡蝶在温哥华因中风并发心脏病去世，她留下的最后一句话是："蝴蝶要飞走了……"

童年

1986年，定居加拿大的胡蝶在《回忆录》中这样叙述她的诞生："我1908年出生在上海提篮桥怡和码头附近的一个什么'坊'，名字记不起了，现在也无处查问。一个'坊'可以有十来二十幢相连的房子，每幢房子阔气的住上一家，也可以住上好多家。这种式样的'坊'，据说在今日的上海也还存在……"

胡蝶撰写《回忆录》时，由于年事已高，对自己的出生年月和地点没有讲清楚。但是根据一本1933年出版的《电影皇后胡蝶纪念册》，内有一篇题为"和胡蝶女士谈话"的访谈录。胡蝶当年曾详尽地回答了记者提出的各类问题。她说，她的出生年月是"前清光绪三十四年（1908年）旧历二月二十一日"，地点是"上海提篮桥辅庆里第一弄第三家"。

父亲胡少贡为她起了一个乳名叫宝娟，他希望在动荡的年代里他可爱的小女儿可以过上安逸的生活。

根据胡蝶回忆，她在辅庆里只居住了4年。1912年全家就离开上海，开始跟随父亲"跑铁路"（她的父亲在铁路上工作）。

童年的胡蝶在父母的呵护下精致地长大，由于父亲在铁路工作的缘由，再加上政局多变，一家人在那段日子里经常搬家。胡蝶一家在短短的几年中，先后移居天津、东北、北京和广州。年幼的胡蝶随父亲常年在各地奔波，由此也就接触到了形形色色的各种人等。俗语说，人上一百，种种色色。那些三教九流的言谈举止，给童年时就善于思考的胡蝶留下了深刻的印象，这些无疑为她后来在银幕上塑造各种角色打下了坚实深厚的基础。

胡蝶16岁那年，全家又返回上海。他们先是在东有恒路（今东余杭路）德裕里赁屋暂居，不久又搬迁到北四川路余庆坊82号居住，这也是一幢石库门房子。如今，弄口已经看不到"余庆坊"的字样，挂着某酒家的招牌。

从影

16岁时，胡蝶考进了中华电影学校。

追溯到上世纪二三十年代浮华掠影的上海滩，没有声音的黑白电影将整个大上海装点得流光溢彩，热闹非凡。由电影引起的诸如偶像崇拜、明星绯闻、影片轰动等问题，与当今社会相比较，无丝毫逊色之处。16岁的胡蝶就在此时，怀揣着一个电影的梦想踏出了她从影生涯的第一步。

出落得亭亭玉立的胡蝶，聪慧美丽，父母盼望她能求学深造，她却受蓬勃发展的中国电影事业吸引，投考了由顾肯夫等创办的我国第一家电影学校——上海中华电影学校，成为首届训练班学员。

那时，报考的女孩子达2000多名，竞争十分激烈。在等待面试的日子里，胡蝶在家想了很久，她觉得应该起个响亮的艺名好让人记住。直到面试那天她还没想好，正在踌躇之时，看见在花丛中自由翩飞的蝴蝶，才灵感突现把"胡蝶"这个名字填在报名表格上。后来，这个名字成为旧上海的标志词之一。这是天真无邪的胡蝶所没料到的。次年，大中华影片公司吸收她为演员，取艺名胡蝶。

胡蝶的银屏处女作是由徐欣夫导演，张组云、王元龙主演的《战功》（1925年），她仅是个次要配角。不久，徐琴芳介绍她到"友联"，担任《秋扇怨》主角。接着她去"天一"主演《夫妻的秘密》、《白蛇传》、《梁祝哀史》等，但都未受到重视，也未引起观众注意。

直到1928年，因张石川在新片《白云塔》里需要一位美丽端庄、仪态大方的女演员，在他的心中，蝴蝶无疑是最合适的人选。这部影片是胡蝶与阮玲玉这两位后来成为中国影坛巨星的演员初次合作，也是唯一的一次合作。影片完成后，胡蝶受到千万观众的称赞。

继《白云塔》之后，胡蝶在5年内主演了武侠片《火烧红莲寺》、《离婚》、《黄陆之恋》、《爸爸爱妈妈》、《桃花湖》、《碎琴楼》、《红泪影》、《自由之花》、《落霞孤鹜》、有声片《歌女红牡丹》以及《啼笑因缘》（六集）等共20部影片，大多是郑正秋和张石川编导。郑正秋对她十分赏识，电影圈也公认她为当代红星。

胡蝶加盟"明星"后，主演了18集《火烧红莲寺》。这是根据武侠小说《江湖奇侠传》改编的系列片，它为明星公司赢得了可观的票房收入。尽管由此引起影坛武打片的泛滥，从而受到舆论的指责，但这也使胡蝶的名字家喻户晓。1930年，明星公司开拍有声影片《歌女红牡丹》，由胡蝶担纲主演。这部影片于1931年3月15日在上海新光大戏院首映。因为是中国第一部有声片，不仅在上海以及全国各地轰动一时，而且引来南洋片商竞购拷贝。

影后　1932年"一·二八"事变后，胡蝶全家从虹口北四川路的余庆坊，搬迁到西区巨籁达路（今巨鹿路）光华里13号居住，这是一幢双开间的西式里弄洋房。虽然门牌号码在西方人看来是个不祥的数字，但胡蝶迁入此居后，却是频交好运，度过了生平最辉煌的时期。

在这其间，发生好几件事对于胡蝶有重要意义的事情。第一件事是影片《自由之花》获奖。胡蝶在片中扮演小凤仙，她本人认为这是"从影以来拍摄的比较有意义的一部电影"。1933年，该片被中国教育电影协会评为优秀影片；同年，又被送往意大利万国电影赛会参赛获奖。

1935年，胡蝶应邀随中国电影代表团去莫斯科参加苏联国际电影展览会。后又赴德、法、英、意等国考察。欧洲之行使她欣赏到世界电影艺术，也让世界认识到中国电影和她的表演艺术。胡蝶是中国参展4部影片中《姊妹花》和《空谷兰》的女主角，由此成为代表团中唯一的演员代表。《姊妹花》在莫斯科和列宁格勒展映时得到了好评。回国后，她应良友出版公司之约，撰写了一本《欧游杂记》。

不过在那段时间里，让她最为开心的事情还是"当选影后"。

1933年选举电影皇后的活动，是上海《明星日报》发起的，宗旨是："鼓励诸女明星之进取心，促成电影之发展。"

选举自1933年1月1日（即《明星日报》创刊之日）开始。由于这件事在中国是首次尝试，起初并没有引起人们的注意，参加投票的观众不多。半个月以后，《明星日报》逐日将选票数字刊登在报上，将选举期限定为一个月，到1月31日为止，并准备在"电影皇后"诞生后，举行一次盛大的加冕典礼。后来因天气太冷，选举期限延长一个月。

选举过程中，三位著名的电影女明星（明星公司的胡蝶、联华公司的阮玲玉、天

胡蝶的时尚照

一公司的陈玉梅）票数非常接近，竞争非常激烈。投票一直持续到2月28日晚上10时。当天晚上，《明星日报》社揭晓选举结果。到会的有上海名流、电影界代表和著名律师等40余人。先由选举活动的主持人将选举经过和加冕典礼的筹备情况向来宾简单介绍，然后在律师监督下验票。结果胡蝶得21334票，陈玉梅得10028票，阮玲玉得7290票，胡蝶以绝对的优势当选为电影皇后。

选举揭晓后，原本准备举行一次盛大的电影皇后加冕典礼，因胡蝶本人一再谦辞，因此就将加冕典礼取消，决定将这一庆祝活动和"航空救国游艺茶舞大会"结合在一起进行。

大会于3月28日下午2点在静安寺路大沪跳舞场举行。由于事关救国，大沪的经理免费出借会场并免费供应茶点。会场门口悬挂着"庆贺胡蝶女士当选电影皇后，航空救国游艺茶舞大会"的横幅，场内摆满了各界赠送的大小花篮200多只。还不到2点钟，门外车水马龙，门内人如潮涌，于是工部局派来了多名巡捕在会场门口维持秩序，救火会出动救火车一辆预防意外。各个名牌商店也纷纷送来礼物，一则表示祝贺，二则进行广告宣传。例如，福昌香烟公司将新出品的胡蝶牌香烟分赠来宾，中西大药房将明星花露水奉送大家，总统公司送来了"乖乖果"，冠生园食品店献上了巧克力糖……

当新诞生的电影皇后终于在场上出现时，会场上立即出现了高潮。

几位社会名流致贺词之后，大会即将"电影皇后证书"当场授予胡蝶。"电影皇后证书"全文如下：

盖闻彩凤衔来，云里颁蕊珠之榜；丹虬献出，河中呈镂玉之图。胜事既成，良辰斯遇，不有佳证，何伸雅怀？电影选举，久畅行于列邦；此次提倡，实中国之嚆矢。而女士名标螭首，身占鳌头，俨如上界之仙，合受人间之颂，声华熠尔，舆诵翕然，足征殊艺冠群，有水到渠成之妙，灵心绝世，是花开见佛之才。今日者裙展联翩，香云馥郁，莫不欢从掌起，喜共眉舒。盖无皇后不能树银幕之先声，非女士不克居金屏之独座也。且秦暴方强，鲁难未已，飞机救国，日相喧呼，积款乘时，借资号召。蒙女士现毫端之艳彩，色相示人，舒口角之春风，歌音餍众。玲珑肝胆，与朱家郭解相期；旖旎光辉，岂小玉双成可比。红尘推戴，岂徒然哉！绣阁尊荣，从兹始矣。允垂嘉话，播世界于三千；竞仰芳姿，抚栏干兮十二。缅想昭阳昼永，日影方中；顿教合浦名高，花枝常好。此呈首届电影皇后胡蝶女士。

处事 长久以来，演艺圈一直是是非之地，置身其中的人，稍有不慎，就可能为自己惹上麻烦。

胡蝶很会做人，也懂得做人应谦虚的道理。1928年，胡蝶与阮玲玉这两位后来成为中国影坛巨星的女明星在影片《白云塔》中初次合作。影片上映后，胡蝶受到了千万观众的称赞，很快就在中国影坛走红了。她在莫斯科时，上海发生阮玲玉自杀事件。有友人闻讯去告诉胡蝶。胡蝶先是怀疑谣诼，说道："怎么会有这等事，又是小报造谣吧？"

友人出示《申报》、《新闻报》的报道和照片，她长叹了一声，潸然泪下，喃喃自语："我原以为不可能的。玲玉是多么好的一个人，多么好的演员，我比不过她。她见着人总是高高兴兴的，一脸和颜悦色，会自杀？真是的！"阮玲玉遇人不淑，内心十分痛苦，但她从不形之于色，表面看来总是笑嘻嘻的。她在最悲伤的时候，不是紧锁双眉、哭哭啼啼，而是笑盈盈的模样。

胡蝶与宣景琳都是早期影坛的著名影星，她们曾有过一段"小摩擦"。20世纪20年代中期，宣景琳是明星公司"四大名旦"之一（另三位是王汉伦、杨耐、张织云），红极一时；而胡蝶也由于拍摄了不少民间故事片而成为天一公司的"台柱"。1928年，"天一"改组，"明星"乘机就将胡蝶"挖"了过来。这样，两位红星碰在一起，难免就会产生一些"小矛盾"。宣景琳当时曾向公司表示："伊拍一部，我拍一部，大家勿碰头（合作）。"

后来，明星公司筹拍《姊妹花》，安排胡蝶一人兼饰姊妹两角，宣景琳扮演母亲。宣景琳起先不肯，后来经编导郑正秋再三劝说，终于答应下来。于是，两位红星在《姊妹花》中"碰头"了。

1933年底，《姊妹花》拍成，在新光大戏院连映60天，轰动一时。胡蝶由于扮演了两个性格各异的角色而深受称赞，宣景琳也由于扮演老太婆角色惟妙惟肖而获得好评（她当时只有26岁），两人之间的隔阂也由于合作从此烟消云散。

50年后，定居加拿大的胡蝶在《回忆录》中曾经这样写道："宣景琳在《姊妹花》一片中，是驾轻就熟，演技发挥得淋漓尽致。也正因为有她及郑正秋的通力合作，我自己的演出才能达到一个更高的水平。"

1987年5月，宣景琳80寿辰，上海电影界同仁纷纷前往祝寿。在这欢乐的时刻，宣景琳向大家说："我现在正在思念一个人，她就是胡蝶。我和她两人同年，当大家向我祝寿时，我也想向她祝寿。她现在远在海外，希望她不久能回上海来看看，我们也可以见上一面……"

冤情

1931年9月18日夜，日军炮轰沈阳，东北三省相继沦陷，敌寇烧杀抢掠，生灵涂炭。有报道说在事变当晚，作为东北军统帅的张学良不组织抵抗，却在酒店和当红影星胡蝶等人跳舞！此论一出，举国哗然。这些"花边新闻"多出于小报，报道者大都无名；而一首诗的发表却引起了人们的注意，作者不是别人，而是南国诗社著名诗人、广西大学校长马君武。他在1931年11月20日的上海《时事新报》上，以"马君武感时近作"为题，发表了《哀沈阳·二首》：

赵四风流朱五狂，翩翩胡蝶正当行。

温柔乡是英雄冢，哪管东师入沈阳。

告急军书夜半来，开场弦管又相催。

沈阳已陷休回顾，更抱佳人舞几回。

诗中开头出现的这三个名字，一是赵四，即赵一荻，人称赵四小姐，后来与张学良结婚；二是朱五，即朱湄筠，其父朱启钤曾任北洋政府国务院代总理，她排行第五，是张学良秘书朱光沐的夫人；第三位便是著名影星胡蝶。诗中虽然没有点出张学良的大名，但明眼人一看便知，她们是沈阳事变那晚陪张学良跳舞的"佳人"。可是马君武并不知道，正是他这首传遍全国的诗引发了一桩公案。

据当时张学良的机要室主任洪钫、副官何世礼和代表胡若愚证实："这中间属于误传，马君武据误传而成诗。"但诗中"告急军书夜半来，开场弦管又相催"，似乎又道出了某些具体的情节。那么，在事变当夜，作为国民政府陆海空军副司令的张学良（司令蒋介石）到底在干什么呢？

"九·一八"事变当时，张学良患伤寒病初愈，尚在北京协和医院疗养。那一夜，张学良因招待宋哲元等将领，偕夫人于凤至及赵四小姐，在前门外中和戏院观看梅兰芳的《宇宙锋》。观剧中途，张学良听到侍卫副官谭海前来报告"沈阳发生事变"，即起身返回装有外线电话的协和医院——这大概是马诗"告急军书夜半来"的由来。张学良接通东北边防军司令长官公署参谋长荣臻的电话，了解详情；令左右终宵与南京当局电话联系并亲自通话，请示如何应变；迅即招来顾问特纳，让他通知欧美各国驻北平新闻记者，亟夜通报日寇攻占沈阳的消息……"是夜，张学良庶几没有休息。待记者招待会毕，他才回到病房稍睡些许时间。"

稍后，南京军事委员会复电称："日军此举，不过是寻常挑衅性质，为免除事件扩大，绝对不准抵抗。"蒋介石也从南昌行营电告张学良："切请采取不抵抗主义，勿使事态扩大，影响外交解决。"《北平特讯》载，事变第二天，《大公报》记者胡政之赶到协和医院病房采访了张学良，张对记者说："吾已令我部士兵，对日挑衅，不得抵抗，故北大营我军，早令收缴军械，存于库房——此事自应由政府负责交涉……仍望国民冷静隐忍。"

其实张学良的抗日立场还是十分坚决的。事变前夕当他获知情报后曾致电蒋介石:"为国为家,愿身临前敌,虽战死疆场,亦无所悔。"但迫于军令,他不战而退,成为千夫所指,落下"不抵抗将军"的恶名。他为此懊悔不已,曾说:"东北丢了,我张汉卿恨不得碰死,以去耻辱!"

日本深知张学良的立场和秉性,对于他的存在还是有所顾忌的。他们的拉拢被严词拒绝后,就想办法搞臭他。熟悉中国历史文化的日本特务们也知道,在中国要使一个名人名誉扫地,最快捷的办法就是从其私生活入手,制造绯闻,暗箭伤人。说来也巧,当时正赶上胡蝶去北京拍摄《自由之花》的外景,这部片子讲的是小凤仙和蔡锷的故事,其中涉及袁世凯与日本无耻勾结的情节,这引起日本人的忌恨,于是便把胡蝶当作了向张学良抹黑的武器。经过精心策划,由日本通讯社煽风点火,散布谣言;南京国民政府中的亲日派也借题发挥,为蒋介石和日本开脱罪责。于是《庸报》上出现了题为《张学良的"九·一八"之夜》:"民国二十年九月十八日夜,日本关东军发动大规模进攻,一路烧杀抢掠,无恶不作,东北三省之同胞陷入水深火热之中,而东北军之最高统帅张学良将军彼时却正与红粉佳人胡蝶共舞于北平六国饭店……"还有的报纸"披露"得越来越具体,说胡蝶与张学良如何由跳舞而相识,进而"过从甚密","张赠胡以十万巨款"云云。

这些绯闻不胫而走,不明真相的中国人更加对张学良不满。时在上海办事的马君武也义愤填膺,挥笔写下了《哀沈阳》诗。

从效果来看,马诗的批判锋芒不但没有指向真正不抵抗的蒋介石而是指向了替罪羊张学良,并且还冤枉了胡蝶,这是由于他不了解内情一时激愤所致,但激荡诗间的爱国精神和抗日情怀还是异常强烈的,不久,当他弄清"不抵抗"的真相后,立即发表了《致蒋介石、汪精卫电》:"国事败坏至此……日本已占据三省,介石兄犹唱先统一后对外之说。介石兄对内面狰狞如鬼,对外则胆小如鼠……"公开谴责蒋、汪,既表明他积极的抗日立场,也可以看作是对《哀沈阳》一诗的纠正。他已知道在这件事上"内容失真",冤枉了张学良和胡蝶。

张学良其实根本就不认识胡蝶，后来他有事到沪，曾有人欲介绍胡蝶与他相见，张婉言谢绝："如果这样，谣言岂不得到证实？"

"见到大批撤下来的军队，知是沈阳失守……我是在事变之后方始到达北平的。"胡蝶后来回忆说，"世间荒唐的事情还真不少，沈阳事件发生的时候，我那时还跟明星公司摄影队一起逗留在天津，没有踏入北平一步……后来为拍《自由之花》到北平时，已是'九·一八'事变约一周，未料此行会引起一段莫须有公案。"

据当时的北平新闻报道，9月下旬，影星胡蝶随上海明星股份有限公司导演张石川等40余人，来北平拍摄《自由之花》、《落霞孤鹜》和《啼笑姻缘》三部影片的外景。胡蝶一行出车站时，受到热情观众的包围，盛况空前。据称，剧组将在中山公园、北平公园、颐和园等处拍摄外景。

他们在北平忙碌了一个多月。离京前，梅兰芳在家中宴请了洪深、张石川、胡蝶等20余位摄制人员，席间，梅大师曾言："'九·一八'那天晚上，张学良在戏院看我的演出。"其意不难详查。

而胡蝶他们对此言并未在意，可能是忙昏了头，对于那几天外界的传言竟一无所知。他们回到上海已是11月下旬了。胡蝶到家时发现气氛不对，母亲眼睛红红的好像刚刚哭过，父亲也在生气，她问怎么回事？父亲把一摞报纸摔过来："你在北平干什么事我们不知道呀，你自己看看吧！"胡蝶看到那些报纸上的大字标题是：《红颜祸国》、《不爱江山爱美人》、《东三省就是这样丢掉的》，再看内容，不由大呼："这根本不是事实，全是造谣！"

明星公司的潘有声、张石川、洪深等看到了这些文章也很气愤，到胡蝶家里慰问，说："绝无此事！"他们想在报纸上澄清，又怕"越描越黑"，等等再说吧。但很快又在《时事新报》上出现了马君武的《哀沈阳》诗，并登有胡蝶的照片，舆论一时纷纷扬扬，对胡蝶的指责不绝于耳。他们感到这无论对胡蝶本人还是对电影公司都是一种巨大的伤害，不能再沉默了，于是决定立即在报端澄清事实，以正视听。就在马君武诗发出的次日，《申报》连续在11月21日、22日刊登《胡蝶辟谣》的启事，张石川、洪深等人的启事也同时登出，为胡蝶作证。同事们亦都为无辜的胡蝶作证，澄清事实。

23岁的胡蝶柔弱的肩上何以承受如此沉重的诬陷？唯一能做到的大概就是辟谣了。她的启事吻合了她胸襟开阔、宽厚待人的一贯性格，尤其可贵的是胡蝶能认识到这是日本的"宣传阴谋"，目的是"侮辱我中华官吏和国民"，"欲毁张副司令之名誉，冀阻止其回辽反攻"，能看破这一点，就足见她的见识非同一般。

马君武的《哀沈阳》见报后，还有人曾力主胡蝶诉诸法律，与马对簿公堂，然而她依然心态平和，不想在个人事体上纠缠，再为绯闻推波助澜，她说："对于个人生活琐事，虽有讹传，也不必过于计较，紧要的是在民族大义的问题上不要含糊就可以了。"她表现出的冷静的洞察力和宽阔的胸怀令人敬佩。

婚姻　　拍摄《秋扇怨》时，胡蝶和该片的男主演林雪怀由相识而恋爱，遂于1927年3月22日在上海北四川路（离余庆坊不远）上新落成的月宫舞场举行了隆重的订婚仪式。此后胡蝶的电影事业不断精进，成为上海滩头号女明星，林雪怀却在影坛日趋没落。胡蝶自筹一笔钱，给林雪怀在四川路上开设了一家胡蝶百货商店，林雪怀经营不善，差不多把资本耗尽，而且行事日益荒唐。

就在这时，一个叫潘有声的男人出现在胡蝶的生活中。

1931年，潘有声在胡蝶堂妹胡珊的家中遇见了胡蝶。初见，胡蝶高贵大气的气质就深深地吸引着潘有声。只是，当时郎有意，而妹无情，胡蝶还困在与林雪怀的情感纠葛当中。刚从婚姻的坟墓中走出来的胡蝶，对感情失去了兴趣，对于身边的追求者她都视而不见。她受的伤害不是写在脸上，而是刻在心上。于是，深知这一点的堂妹就刻意安排了一场她和潘有声的舞会。

舞会结束后,胡珊又叮嘱潘有声送胡蝶回家。就这样,一段情事才得以绵延继续。

潘有声身材伟岸,并带有一股读书人的气质,他身上这种文人的风雅与胡蝶平素接触的人不一样,这让胡蝶颇感意外,加上两人谈得也十分投机,胡蝶开始了这场让当时许多人都摸不着头脑的恋情。这个爱她胜过爱自己的男人逐渐成为胡蝶的精神支柱,胡蝶的情感天平渐渐离开未婚夫倾向潘有声。

胡蝶与林雪怀从订婚到解除婚约,可谓满城风雨,还闹上法庭。不久林雪怀与他人结婚,就在胡蝶游欧之际,林雪怀转辗各地就医无效,旋即病故。

就在胡蝶还沉浸在影后的桂冠和欧洲之行的荣誉里时,传来了父亲胡少贡得癌症的消息,母亲对她说:"趁你父亲在世赶快结婚!由他带你进教堂,将你交给有声,他就放心了。"为使对自己疼爱有加的父亲无遗憾地度过人生的最后岁月,胡蝶决定与已热恋了四年的潘有声结婚。经商出身的潘有声闯入胡蝶的情感世界是在"雪蝶解约案"中,那时的胡蝶被林雪怀近乎无赖的行径折磨得心力交瘁,潘有声的宽容、体贴、沉稳和无微不至的关怀给渴望温暖与安全的胡蝶重新撑起了一片晴空。他们清澈如水的爱情,让她感到一份温馨和宁静,四年中她已习惯于将潘有声当做精神生活的支柱,高兴的时候和他在一起分享喜悦,悲伤的时候向他诉说委屈。这份宁谧的恋情受到了胡潘两家的极力赞成。潘有声原有结发之妻,还有女儿,为了胡蝶,他抛妻别女。

胡蝶与潘有声婚纱照

吉期选定在11月23日上午11时,在上海九江路江西路口的圣三一堂(红教堂）结婚，晚上7时在南京路英华街大东酒楼宴客。新郎新娘的结婚礼服是在南京路上最有名的鸿翔服装公司定做的。上午9时整，新郎新娘驱车前往九江路教堂。这时候，等候在教堂门口的宾客以及围观的影迷已达2000人之多。

在欢乐的《婚礼进行曲》中，胡蝶的父亲引领胡蝶缓步走向台前。当牧师庄重地宣布"潘有声和胡蝶从此结为夫妻"时，观礼的来宾立即报以热烈的掌声，明星公司的同仁们则齐声唱起了新创作的《胡蝶新婚歌》……

当晚喜宴结束时，已是夜深人静，新郎新娘又驱车前往他们的新巢——亨利路（今新乐路）永利村29号，去欢度他们的洞房花烛夜。

婚后的胡蝶面临着家庭和事业的选择，经过激烈的思想斗争，她渐渐萌生了息影的念头，决定急流勇退，淡出影坛。此后的一年内，胡蝶只拍了两部影片。

霸占

1937年，震惊中外的卢沟桥事变爆发，日本开始了全面侵华战争。这年8月，日军进攻上海，11月，上海失守。不久，明星公司在上海枫林桥的总厂被日军占领，明星公司从此不复存在。此时，潘有声已在香港发展事业，于是胡蝶偕同家人避居香港。香港是英国的殖民地，暂时还不存在战争的直接威胁，胡蝶和潘有声度过了一段堪称幸福的时光。当时潘有声在洋行工作，收入颇丰，工作之余喜欢跑马，也喜欢买马。他终日沉溺于马经，乐此不疲。胡蝶有些嫉妒地说："你爱马胜过爱你的妻子，对马比妻子还好。"潘有声搂住她，笑着说："在我心里，你永远是第一位的。"可惜，这种幸福生活没能持续多久。

日军占据香港后，为了达到利用中国名人出面宣传所谓的"大东亚共荣圈"、"中日亲善"，达到欺骗世界舆论的目的，一方面对香港百姓凶残肆虐，一面又对匿居在港的文化界知名人士施以怀柔政策。他们派了一些谙熟中国文化的"中国通"出面对知名人士拉拢利诱，企图使他们就范，成为自己的话筒。

一天，胡蝶一家正在整理房间，日军报道部艺能班长和久田幸助登门造访，这位一口广东话说得比胡蝶还纯熟的"中国通"，装出一副彬彬有礼的样子，向胡蝶提出三个条件：平等合作，尊重自由，接受日军的保护。不知内情的胡蝶既恐惧又厌恶，但又觉得不好得罪他，只好不停地点头敷衍。第二天，"良民证"送来了，"食品配给卡"送来了，同它们一同来的还有不少日军侦探。他们每次来都表现得客客气气，但临走时，总会毫不客气地顺手带走一些值钱的东西。胡蝶整天生活在惊惧中。没过多久，和久田幸助又一次不请自来，说是日本影迷皆欲亲睹"皇后"的风采，特邀胡蝶去日本访问，并拟定由她拍一部电影《胡蝶游东京》，过几天就要启程。直到这时，胡蝶才弄清了日本人对她"友好"的真实目的。

吃惊之中，她忽然想起了前些天曾经去拜访过的仍滞留在香港的梅兰芳先生。那天，她一见梅兰芳便吃了一惊，数年前她去莫斯科参加国际电影节，第一次在轮船上与梅兰芳相遇，那时的他潇洒俊逸，可短短几年，梅先生就变得清癯消瘦，唇上蓄留着浓黑的八字须。"梅先生，听说日本人这几天要逼您到东京去唱《天女散花》，你蓄须明志，果然不假！"梅先生笑道："如此国难当头之际，我岂能去东京为虎作伥？有个叫和久田幸助的人来过几次，都被我严词拒绝了！只要不打败日本鬼子，我绝不登台唱戏！"胡蝶敬佩地点点头，说："梅先生打算去重庆吗？""我哪儿也不去！"梅兰芳坚定地说，"不管在什么地方，只要有一分中国人的骨气，谅日本人也奈何我们不得！胡小姐，我现在只担心你！日本人肯定不会放过你，你一个弱女子能抵挡住他们的威胁利诱吗？请你记住，在任何情况下，我们都要保持民族气节！"胡蝶郑重地点点头，说："我知道，梅先生，请你放心，胡蝶决不当汉奸！"

今天，日本人果真来拉拢自己了，胡蝶想起了梅兰芳先生的话，暗暗下了决心。于是她以自己已经息影，而且有了身孕，短期内无法再现银幕为由，拒绝了和久田幸助的邀请。可是胡蝶心里明白，日本人不会就这么善罢甘休的。想到落到日本人手里的后果，胡蝶不寒而栗。为免万一，她和丈夫在当地抗日游击队的帮助下，于次年逃离香港。为了不引起日本人的注意，走之前胡蝶把一家人所有的积蓄分装成了30只箱笼，将它托付给"国际难民救济总署"的杨惠敏代为转运。杨惠敏原是淞沪抗战时冒枪林弹雨之险到四行仓库向八百孤军献旗的女童子军，后由国民政府赈济委员会派到香港做接运爱国抗日人士到后方去的工作，与胡蝶夫妇颇有交往。但是，就在他们几经辗转到达桂林，全心全意等待着这几十只箱子到来的时候，忽然传来了它们被劫的消息，胡蝶一下子惊呆了：这可是她前半生所有的积蓄，有些东西是国际知名人士的赠品，都是她积累的无价之宝。

为了寻找那30箱金银细软，几经周折，胡蝶找到了自己的儿时好友林芷茗帮忙。林芷茗的丈夫是曾任上海警备司令的杨虎，当年在上海时，胡蝶就常去杨家，与杨虎很熟悉。单纯的胡蝶却不知此时的杨虎早已不是当初那个热情大方的杨虎了，自从来到重庆后，杨虎在蒋介石面前失宠，一直在家中赋闲。为使自己能重新当上警备司令，他正想尽办法竭力巴结戴笠，希望他能在蒋介石面前为自己美言几句。胡蝶的求助，犹如天赐良机，使杨虎一下子看到了自己的光明前途。他一刻也没耽误地将此事告知了军统老板戴笠。早对胡蝶垂涎三尺的戴笠喜出望外。听了杨虎的汇报，他当即表态："这事包在我身上，一定不能委屈了咱们的大明星。"顿了顿，他又说："请你马上转告胡蝶夫妇，入渝的机票我会给她安排好，望她放心休养，中国的电影事业不能少了她啊！"

一周后，在军统的安排下，胡蝶一家顺利来到重庆。胡蝶到重庆后，先住在杨虎家里。在杨虎和林芷茗夫妇精心安排的一个盛大的宴会上，胡蝶见到了国民党军统特务首脑戴笠。虽然戴笠对胡蝶的美貌早有耳闻，但是当他的目光落到胡蝶身上的时候，见多识广的戴笠还是情不自禁地睁大了眼睛。她那端庄俏丽的容貌、含情脉脉的眼睛以及两颊若隐若现的梨花酒窝深深地吸引了他。一番客套的寒暄过后，戴笠就迫不及待地邀胡蝶共舞。丢失财产后胡蝶大病了一场，自此后除了箱子她对什么都不感兴趣，可是眼下又不能拒绝朋友的好意，因此她只好将手递给戴笠，跳起舞来。戴笠紧紧盯着胡蝶，眼神火辣辣地透着欲望，可是胡蝶却显得心不在焉，神情冷淡。一曲舞跳完之后，胡蝶婉言谢绝了戴笠的第二次邀请，离开戴笠径自在桌前坐下。

　　心病还须心药医，风月情场老手戴笠明白，要想赢得美人的芳心，当务之急是必须在失踪的箱子上面大做文章。因此他一听说胡蝶在重庆报了案，就决心要大显身手破案，追回失物。尽管捉拿窃贼本是区区小事，派几个警察花点时间就可以破案，但因此事对于他来说事关重大，戴笠决定杀鸡用牛刀。

　　为了侦破这个案子，戴笠兵分二路：一路是立即将代运人杨惠敏抓起来，一路是去问明胡蝶箱内所装物件。前者是为了查清线索以便破案，后者是为了万一不能破案，他将按胡蝶所列出的丢失物件名称，买来归还失主。在戴笠的特别关照下，胡蝶财物被劫案终于侦破了：原来劫去胡蝶这些箱子的是当时横行广东的东江大盗王虎，杨惠敏是无辜的。但破案时王虎已将一部分贵重物品，如法国的香水、意大利的皮鞋、德国的丝袜等等卖出，无法追回，精明的戴笠便派人去各地买了补齐，送到胡蝶家交差。30箱积蓄的失而复得，使胡蝶对戴笠不由得感激涕零，态度也由冷淡逐渐地变得热情起来。

　　寄人篱下的感觉及不必要应酬的增多，使胡蝶感到了住杨公馆的不方便，便想找到一个只属于自己的家。于是，几经周折，潘有声同几个朋友一起开办了一家公司，从事茶叶和木材生意。他们只想尽快赚些钱，为全家寻个像样的住处。然而，没过几天，潘有声突然失踪了。询问公司的人方才知道，不知是谁在潘有声的公司里藏了枪，他被警察抓去了。六神无主的胡蝶哪里想到这只不过是戴笠为博取她的好感而采取的手段，为了救出丈夫，她不得不求助于戴笠，当着胡蝶的面，戴笠马上叫人放了潘有声。随后戴笠又邀请胡蝶一家在他的曾家岩公馆暂住。见面的方便使得戴笠几乎每日都来问候，他知道胡蝶爱吃水果，而战时重庆又没有什么好吃的，就不惜代价派人从新疆空运来哈密瓜；看到胡蝶身体不好，就请来名医，细心调理，还举止得体地陪她出去散心。他的这些举动令胡蝶和潘有声都非常感动，夫妇二人对戴笠的戒备之心慢慢地放松了。

胡蝶入住曾家岩公馆后，戴笠总算可以天天看到自己心仪的佳人了，可是佳人却心有所属，另有怀抱。为了达到霸占胡蝶的最终目的，戴笠开始想办法除掉潘有声，想来想去，他觉得最好的办法是调虎离山，将潘有声吸引到重庆以外的什么地方去赚钱。于是，1944年春天，潘有声接到了商人们梦寐以求的专员委任状和滇缅公路的特别通行证。此时，他已经明白了戴笠把他"发配"昆明的真正用意，明知把妻子一人留在重庆，无疑是羊入虎口，可是看着家里两个年幼的孩子和胡蝶白发苍苍的母亲，再想到戴笠冷酷无情的本性，为了一家的生命安全，他只得含泪告别胡蝶，咬着牙外出奔波。潘有声一走，戴笠就撕破脸皮，不顾胡蝶的百般哀求，强行霸占了她。从此在戴笠的威逼利诱下，胡蝶完全成了一只笼中小鸟，度过了一生中她觉得最糟糕透顶的三年生活。

为了避免别人的干扰，同时也为使胡蝶忘记过去，免去对丈夫的负疚感，在戴笠的精心安排下，胡蝶搬进了位于歌乐山的杨家山公馆。为了讨得胡蝶的欢心，戴笠不惜一切代价。胡蝶想吃南国的水果，他立即派出飞机从印度空运；胡蝶说拖鞋不舒服，他一个电话就让人弄来各式各样的鞋子；胡蝶嫌杨家山公馆的窗户狭小，光线不充沛，又嫌楼前的景物不别致，他急忙命人在公馆前方专门为她重新修建了一幢花园洋房。在神仙洞周围，他计划建筑一栋规格、设施、造价远远超过其他公馆的豪华别墅，准备作为他和胡蝶将来的秘密居所。他认为神仙洞除了地名吉利外，还环境清静，风景优美，便于隐居。为显示他的真心，博胡蝶一笑，修这所房子时，他要求汽车可以直达门口而不爬坡。为此，他亲自测好地形，凡车路经过的地方，居民们都得搬走，房子一律拆迁。除此之外，他还亲自设计如何在斜坡上用石块镶成"喜"和"寿"两个大字，如何在空隙处栽上各种奇花异草。为了保密同时也为了防止胡蝶和外界接触，戴笠特地在别墅外围修建了电网、水渠及隔离外界的围墙，外面还设置了岗亭。

同居期间，为了讨胡蝶的欢心，戴笠又为胡蝶修建了好几处住所，如罗家湾19号、重庆南岸汪山、嘉陵新村、浮图关李家花园等等。另外在杨家山公馆前面还特地修建了一处很考究的花园，花费了近一万银元购买了各种名贵奇花异卉用以装点花园。他和胡蝶住在这里时，每天早晚都要陪胡蝶去花园散步。胡蝶虽然生活在这样优越的环境里，但由于不能与自己的家人在一起，又不能从事自己深爱的电影事业，所以她仍然天天闷闷不乐，戴笠对她越好，她越觉得自己的人生是一个悲剧。她觉得自己一步一步地被毁灭掉了，再也找不回原来那个纯洁、坦率的自己了，一念及此，她就常常泪湿衣襟。

1946年，胡蝶随戴笠回到了她思念了8年之久的上海，令她没有想到的是戴笠向她提出了结婚的要求。戴笠动情地说："我今生最大的心愿，是与你正式结为夫妻，你是我的唯一，其他什么事都不能改变我对你的爱。我是真心爱你的，为了你，我什么都可以不要。我现在最大的心愿就是与你正式结婚。"

为了达到和胡蝶结婚的目的，戴笠再次安排潜伏特务拘押了潘有声，并暗中让人诱劝他解除与胡蝶的夫妻关系，以便他与胡蝶正式结婚。期待着与家人团聚的胡蝶含着眼泪对丈夫说："有声，虽然我们办了离婚手续，但是我的心是永远属于你的,姓戴的只能霸占我的身体,却霸占不了我的心。"

就在戴笠一心准备在1946年3月下旬与胡蝶正式举行婚礼时，他却因飞机失事烧死在南京西郊的戴山上。

晚年

戴笠的突然离世，使胡蝶重获自由，她又回到了丈夫和孩子的身边。可是当一家人终于团聚在上海，准备开始新的生活时，她又犹豫了。经过抗日烽火洗礼的上海，活跃着的是新一代更加年轻有为的女影星，上海电影的未来已经不再是属于她的了；生活上，她与戴笠之间的关系，使她无法从容面对从重庆等地重返上海的左翼影人，尤其是无法逃避一批有"隐私癖"的黄色报刊记者，好友阮玲玉悲愤自杀一事使她对"人言可畏"更增添了一份恐惧。经过一番慎重的讨论，胡蝶和潘有声决定携一双儿女去香港发展。

到香港后，潘有声创办了以生产"蝴蝶牌"系列热水瓶为主的兴华洋行。胡蝶倾注了全力，辅佐潘有声从事经营。这种苦尽甘来，朝夕相处的生活只持续了六年，潘有声就病逝了。她这一生只有两个最爱，一个是潘有声，一个是电影。丈夫先她而去，使她始终无法摆脱孤独和伤感，对电影的思念一日浓似一日。

1959年，在亲友的鼓励下，已年过半百的胡蝶加盟邵氏公司，回到了阔别十年的电影界。她先后为邵氏公司主演了《街童》、《苦儿流浪记》、《两代女性》、《后门》等片，其中《后门》一片获第七届亚洲电影节最佳影片金禾奖，而她则获得了最佳女主角奖。

1975年，胡蝶移居加拿大温哥华，并改名为潘宝娟。宝娟是她父母为她起的乳名，以潘为姓则表达了她对亡夫潘有声的怀念之情。告别了影坛又身居异地的胡蝶，时常怀念着祖国，关注着中国电影的情况。每当有人去看望她时，她总是不忘叮嘱来人回国后，代她向国内观众，尤其是上海观众问好。上海是她真正的家，每当她心潮澎湃，思绪激荡时，她就恨不得身上长出双翅，立刻飞回到那块生她养她造就她事业的热土。

在她的回忆录里，她深情写道："据说温哥华的地形像摊开的右手，手的方向是伸向太平洋彼岸的亚洲，伸向中国。我住在这滨海城市的临海大厦，不论是晴朗的白天，或是群星灿烂、灯火闪烁的夜晚，当我站在窗户边向远处眺望时，我的心也像温哥华的地形似的，伸向东方，希望握着祖国——我的母亲的温暖的手。"

但是面对祖国朋友和故乡影迷的召唤，她却以身体不济，力不从心为借口一次次的推脱，与戴笠之间那段难于启齿的往事，是横亘在她与故乡之间一堵无形的墙，情感上的难堪使她迈不动回家的步伐。她害怕记者会问起这段封锁在她内心最深处的记忆，甚至于在她自己晚年所写的回忆录里，她也有意地回避了这段让她不堪回首的前尘往事。

1989年4月25日，翩舞人间近百年的胡蝶在温哥华因病与世长辞，应她的要求，她的骨灰被安葬在她深爱了一生的亲人旁边。这位中国第一位影后留给世人的最后一句话是："胡蝶要飞走了！"

阮玲玉：昙花一现的"感光最快的胶片"

传略　阮玲玉（1910—1935），原名阮凤根，广东中山县人，生于上海。上世纪二三十年代上海滩电影明星，曾被誉为中国的嘉宝。

因为当工人的父亲早逝，孩童时代就随母为人帮佣。母亲节衣缩食，让她上学读书，1926年，为自立谋生，奉养母亲，考入上海明星影片公司，主演处女作《挂名夫妻》，从此踏入影坛。

之后，相继在"明星"、"大中华百合"公司主演近20部影片，所扮演的都是在爱情、婚姻方面屡遭不幸的少女或娇媚泼辣的风流女子。1930年进联华影业公司，主演该公司创业作《故都春梦》，在其中扮演妓女燕燕，获得成功，奠定了她在影坛的地位。

此后，在《野草闲花》、《三个摩登女性》、《小玩意》、《城市之夜》、《人生》、《归来》、《再会吧，上海》、《香雪海》、《神女》、《新女性》、《国风》等一系列影片中担任主角，在这批暴露社会黑暗，表现下层劳苦群众生活的影片中，成功塑造了各种饱受苦难的中国妇女形象。这些形象中，有女工、村妇、教员、舞女、妓女、艺人、作家等。人物大多身世悲惨，经历坎坷，屡遭磨难而一直奋斗不息，虽然最终都是以自杀、出家、入狱、惨死为结局，但都能保持善良正直的天性和纯洁美好的心灵。其中，《神女》是最具代表性的作品，她以精湛的演技，把一个品格崇高的母亲与一个地位卑微的妓女奇迹般地融合为一体，出神入化，令人心灵为之震动。

阮玲玉端庄大方，清丽脱俗。对待表演艺术，她勤奋刻苦，倾注了全部的热情，不懈追求。表演中，她能够准确地体味人物的情感，捕捉到人物感觉，并用适当的眼神、表情、动作准确地表现出来。这种准确的内心感应力和形体表现力结合得又非常自然，显示出她卓越的才华和非凡的功力。

《神女》导演吴永刚曾用"感光最快的胶片"作比喻，给予她高度赞誉。上世纪30年代的中国影坛，她以重拍次数最少而成为导演们乐于与之合作的演员；又以使观众"每片必看"而成为最有票房号召力的演员。她的表演才华横溢，光芒四射，达到了中国无声电影时期表演艺术的最高水平，赢得广大观众由衷的倾慕。

然而，她的婚姻生活十分不幸。1935年，由于与张达民的婚姻诉讼案，她与唐季珊的感情破裂，这使她心力交瘁，留下遗言后，服药自尽，时年仅25岁。

童年 1910年4月26日，阮玲玉出生在上海朱家木桥祥安里的一间阴暗狭窄的小屋里。阮玲玉的父亲阮用荣，号帝朝，祖辈务农。由于当时农村凋敝，无以为生，遂离开香山县到上海谋事，当上了当时上海浦东亚细亚火油栈机器部的工人。阮玲玉的母亲姓何，也是广东人香山人，21岁的时候嫁给了同乡阮用荣。

在她小的时候，每当父亲有些零钱，便会买张靠舞台边的便宜歌剧票，带她去看戏。舞台上的五光十色，演员的唱做动作，都在她的心里留下了深深的烙印。不幸的是，1915年，年仅44岁的阮用荣，因积劳成疾而去世。

阮玲玉8岁上学念书，起初进的是私塾，第二年，转入中国最早的女子学校——崇德女子学校。

在校期间，由于视野开阔，阮玲玉有了更多的机会思考人生，她那与生俱来的忧虑气质似乎更浓了。她的一个同学，在回忆阮玲玉在崇德女校读书的情况时说："她既不漂亮，又不摩登，不过脸上几点细麻麻得很俏，态度也生得风骚一些，尤其是那一双眼珠，滑溜溜的真摄人魂魄。"

然而上学，对这对寡母孤女来说，实在是难上加难的事，费用的重担自不用说，而且，母女俩没有真正属于自己的家。母女俩得苦苦求情于心肠较好的主人家，让她们有一个栖身之处。

阮玲玉没有住校时，放学后，她还要扮演丫头的角色，常常忙到主人们睡了才能学习，常常要熬到深夜，天色微明就得起床，偷偷温习了功课又得干活。但她不觉得苦累，一心要念书识字，成为"自立的女子"。

初恋

阮玲玉在母亲帮佣的张家认识了她生命中的第一个男人，这个男人命里注定带给她的是躲不过也逃不掉的孽缘。

这个男人叫张达民，生于1904年，比阮玲玉大6岁，是张家的小儿子。张老爷与张太太对这个小儿子格外宠爱，凡事皆依着他，使他从小就成了一个娇生惯养的纨绔子弟。他自脱离学校后，说是踏入社会服务，实际上根本没有真正的职业，与阮玲玉相识之初，他自我介绍说：在五马路茂盛洋行内供职。

但张达民也并非传统意义上的富家浪荡公子，他是一个受过五四新思潮影响的青年人，所以他对保姆的女儿并没有歧视之意。

当时阮玲玉和母亲靠当保姆和丫头过活，生活自然拮据。于是，张达民就经常拿自己的钱去接济母女两人。慢慢地，张达民觉得自己越来越喜欢阮玲玉了，于是就说："我们结婚好吗？"当时阮玲玉在思想上对此并没有准备，但是她的妈妈却觉得这很好，因为一个佣人的女儿能够嫁一个东家的少爷，这在当时是许多穷人子女梦寐以求的事。

但张达民的母亲对自己的儿子和保姆的女儿有这样一层"门不当户不对"的关系表示坚决反对，决心要拆散他们。

而此时的张达民正疯狂地爱着阮玲玉，他对阮玲玉说："好，我们去和我的父母谈判。"

在自己的儿子面前，张太太的态度依旧强硬，她说：只要我活着，这件事谈都不要谈。无奈之下，张达民向阮玲玉提出："要不我们同居吧？"于是，在这样的情况下，阮玲玉和张达民同居了，同居的那一年，阮玲玉只有16岁。

这是阮玲玉短促的一生中第一个占有了她的男人。生活的磨难，使阮玲玉比普通少女更早地懂事了、成熟了；生活的磨难，又使阮玲玉过早地将自己的命运和一名玩世不恭的少爷联结在一起。从16岁起，近10年的时间里，她为他付出了青春和用血汗换来的金钱，而他则愈来愈像魔影似的追随着她，笼罩着她，直至将她送给了死神。

从影　1926年3月，在上海明星影片公司做导演的卜万苍正准备筹拍一部新片《挂名夫妻》，为此，他向公司总经理张石川提出一个建议：在上海广销全国的大报上登广告，用公开招考的办法选女主角。张石川欣然同意。这则刊登在《新闻报》上的广告燃起了阮玲玉的希望。阮玲玉一直爱好表演艺术，当她还是崇德女校的学生时，就曾憧憬着有朝一日能在舞台上一显身手，也曾幻想着成为殷明珠、王汉伦一样的明星。但她对自己成为演员毫无信心。有一天，张达民的大哥张慧冲突然兴冲冲地走进她的屋里说："弟妹，想不想拍电影？"这意外的询问，使刚过上几天家居生活的阮玲玉大吃一惊，一时竟呆在了那里。张慧冲看她呆呆地发怔，怕她还不明白自己的意思，便告诉她："上海有家明星影片公司，是家老牌

的电影公司。现今，明星公司正在招考电影演员，要是你愿意试试，我可以介绍你去。"他还怕她要面子，又补了两句："考不取也没关系，反正是试试嘛。"

事情就这样很简单地决定了，张达民和其家人也没提出什么反对意见。1926年的一个春光明媚的日子里，张慧冲携同阮玲玉和阮母来到明星公司，让她参加《挂名夫妻》这部默片女主角的应试。张慧冲在电影界的时间比较长，对电影界的人也较为熟悉。到达明星公司后，他和门卫打了个招呼，就领着阮玲玉和阮母直接去找电影导演卜万苍了。不巧的是，卜万苍刚巧不在，只见到了公司里的一名姓林的广东人。他很买张慧冲的面子，又见阮玲玉面容秀美，神态动人，答允向已颇有名声的卜导演推荐。这之前，明星公司招收演员的报名处，已经接受了好几位女士的报名，但始终与导演心中的女主角有差距。隔天，卜万苍已经从林某的介绍里预先有了印象，立即答应让她参加《挂名夫妻》女主角的试戏。

试戏时，卜导演和蔼地向阮玲玉讲解了剧中的人物要求，以及怎样演好这名可怜的女子。当时试演的是《挂名夫妻》中新婚那一幕，剧情是这样的：黄君甫扮演的方少琏躺在床上呼呼大睡，阮玲玉扮演的史妙文静坐在一旁，表现出又羞又恼的样子，几次想要过去推醒黄君甫，但是终于没有那个勇气；阮玲玉站起身来转了一下念头，重复坐了下来。后来黄君甫醒后嚷嚷着要找姆妈，要喝茶，阮玲玉起先置之不理，但黄君甫从床上爬起来见到阮玲玉这么一个陌生女子在旁，吓得又重新缩进了床上，哭喊着：姆妈，房间里有老虎。此时的阮玲玉见到自己竟然嫁了这样的傻瓜丈夫，不由得心里一酸，失声痛哭起来。

但这次"首演"并不成功，紧张的阮玲玉把一切搞砸了。卜导望着这个满脸沮丧的女子，轻声地、有点困惑地对她说："好吧，密司阮，够辛苦的了，你回去吧。"

冷静下来后的卜导和编剧郑正秋还是坚持认为阮玲玉从扮相到动作都是一块演悲剧的好料子，尤其是她的一双眼睛很有内容，很会出戏。今天之所以演砸了，主要还是由于怯场、不适应，没有表演经验造成的。于是当母女俩缓缓地走出试拍现场时，卜万苍快步跟了过来，对阮玲玉说："明早再来试一趟吧。"

当阮玲玉由母亲陪同，再次走进明星电影公司大门和试演场时，心不再剧烈地狂跳，神态也从容自如得多了。卜万苍以鼓励的眼神对阮玲玉说："这没有什么，就像你在生活中照相一样！"

当助理导演要她做欢乐表情时，阮玲玉便轻盈地把头一侧，薄唇轻启，嫣然一笑，眼睛笑得更弯，也更妩媚，在唇角边还浮出一个逗人的浅涡。当剧情进行到史妙文为自己命运哭泣时，阮玲玉的脸上立刻现出悲伤表情，原来留在脸上的笑容突然消失，流丽的眸光顿时蒙上一层水盈盈的泪花，从泪眼中露出哀怨的神情。

阮玲玉此刻已忘了是在试戏，也不去多想"当明星"的事情，一心沉到了人物之中。她的步履、神情，都在刹那间成了少女妙文。她本与青年王定章相恋，而家庭包办了她的婚姻，让她嫁给一名痴呆的富家子弟方少琏，她为此忍受着感情的痛苦。

阮玲玉的明星照

卜万苍愈看愈喜悦，脸色由肃穆转向赞赏。当试演告一段落时，他几乎是不假思索地告诉阮玲玉她被录用了。这果断而迅速的决定使所有的人都感到意外和惊异。望着阮玲玉远去的倩影，卜导演兴奋地说："你们看，她像永远抒发不尽的悲伤，惹人怜爱。一定是个有希望的悲剧演员。"

成功 卜万苍导演就像一个神奇的魔术师，他对阮玲玉的解读，在阮玲玉9年的银幕生涯中主演的29部电影中得到了印证。阮玲玉从《挂

名夫妻》开始,在影片中饰演各类不同角色,塑造了社会各个阶层的妇女形象,其中有农村少女、丫头、女工、女学生、小手工艺者、女作家,以至交际花、歌女、舞女、妓女、尼姑和乞丐,有正派角色也有反派角色;由少女演到老年,从旧社会的殉葬者一直演到为人民利益而奋斗的先进女性。这些人物都有一个悲惨的结局,有的自杀,有的入狱,或者被逼成疯,或者病死街头。这些充满悲剧色彩的银幕形象,也就是旧中国千百万苦难妇女的缩影。她们的不幸遭遇震撼人们的心灵,激起观众无限同情和共鸣。

阮玲玉在影片《神女》中

试演的成功让阮玲玉从心底升起了一股暖流。当她从剧本的情景中完全清醒过来时,终于意识到电影的大门已为她打开了。阮玲玉终于成了《挂名夫妻》这部默片的女主角。阮玲玉进入摄影场后,对卜万苍导演的任何细小指导都始终是谦虚谨慎地尽力去做。与黄君甫配戏时,也十分尊重他的意见。4个月后,影片《挂名夫妻》的试演,阮玲玉作为一位初次在银幕上出现的演员,因为扮演的史妙文这个悲剧角色比较逼真而给观众留下较好的印象,使她在电影界崭露头角。但是在公司和社会的宣传和海报中,阮玲玉的名字还是排在了已在《玉梨魂》、《空谷兰》等10余部影片中担任角色,并在观众中有一定影响力的黄君甫的后面。

后来,当阮玲玉连续参演了数部电影后,她在观众中的影响力越来越大,并最终成为一个红遍全国的电影明星。

伯乐 在阮玲玉短短的艺术生活中,从未忘怀卜万苍的知遇之恩,卜万苍这个艺术界长者也始终关注着阮玲玉的成长。卜万苍曾经著文说:

"我认识阮玲玉,还是在她未演电影之前,所以我和她的关系是比较深切的。记得那时候的她,天天做着明星的梦,但是总没有去实现的勇气,又没有入门的机会。后来被我发现了,尤其在短时间的谈话中,我很肯定地向她说:密司阮,我看你定能演戏,让我来给你一个机会罢。后来我就请她担任《挂名夫妻》片中的女主角。片成之后,……一时获得不少佳誉。再仗着她的天才和不断的努力,现在已成了中国女星中的最明亮的一个了。她的性格很好,待人接物俱甚和蔼。尤其对我,从她演电影起一直到现在都是忘不了我们的友谊,这是值得赞颂她的。"

阮玲玉对卜万苍在艺术上十分敬重,始终事以师礼,对卜之指点,无不唯命是从。后来,即使当她成为举国瞩目的大明星时,依然不改本色。阮玲玉从1929年后与卜万苍先后加入联华公司。在联华公司导演虽多,但卜万苍导演拍片却是最下工夫的一位。过去,他拍了《玉洁冰清》、《挂名夫妻》等影片,加入联华公司后,又执导了《人道》、《三个摩登女性》、《母性之光》等,都较为成功。作为一位导演,他很了解观众心理,所拍电影都很卖座。联华公司的总经理罗明佑为此也很器重他。可与他的工作相比,卜万苍导演的薪金实在太少了,每月只有300元。因而当联华公司因阮玲玉名气大,要调高她的薪水时,阮玲玉认真地回答说:"卜先生每月拿300元的薪水,我也拿300元,要加我的薪水,请先加他……"

是非

上海发达的电影业在造就了阮玲玉的同时,也造就了她的悲剧命运。1932年,正当阮玲玉在电影艺术上有着迅速发展的时候,"一·二八"事变在上海爆发,日本把侵略的战火烧到了上海,此时,上海很多富商为了安全纷纷躲避到了香港,阮玲玉也带着自己的养女和张达民一起来到香港。在香港,阮玲玉遇到了她生命中的第二个男人,正是这位中年男子的出现,将阮玲玉推向了死的边缘,这个人就是唐季珊。

唐季珊当时是东南亚地区著名的富商,他是做茶叶生意的。因为他很有钱，所以电影公司都争先恐后地拉他入股，所以他当时就是阮玲玉所在的电影制片厂——联华公司的一个很大的股东。因为大家一起到香港去避难，所以阮玲玉就在一个公开场合上见到了唐季珊。两人初次见面的时候，也没有太多的交流，只停留在场面上的应酬而已，过后阮玲玉也没有把见到唐季珊这件事放在心上，但是唐季珊见到阮玲玉以后，却产生了一种过目难忘的感觉。

这个时候唐季珊已拥有了一个著名的美女，她就是阮玲玉的前辈，一个在中国默片历史上很著名的女明星——张织云。张织云的气质和阮玲玉极其相似，她俩都给人一种似乎压抑着的悲哀的感觉，当时张织云已经息影，正和唐季珊同居。

唐季珊知道阮玲玉喜欢跳舞，于是他接触她的第一个方式就是邀请阮玲玉去最高级、最豪华的场合跳舞。跳舞是很近距离的接触，于是这样一来一去，阮玲玉渐渐地就和唐季珊有了感情。和张达民比起来，唐季珊显然更加成熟，事业有成，又懂得照顾女人，这让阮玲玉无法拒绝。

当阮玲玉开始和唐季珊交往的时候，张织云写了一封信给阮玲玉，这封信并非是单纯的指责和谩骂，信中，张织云对阮玲玉说：你看到我，你就可以看到你的明天……

但在当时，阮玲玉是听不进任何有关唐季珊不是好男人的话的，她只以为张织云是在嫉妒她，是想把她和唐季珊拆开来，所以对于这封信，她没有作出任何正面回应。身为巨富的唐季珊在上海的新闸路买了一栋三层的小洋楼送给阮玲玉，这座小洋楼极其漂亮，可以说唐季珊通过这个小洋楼完全博取了阮玲玉的芳心。

就在阮玲玉和唐季珊开始新的同居生活时，张达民发觉了这一切。那个时候张达民已经潦倒了，正当他失落之时，竟看到和自己同居8年的阮玲玉居然和另外一个男人住在一起，并且这个男人要比他更有钱，要比他更有实力，他心中那种复杂的感觉是不言而喻的，于是嫉恨之心油然而生。

为了报复，张达民向阮玲玉索要5000元钱。当时的阮玲玉出于息事宁人的心理，想给钱了事。但唐季珊在边上冷言冷语地说："你要给他钱是可以的，我是不给的，但是我觉得你这样给下去的话，是没完的，他是一个无赖。"看到唐季珊阴沉的脸色，阮玲玉不得不改变主意：一分钱都不给。

张达民没有想到，一向软弱的阮玲玉居然那么坚决地拒绝了他的要求，他恼羞成怒，说："好，你不给我钱，我就把你的身世给揭露出来。"他将一纸状子递到了法院，说阮玲玉当时住在他们家的时候，偷走了他们家的东西，之后又把这些偷来的东西全部送给了唐季珊。这样一来，等于把唐季珊也告进了法庭，法院受理了这个案件。

为了自己的名誉，唐季珊必须要打官司，他也到法院告了一状，说张达民对他是名誉诬陷，他要求阮玲玉出面在报纸上登一篇宣言，说自己没有把张家的东西拿来送给他，两人在经济上是独立的。

本意上，阮玲玉并不愿意这样做，但是为了和唐季珊继续在一起，她也只好答应下来，就在报纸上发了一个公告，表明自己和唐季珊同居，经济是自立的，以此来证明唐季珊的清白。

恰恰在这个时候，唐季珊在外面又有了新欢，这个新欢叫梁赛珍，当时是上海滩上著名的舞女，舞跳得好，人长得漂亮，也经常去拍电影，等于是和阮玲玉一个圈子里面的人，两人还是朋友。出于女人特有的敏感，阮玲玉跟踪唐季珊并发现了两人不同寻常的关系。此时，阮玲玉的内心是非常痛苦的，但是为了脸面，她并没有将这件事公开。

由于张达民的无情和唐季珊的不忠，阮玲玉再次失去了感情的寄托。此时她唯有把心中的悲哀和痛苦融化在所扮演的角色当中。这时，一次偶然的机会，阮玲玉生命中的第三个男人闯入了她的生活。

当时阮玲玉正在拍摄电影《新女性》。《新女性》是由一位年轻的导演指导的，他就是蔡楚生，后来他的作品《渔光曲》在国际上获奖，这是中国电影人第一次获得国际性大奖，蔡楚生也因此成名。《新女性》的最后一场戏是一场自杀戏，女主角在服药之后又觉得后悔，在临死之前，她对医生说："救救我，我要活。"这个镜头拍得相当出色，在场所有的人都被阮玲玉的表演所打动，无不潸然泪下。

这个时候，导演蔡楚生让所有的工作人员都退场，他一个人坐在床边默默地陪着阮玲玉，等到情绪平复下来以后，阮玲玉对蔡导演说："我多么想成为这样的一个新女性，能够摆脱自己命运的新女性，可惜我太软弱了，我没有她坚强。"

蔡楚生和阮玲玉是同乡，可以说他们的感情完全是在片场建立起来的。蔡楚生是学徒出身，他曾经在商店里当学徒，然后到电影厂做杂工，他完全是通过自己的自学，一步一步地成为了一个有才华的著名导演。阮玲玉觉得，蔡楚生和自己一样，出身很卑微，就和他很亲近，就把自己是一个保姆的女儿，怎么样和张达民同居，又怎么样认识唐季珊，又怎么样和唐季珊同居，然后唐季珊又爱上了别的舞女，以及她内心的痛苦全都和蔡楚生说了。……两个人越走越近。当《新女性》拍完后，她和蔡楚生之间已经产生了深深的感情。

就在阮玲玉和三个男人发生感情纠葛时，电影《新女性》又遭到了小报记者的恶意攻击，而且攻击的矛头直接指向女主角阮玲玉。

自杀 阮玲玉选择了一个特殊的日子结束自己的生命，1935年"三·八"国际妇女节凌晨，阮玲玉以死表明自己的清白，向残酷的现实做最后的抗争。

3月7日晚上11点的时候，阮玲玉尚在联华制片厂与朋友一起畅谈，一起吃宵夜。12点左右，阮玲玉回到住所，其丈夫唐季珊已经入梦，阮没有惊动他，与母亲说了一些话后，以饥饿为由，让侍役煮了一碗面。阮玲玉即以此面就着30片安眠药服下，然后又喝了两壶茶水。之后，她先将事先已经写好的遗书放入抽屉中，然后推醒唐季珊，问他是否真心爱她，唐回答是。阮玲玉看着丈夫，说："请你给我些安慰（意即指接吻一次），因为这是最后一次了。"唐季珊觉得阮的言语有异，急忙起来，一边温存，一边问为什么要说这样的话，阮笑而不答。唐更加疑惑，急唤阮母，阮母入室，发现女儿已不能说话，这才发现桌子上有3个安眠药空瓶，知道女儿已服毒，于是赶紧送她去医院治疗。

因抢救过迟，阮玲玉于3月8日下午6点38分气绝身亡，年仅25岁。

阮玲玉的自杀引起了社会上很大的震动，有不少喜爱她的观众追随其香魂而逝。上海戏剧电影研究所的项福珍女士，听闻噩耗，随即吞服了鸦片自杀；绍兴影迷夏陈氏当天吞服毒药自杀；杭州联华影院女招待员张美英也因痛悼阮玲玉服毒自尽。单是1935年3月8日这天，上海就有5名少女自尽。她们留下的遗书内容大同小异："阮玲玉死了，我们活着还有什么意思？！"

阮玲玉生前名闻天下，死后的哀荣也是极一时之盛。1935年3月14日，她的灵柩从万国殡仪馆移往闸北的联义山庄墓地。阮玲玉生前的好友差不多都到齐了，将近300人。下午1时10分，由金焰、孙瑜、费穆、郑君里、吴永刚、蔡楚生、黎民伟等12位影界大腕将灵柩抬上灵车。这天送葬的队伍排成长龙，灵车所经之处，万人空巷，沿途夹道为其送行者多达30万人。美国《纽约时报》驻沪记者见状极为惊奇，特意作了"这是世界上最伟大的哀礼"的报道。文中还配发了一幅插图，送葬行列中有一壮汉，头扎白布，身穿龙袍，其寓意为"倘若中国还有皇帝也会前来参加葬礼。"

余音　阮玲玉死的当晚，张达民还在舞场跳舞。一位朋友将阮玲玉的死讯告诉了他，开始他不敢相信，以为是开玩笑，当确信无疑后，他感到心中一阵发虚。

他来到万国殡仪馆，纵身伏在阮玲玉的尸体上号啕大哭。这时，他想起了与16岁便委身于他的阮玲玉相处六七年的恩恩怨怨，又想到自己也许将因阮玲玉自杀而成为万人唾骂之人。为了尽早开脱，他必须争取主动，让人们相信他还是爱着阮玲玉的，唐季珊才是罪魁祸首。

他马上找到几个相熟的记者，对他们说："余刻下所受之刺激及精神之痛苦，实甚于死者百倍。方寸间，乱不堪言，实无精神，能与君作长谈，唯一言以蔽之，愧自己缺乏金钱，以及交友不慎，以致美满家庭，有如今日之结局。"3月10日他还告诉来访记者，已三赴殡仪馆哀悼阮玲玉。他曾恳求他的兄长资助，想以"张夫人"名义安葬。但张家兄辈们阻止他这样做。

阮玲玉葬礼

阮玲玉的死讯和遗书发表后，张达民果然受到多方指责。他对记者说："遗书已见报载，唯详细查其字迹，与阮之笔迹不对，但尚不能确定，但余对于此时，决心追究，绝不使犯法者逍遥法外。"但他还是没敢参加3月14日的葬礼，数日后才来到墓地献上了一束花。

唐季珊在阮玲玉死后，推脱罪责的想法超过"丧妻之痛"。除篡改遗书外，当他发现阮玲玉服毒后，竟舍近求远，不将阮送到离家很近的广仁医院，却送往四川路日本人开设的福民医院，因该医院夜间不留医生，又送到蒲石路中西疗养院，耽误了有效抢救时机。但他还是做了充分的表演，首先在各报纸上刊登告示，曰："唐季珊夫人（即阮玲玉女士），痛于国历三月八日戌时寿终沪寓，兹择三月十一日申时，在胶州路万国殡仪馆大殓，择日出丧，谨此讣闻。"入殓仪式上，唐季珊大谈他与阮玲玉的"真正爱情"，大骂张达民的诉讼"害死阮玲玉"，似乎阮玲玉的死与他毫无关系。但舆论却对唐季珊多有谴责，他向记者表白道："余为丈夫，不能预为防范，自然难辞其责。余对玲玉之死，可谓万念俱灰。今生今世，余再不娶妻，愿为鳏夫至死……"可是不久他还是娶了一位新夫人，之后又泡上一个酒吧女郎。

1935年3月17日，阮玲玉逝世第9天，张达民控告阮玲玉和唐季珊一案仍按原计划开庭。张达民在法庭上继续说他和阮玲玉多么相爱，并拿出一张合影来证明他和阮的"夫妻关系"。唐季珊则胸有成竹，称他和阮玲玉同居之时，阮早已与张脱离了关系，并出示了他们签署的脱离同居关系的约据。3月22日法庭判决张达民的诉讼理由不能成立，宣布唐季珊无罪。唐季珊后来在经营上遭到惨败，被迫卖掉了别墅，自己捧着茶叶沿街叫卖，最终潦倒而死。不过唐季珊还算有点人性，他遵循死者遗言，在困境中赡养了阮玲玉的母亲。1962年阮母病逝于上海。阮玲玉的养女囡囡后改名为唐珍丽，也由唐季珊抚养到中学毕业，后来随丈夫赴泰国定居。

疑云 阮玲玉去世后留有遗书，这是世人皆知的。公众向唐季珊要，但唐没有拿出来。直到第三天，即1935年3月11日在万国殡仪馆为阮玲玉举行入殓仪式时，在人们的追问下，唐季珊才拿出一份阮玲玉写的《告社会书》，说是写给张达民的，提到"人言可畏"。一些熟知阮玲玉的电影界同仁认定她另有遗书，一再追问下，唐季珊说是"阮玲玉还给我写了一封信，她说我很好，这一天我不愿意拿出来，我不想标榜自己"。

后来人们从1935年4月1日联华公司出版的《联华画报》上，读到这两份遗书的全文。画报在封面上标明"阮玲玉纪念专号"，登有阮玲玉的114幅图片、20多篇纪念文章、年表及报纸评论等。最引人注目的，莫过于阮玲玉两封字迹潦草的遗书影印件了。这可能是中国最早的阮玲玉纪念画册和见诸文字的记录。这两封遗书的内容是：

告社会书

我现在一死，人们一定以为我是畏罪，其是（实）我何罪可畏?因为我对于张达民没有一样有对他不住的地方,别的姑且勿论,就拿我和他临别脱离同居的时候,还每月给他一百元。这不是空口说的话,是有凭据和收条的。可是他恩将仇报,以冤(怨)报德,更加以外界不明,还以为我对他不住。唉,那有什么法子想呢?想了又想,惟有以一死了之罢。唉,我一死何足惜,不过,还是怕人言可畏,人言可畏罢了。

阮玲玉绝笔(民国)廿四、三月七日

季珊:

我真做梦也想不到这样快,就和你死别,但是不要悲哀,因为天下无不散的宴席,请你千万节哀为要。我很对你不住,令你为我受罪。现在他虽这样百般的诬害你我,但终有水落石出的一日,天网恢恢,疏而不漏,我看他又怎样活着呢。鸟之将死,其鸣也悲,人之将死,其言也善,我死而有灵,将永永远远保护你的。我死之后,请代拿我之余资,来养活我母亲和囡囡,如果不够的话,那就请你费力罢!而且刻刻提防,免她老人家步我后尘,那是我所至望你的。你如果真的爱我,那就请你千万不要负我之所望才好。好了,有缘来生再会!另有公司欠我之人工,请向之收回,用来供养阿妈和囡囡,共二千零五元,至要至要。另有一封信(注:指《告社会书》),如果外界知我自杀,即登报发表,如不知请即不宣为要。

阮玲玉绝笔(民国)廿四、三月七日午夜

但是,遗书刊出后不久,就有人提出疑问。

疑问之一:内容不符合阮玲玉的一贯处境。众所周知,无论是从少女时代就霸占阮玲玉的张达民,还是在占有阮玲玉前后就玩弄过多位女影星的唐季珊,他们都是迫害她的元凶,唐根本不支持阮玲玉的事业,曾把舞女带回家让阮玲玉亲眼所见，还在街头当众殴打她，逼得她几次服毒，在死前怎么能说"我对不起你"、"令你为我受罪"、"如果你真的爱我"这样"深情依依"的话？太假了！

疑问之二：阮玲玉尽管是一位著名影星，但艺人在当时的社会地位并不高，她即使留遗书也只能说些家庭琐事和个人际遇，怎么能写"告社会书"？其实报纸上早就对阮玲玉的绯闻议论不断，她从来就没有畏惧过，怎么到最后"人言可畏"起来？

疑问之三：阮玲玉文化程度并不高，平时忙于拍戏，读的书也并不多，也很少写作，但遗书中逻辑缜密，文辞考究，滴水不漏，一个在悲愤交迫情况下的人，能从容写出这样通达流畅的文字？

这种疑惑延续了几十年。

几十年后，又发现了阮玲玉新的、人们从未见过的遗书。这套遗书经多方考证，被认为是真正出于阮玲玉的手笔。

先是暨南大学从事电影理论研究的连文光教授在编著的《中外电影史话》中附有新发现的阮玲玉遗书（1993年3月，暨南大学出版社出版）；后来又有上海老作家沈寂向媒体发布的文章《真实遗书揭开阮玲玉死亡真相》。他们共同的依据是来自1935年4月26日出版的《思明商学报》。这张报纸登载了阮玲玉的另外两封遗书：

其一

达民：

我已被你迫死的，哪个人肯相信呢？你不想想我和你分离后，每月又贴你一百元吗？你真无良心，现在我死了，你大概心满意足啊！人们一定以为我畏罪，其实我何罪可畏，我不过很悔误（悟）不应该做你们两人的争夺品，但是，太迟了！不必哭啊！我不会活了，也不用悔改，因为事情已经到了这种地步。

其二

季珊：

没有你迷恋"×××"（按：指歌舞明星梁赛珍），没有你那晚打我，今晚又打我，我大约不会这样吧！

我死之后，将来一定会有人说你是玩弄女性的恶魔，更加要说我是没有灵魂的女性，但，那时，我不在人世了，你自己去受吧！

过去的织云（按：即张织云，唐季珊玩弄过的女影星），今日的我，明日是谁，我想你自己知道了就是。

我死了，我并不敢恨你，希望你好好待妈妈和小囡囡，还有联华欠我的人工二千〇五十元，请作抚养她们的费用，还请你细心看顾她们，因为她们唯有你可以靠了！

没有我，你可以做你喜欢的事了，我很快乐。

玲玉绝笔

《思明商学报》是上世纪30年代出版的一张内部发行的机关小报，仅发行1500份，外部公众不大看得到，所以它被淹没是很自然的。然而，这张不起眼的小报却揭开了有关阮玲玉遗书的惊天真相。1935年4月26日的这张报纸在发表阮玲玉遗书的同时，还登载了一篇题为《真相大白唐季珊伪造遗书》的文章，文中披露："阮玲玉自杀当晚，确写遗书二封，但不是唐季珊拿出来的那两封。发表在《联华画报》上的两封遗书，是唐季珊指使梁赛珍的妹妹梁赛珊定的，梁赛珊后为良心所责，说出真情，并将原遗书交出。原遗书极短，文字不甚流畅，而且涂改多处……"

梁赛珍是广东人，1926年从影，主演《火烧红莲寺》出名。她和两个妹妹梁赛珊、梁赛瑚皆善舞，被称为"梁家三姐妹"。她们和唐季珊住邻居，梁赛珍是唐追逐和玩弄的对象。阮玲玉自尽后，唐季珊迫于社会压力，指使梁赛珊代笔，伪造了阮玲玉的两封"遗书"，将死因归于"人言可畏"。梁赛珍后来声明，是她将"遗书"交给《联华画报》发表的。而梁赛珊也声明，是她参考了唐季珊交给她的阮玲玉真正的遗书，按唐的意思起草了两封假遗书，说出"人言可畏"等话，以减轻唐的责任。那潦草的字也是自己的模仿；但真遗书并没有交还唐季珊，而是交给了《思明商学报》的记者。阮玲玉死后，梁氏姐妹继续活跃在演艺界，假如《思明商学报》发表的遗书及指名道姓说明真相的文章也有假，那么她们必然作出反应，但事实上这种风波并没有出现。由此可见，这两封遗书才是真实的。

另外，研究者还从唐季珊与阮玲玉的关系上推断，最先发表的遗书是假的。联华电影公司总经理黎民伟1934年1月30日的日记可作印证，他写道："这晚在杏花楼请客吃饭，唐季珊不知何故，竟当众殴打阮玲玉。"自杀前的晚上，黎为欢送一位美国友人，邀请一些导演、演员赴宴，人们鼓励阮玲玉要勇敢地与张达民斗争，使她增添了信心，散席后她愉快地和唐季珊去扬子舞厅跳舞。回家的路上，汽车司机听到两人议论诉讼的事情，唐季珊责骂阮玲玉"害人害己"，对不起他，并争吵起来。估计回家后他又打了阮玲玉，这就是遗书中说的"没有你那晚打我，今晚又打我，我不会这样吧！（指自杀）"。

可以说，唐季珊的动手和辱骂是导致阮玲玉走上绝路的直接动因，而这件事的背后是整个社会的黑暗势力对弱者的残酷挤压。阮玲玉的遭遇是旧中国广大艺人在死亡线上痛苦挣扎的缩影。

留影 由于早年电影拷贝使用易燃的硝基胶片拍摄，十分容易损毁，加上经历战乱时期，阮玲玉主演的电影仅有《恋爱与义务》、《桃花泣血记》、《小玩意》、《再会吧，上海》、《神女》、《新女性》、《一剪梅》、《归来》、《国风》9部至今仍存拷贝。其中原已散佚的《恋爱与义务》在上世纪90年代于乌拉圭寻回。

阮玲玉主演的电影作品如下：

1927年《挂名夫妻》、《杨小真》（又名《北京杨贵妃》）、《血泪碑》；

1928年《蔡状元建造洛阳桥》、《白云塔》；

1929年《珍珠冠》、《情欲宝鉴》、《劫后孤鸿》；

1929年《大破九龙山》、《火烧九龙山》、《银幕之花》；

1930年《故都春梦》、《自杀合同》、《野草闲花》；

1931年《恋爱与义务》、《一剪梅》、《桃花泣血记》、《玉堂春》；

1932年《续故都春梦》；

1933年《三个摩登女性》、《城市之夜》、《小玩意》；

1934年《人生》、《归来》、《再会吧，上海》、《香雪海》、《神女》；

1935年《新女性》、《国风》。

潘玉良：漂泊天涯的"一代画魂"

传略 潘玉良（1895—1977），原姓张，后随夫姓，改名潘玉良，又名张玉良，字世秀，江苏镇江桐城人，出生于江苏扬州。中国著名女画家、雕塑家。

潘玉良

幼年时就成了孤儿，14岁被舅舅卖给了妓院作歌妓，17岁时被芜湖海关监督潘赞化赎出，纳为小妾。热爱艺术的她，于1918年以素描第一名、色彩高分的成绩考进上海图画美术院（后改为上海美术专科学校），师从朱屺瞻、王济远学画。1921年毕业后，又考取安徽省公费津贴留法的资格，成为里昂中法大学的第一批学生，但她到法国一个月后，就投考国立美术专门学校，两年后成为巴黎国立美术专门学校油画班的插班生，与徐悲鸿同学。1925年她以毕业第一名的成绩获取罗马奖学金，得以到意大利深造，进入罗马国立美术专门学校学习油画和雕塑。1926年她的作品在罗马国际艺术展览会上荣获金质奖，打破了该院历史上没有中国人获奖的记录。

潘玉良是民初女性接受新美术教育成为画家的极少数例子。她一生作油画、水墨画、版画、雕塑、素描、速写多达4000多件，巴黎市政府收藏有她的作品，其中数件经常陈列于塞努希博物馆。她的作品，以色彩丰富、明亮见长，女性裸体始终是她的创作主题。

孤苦 蚌是历经沙粒的打磨，才成为圆润的珍珠；优秀的女人则是历经"苦其心志，劳其筋骨"的磨难，才愈发显得光彩照人起来。潘玉良也不例外，关于她的出身是这样的：1 岁时丧父，2 岁时姐姐死了。一下子失去两位至亲，玉良的妈妈无论怎样都难以承受，夜夜哭时时念，到了玉良 8 岁时唯一与之相依为命的母亲也不幸郁郁离开了人世。失去了生存支柱，孤苦伶仃的她，被舅舅收养。在舅舅家眨眼过了 6 年，女孩子到了 14 岁是最招人注目的时候，俗称剖瓜时节。此时的潘玉良明眸皓齿粉面含春，似蓓蕾一朵，令人见了都想注目一番。这时，穷怕了的舅舅起了歹心，偷偷哄着将她卖给了芜湖县城的怡春院，当了雏妓。在妓院 3 年之中，她因拒绝接客，逃跑 10 次，毁容上吊过数回，幸亏遇到芜湖海关监督潘赞化多次相救，并且替她赎身，她才跳出火坑。

挚情 17 岁那年，潘玉良遇到了改变了她一生命运的男人——潘赞化。经过怡春院 3 年的技艺调养，潘玉良已成为这里响当当的头牌。海关监督潘赞化来芜湖上任，当地政府及工商各界同仁为减免有关费用而举行盛宴，为新任监督接风洗尘，商会会长特意让潘玉良献上弦歌助兴。第一次给这么大的人物以曲助兴，她还真是有些慌乱，经过深深的吐气之后，才回到状态里。只见她抚好旗袍坐定，纤手轻拨琵琶，朱唇慢启，一曲珠圆玉

潘玉良自画像

润的《卜算子》古调就在怡春院的金粉大厅内婉转回荡开来了：

不是爱风尘，似被前缘误。花落花开自有时，总赖东君主。

去也终须去，住也如何住？若得山花插满头，莫问奴归处。

这悲悲切切的曲，一声声，一字字，唱的是南宋天台营妓严蕊也是她自己。弦歌落定，潘赞化即动了恻隐之心。商会会长看得真切，当即附耳说道："玉良姑娘只卖艺不卖身，现在还是个雏呢。"潘赞化当然明白这话的意思，但是他装作无所谓地只是"哦"了一声。

夜幕四合，潘赞化准备睡下，仆人来报："大人，有个商会会长送来的漂亮姑娘求见。"漂亮姑娘？会长？潘赞化马上明白了会长的意图，有心见上一面，但是想到其醉翁之意不在酒，当即回绝道："我睡了，叫她回去！"话刚出口，又觉得不妥，赶着补充道："你告诉她，明天上午如有空，请她陪我看芜湖风景。"此时，潘赞化心里已明白了会长送来的姑娘，一定是白天弹琵琶唱曲的那个文静雅致的姑娘，他心里喜欢，但尚未做非分之想。

这边，潘玉良回到怡春院，就劈头盖脸挨了一顿骂。她关上房门，委屈就和着泪意涌了上来，她在想，如果自己不是商会会长那钓鱼上钩的饵，那该多好。

那一晚，她睡得颇不踏实，第二天，她起了个大早，梳洗打扮停当，奉命陪潘赞化出游了。她像个木头人一样，只知道跟在潘赞化的身后，亦步亦趋，根本不能胜任导游的角色。然而潘赞化没有因此轻看她，也没有把她只当做一个伴游的烟花女子。他是个知识渊博的人，对芜湖的风景名胜并不陌生，反而耐心地给她讲述风景名胜的历史和典故。潘赞化讲故事的时候，声音平缓，那一刻，玉良听得真切，几乎忘了自己身份的低微，更忘了世人的冷眼和歧视，她感到潘赞化有学识，平易近人，遂产生了爱慕之心。待夜幕降临时，潘赞化吩咐车夫："送张姑娘回去！"潘玉良突然双膝跪地恳求道："大人，求求您，留下我吧！"泪水盈盈，全身微颤，死死跪着不起，潘赞化遂弯腰牵了玉良的双手，玉良执著不起，紧紧握着潘赞化的手，还就势把脸乖巧地趴在他手上。潘赞化问她为什么要这样？玉良鼓足勇气说："他们把我当鱼食，想钓你潘大人上钩，一旦你喜欢上我，就找你讨价还价，给他们货物过关行方便，否则就以你狎妓不务关务，败坏你的名声！你若赶我回去，他们就说我无能，找流氓来糟蹋我，我知道大人是正派人，留下我对你不利，但我无奈啊！"潘赞化急问："他们是谁？"玉良答道："商会马会长和干妈他们……"潘赞化的心疼了，烟柳巷里难得有女出污泥而不染。

当晚，玉良留下来了。潘赞化把床让给她，自己打了个地铺睡。

一个正直而有怜悯心的男人总是让女人敬慕的，况且他重情重义，不鄙视一个青楼女子，所以，潘玉良当即在心里认定了这个男人，哪怕做牛做马，哪怕吃糠咽菜。

次日，潘赞化一早就出门了，玉良多少有点失望，那感觉像是一个新嫁娘盼郎归。她在房间里一个人低声唱曲：溪中春水清，岸上春花明。潘赞化是赞着"好好好"进来的，窘得玉良羞红了脸，起身说了声"大人你回来了？"以掩饰自己的表情。潘赞化坐下，拿了一套新编高级小学课本给玉良。从此，他认真教，她努力学，知识的力量，让玉良心底的艺术之梦复苏了。

看她如此好学，潘赞化决定给她赎身回老家苏州，但是玉良的反应是"大人，你让我回苏州，那不等于让我从火海里往火坑里跳吗？舅舅还能容我吗？我宁愿守在大人身边，无怨无悔伺候你一辈子。"潘赞化不是不喜欢玉良，只是因为家中还有妻室。玉良再三表态不计名分，潘赞化也就无话可说了，就这样，潘玉良做了潘赞化的小妾。

婚后，二人去了上海，过着相知相爱并相惜的生活。有一天，潘玉良在自己的作品《荷花》中具名张玉良的上面工整的加了一个"潘"字，赞化说："你怎么把姓改了？我是尊重女权和民主的，还是姓张吧。"玉良回首一笑，撒着娇："我应该姓潘，我是属于你的，没有你就没有我！"

求学　很多年以后，潘玉良被尊为"一代画魂"。但当她还叫张玉良的时候，她只是一个没有灵魂的女人。这位命运多舛的女画家幼时父母双亡，14岁被舅舅卖入青楼。后来，她被潘赞化赎身并纳为小妾，改名潘玉良，才"把脂粉化成油彩，重新涂抹了自己的生命"。

在丈夫潘赞化的鼓励下，潘玉良报考了上海图画美术院（后改为上海美术专科学校）。据说考试成绩相当好，榜单上却没有她的名字。爱才心切的校长刘海粟顶着社会压力，提笔在榜上添上她的名字——就这样，潘玉良成为上海图画美术院的第一个女学生。等到要毕业的时候，潘玉良展出了她的所有习作，其中就有她在浴室里的人体素描和自画像。民国初年，女性画者限于社会环境等因素，往往要付出更多的努力，才能成就事业。何况，潘玉良始终背负着妓妾的身份。人们把她习画的历程当做艳闻传递。一名女同学甚至要求退学，"誓不与妓女同校"。校长刘海粟在敬佩潘玉良之余，建议她去欧洲留学。因为他已经清醒地意识到，在当时的道德环境里，潘玉良的绘画才能会被扼杀掉。

在丈夫的支持下，潘玉良踏上了追寻艺术的苦旅。她于1921年到法国，先后在里昂中法大学、巴黎国立美术专门学校学习油画和雕塑。1926年她的作品在罗马国际艺术展览会上荣获金奖，打破了历史上没有中国人获得该奖的纪录。

潘玉良作品

1929年，潘玉良回国，受导师刘海粟之聘，到上海美专任教，之后亦被南京中央大学艺术系聘为教授，后来还举办了"中国第一个女西画家画展"。其中最著名的一幅《人力壮士》，描绘的是一个肌肉发达的男子正努力地搬开一块巨岩，岩石下脆弱的小花才得以绽露笑脸。其时，日本人已经入侵东三省，这幅极具象征意味、表达中国人抗日决心的画作，被当时的一政府官员以1000块大洋的天价订购。

不料在收展时,有人蓄意破坏了潘玉良的所有作品,《人力壮士》那幅画也被写上"妓女对嫖客的颂歌"。潘玉良所面对的不仅是世俗的偏见。在上海美专时的文人曾当面嘲讽她是"凤凰死光光,野鸡称霸王"。潘玉良一句话没有说,一记耳光就打上去了。

潘玉良下定决心与这个不能见容于她的社会彻底决裂。她又一次求学法国。随着后来国内的政治风云变幻和潘赞化的去世,再也不曾回国。她自称"三不女人":不谈恋爱,不加入外国籍,不依附画廊拍卖作品。潘玉良客居海外40年,终日在卧室作画,靠友人接济度日。

临终前,潘玉良只委托友人将两件遗物送回国内,那是结婚时潘赞化送她的项链和怀表。

风波 爱上了绘画的潘玉良独自在上海的生活变得充满乐趣了。潘赞化每到休息的时候都会去上海看望潘玉良,他发现,爱上绘画以后的潘玉良仿佛变了一个人似的,每当谈起绘画,潘玉良整个人就仿佛闪烁着奇妙的光芒一般,和当初他看到的那个悲悲戚戚的小姑娘已经判若两人,对此,潘赞化感到十分开心。

有一天,潘玉良对着潘赞化欲言又止,最后在潘赞化的一再追问下,潘玉良才鼓起勇气告诉潘赞化,她想要去投考上海图画

潘玉良作品

美术院。那个时候，艺术在中国并未得到多大的重视，尤其是美术专业，因为需要人体模特，在外界一些卫道士看来，这是有伤风化的。但是潘玉良对于绘画的热爱，让她的心中开始向往着那个地方，向往着通往艺术天堂的大门。好在潘赞化并不像那些食古不化的人，稍微犹豫了一下，便表示支持潘玉良的决定。

1918年，潘玉良考入了上海图画美术院（后改为上海美术专门学校）。

潘玉良在学校的生活可说是非常美妙的，但是也有着许多的波折。那个时候，要找一个人体模特可说是非常之难，人们对于自己的裸体也不像现在这般，会抱持着一种欣赏的态度，裸露在当时是一件非常罪恶的事情。潘玉良虽然说出身风尘，却一直以来都十分矜持自重，对人的裸体也没有一个特别清晰的认识。于是在人体画上，一直都是弱项，总是没有办法画出真实正常的比例。对此潘玉良一直耿耿于怀。

有一次，潘玉良在一个公共浴室洗澡，看着眼前走过的一具具身体，突然眼前一亮，这不是现成的模特吗！于是情不自禁地拿出了包里的画笔开始画，画得如痴如醉。正在此时，一个女人发现了潘玉良在画画，惊叫了起来，浴室里的人团团围了上来，愤怒地朝潘玉良扑过去。还没等潘玉良反应过来，脸就不知被谁打了一巴掌，她紧紧地把画护在怀里，好不容易才从这堆疯了一般的女人堆里爬出来。

闹出了这么一个风波以后，潘玉良感到十分苦恼，但是她随即想到，不能画别人，我还能画自己呀。于是，她开始做了自己的裸体模特。有了活生生的模特，潘玉良的画技便越来越好了。当然，这绝不能让别人知道，于是潘玉良每次都会刻意地不把自己的头部画上去，避免别人知道这是她。

又到了潘赞化来看望她的时候了，潘玉良十分开心，迫不及待地要和自己的情郎分享自己的成果，当潘赞化看到玉良铺在桌上的一张张裸女图的时候，他仿佛晴空霹雳一般，万万也没想到眼前出现的竟然是这些不堪入目的东西。而玉良并未察觉到这些，而是继续很兴奋地展示着她的作品。潘赞化沉下脸来，十分不高兴地问玉良谁是模特，当玉良十分自豪地道出自己给自己做模特的事情的时候，潘赞化再也忍受不住了，发起飚来。他愤怒地撕毁了桌上的画，第一次开口骂起玉良。潘玉良被这突如其来的事情吓得呆住了，眼泪顺着脸颊流了下来，就在那一瞬间，她终于意识到，自己所追求的艺术之路并不像预期的那般平顺，前方充满了更多更多的挫折与痛苦。但她也更加清楚，这个梦想将是她一生的追求，甚至胜过她的生命。

离情

潘赞化的大夫人是一个裹着小脚的旧式女人，极为陈腐，对于潘玉良这个突然闯入她的生活、与她争夺丈夫的女子，她睚眦必报，寸土必争。大主小卑，是她坚信的原则。稍有不从，她就会给潘玉良难堪，弄得潘赞化又心疼又无助。为了提高画艺，也为了躲避难缠的大夫人，在潘赞化的鼓励下，潘玉良在上海图画美术院毕业后，又考取安徽省公费津贴留法的资格，成为里昂中法大学的第一批学生，凭着绘画的天分和努力，两年后她又成为巴黎国立美术专门学校油画班的插班生，与大名鼎鼎的徐悲鸿同学……九年异国他乡的漂泊，潘玉良历尽艰辛，亦饮尽了相思的苦，带着学有所成的喜悦和对潘赞化的刻骨思念，她回国了。船到港口，当潘赞化像捧珍宝一样把她紧紧拥到怀里时，她的泪水涌了上来，心里有个声音在说：我再也不离开你！

但是，潘赞化的大夫人却缠住潘玉良不放，你不惹她，她却惹你，处处与潘玉良作对，这让潘玉良的精神压力很大。

这时，刚巧又发生了在画展上《人力壮士》被人贴上恶毒的纸条一事。这纸条像一记响亮的耳光，登时把潘玉良的心击痛。在家庭和事业的双重伤害之下，潘玉良别无选择，又重新开始了孤身旅居巴黎的生活。其实，这时候，她已经感觉到爱的无能为力，但是就像她一直把嵌有同潘赞化合影的项链戴在脖子上一样，她固执地相信真爱不怕距离的遥远。

蓝颜　　在法国巴黎蒙巴纳斯公墓第七墓区，静静地躺着潘玉良的墓。而在潘玉良的墓碑上，还刻有一个叫做"王守义"的人的名字和生卒年份，这多少让人感到有些不解。

王守义是在1920年赴法勤工俭学的。学习成绩平平，但是"勤工"成绩很突出，由于能吃苦耐劳，心灵手巧，当汽车修理工时，技术就比其他同学好，钱也挣得比别人多。后来，他在巴黎开了一家中餐馆，取名"东方饭店"，并出任旅法华侨俱乐部主任。虽然他当时并不富有，但时常接济有困难的旅法同胞。

1937年潘玉良再次来法国时，他们相识了。潘玉良性格耿直，又不善经营，很少卖画，生活上一直比较拮据，王守义为她送去了面包黄油，还为她设置画室，举办沙龙，并陪着她到外景地写生。后来，王守义设法筹资，为潘玉良在法国、瑞士、意大利、希腊、比利时等国家举办画展。潘玉良在西欧画坛上的声名与王守义的多方努力密不可分。

潘玉良不仅感激王守义，还把他作为情感倾诉的对象。她有两件最经典最得意的雕塑作品，一件是张大千塑像，另一件便是王守义塑像。王守义塑像完成后，她把它放在自己的卧室，其中的意义不言而喻。

南京陷落后，潘玉良与潘赞化失去联系，这让她痛苦万分。这时，王守义向她求爱，她抑制着泪水婉拒："我不讳言，我有痛苦，但也有宽慰，那就是赞化和我真诚相爱，我虽然和他隔着异国他乡，但我相信总有一天，我还要回他的身边。"王守义眼泪夺眶而出，声音颤抖地对玉良说："好姐姐，你！……原谅我吧！"玉良又说："都怨我不好，惹你伤心，好兄弟，你恨我吧？"守义，守义，这个名如其人的男人，此后再也没和潘玉良言及婚姻。

1977年潘玉良去世，王守义主持了她的后事，并花重金在蒙巴纳斯公墓买了一块使用期100年的墓地，安葬这位孑然一身客死他乡的女画家。他还在大理石墓碑上亲笔书写了"潘玉良艺术家之墓"几个汉字。

中法建交之后，王守义思乡心切，因为在家乡还有他的结发妻子和离家时才2岁的儿子。当他办好手续准备回国探亲之际,"文化大革命"打碎了王守义的思亲之梦。一直到1978年,王守义才得以成行,回到魂牵梦绕的故国,并将潘玉良的遗物交给了潘赞化的后人。他决定要落叶归根,回国定居。

就在王守义返回巴黎,办理好回国定居的手续,准备回国的前几天,他被查出患上恶性肿瘤。住院仅10多天,没有留下任何遗嘱,就带着遗憾离开了人间。他匆匆去世后,旅法华侨俱乐部及亲朋好友一起商量决定,将王守义的遗体安葬在潘玉良的墓地。这两位"同是天涯沦落人"的好朋友,从此就互相为伴,长相厮守。坟墓上只有一个墓碑。是命运还是缘分,有意或无意地把两个孤独的老人,安葬在异国他乡的同一块土地上,让王守义继续默默地照顾这位漂泊天涯的艺术家。

友谊

潘玉良比张大千大4岁。两人在近30年的交往中,一直以"大千弟"、"玉良大姊"相称,彼此结下深厚的友谊。潘玉良的作品中有一幅彩墨《豢猫图》立轴,这幅画的背后,其实还有一段令人无法不为之动容的故事。

那是1956年的5月,57岁的张大千第一次赴巴黎举办画展,他第一个要见的人就是61岁的"玉良大姊",这是两人自1937年于南京分别20年后的相逢。画展期间,玉良多次请"大千弟"到家叙旧。一日下午,潘玉良备了一桌好酒菜,陪客的只有常玉和王守义两人。常玉是四川人,旅法著名油画家;王守义是她的蓝颜知己。邀四川同乡陪客,请知己兼高级厨师做菜,如此一顿盛情款款的饭,足见潘玉良的用心。张大千在万里之外的国度,见到久未相见的老友,吃到地道的家乡菜,心中的喜悦自是无法言喻。

夜阑人静,几个人仍在促膝长谈,这时,张大千的视线投向墙上图钉按着的一幅彩墨画,它是潘玉良刚完成的立轴《豢猫图》,画中是两只与真猫一样大小的白猫，相互嬉戏，形象生动。背景是简笔山石，斜出的枝头摆动几片绿叶，笔墨清雅，主题突出。

"能在上面题几个字吗？"潘玉良说着，常玉便取下画，王守义清理案桌，大千略加思索，挥毫写下五行长长的题语："宋人最重写生，体会物情物理，传神写照，栩栩如生。元明以来，但从纸上讨生活，是以每况愈下，有清三百年更无进者。今观玉良大家写真所豢猫，温婉如生，用笔用墨的为国画正派，尤可佩也。"下面是落款钤印。于是，便有了后来世人在画展上见到的书画合璧的《豢猫图》。

题完字后，张大千赫然发现，潘玉良卧室镜框内的一幅《墨荷画》很面熟，想了半天，才想起那是20年前他绘赠潘玉良的。

原来，早在20世纪30年代初期，潘玉良在南京中央大学美术系任教，家住上海，与当时同住沪上的张大千就有交往。1936年，张大千受聘南京中央大学美术系教授，二人交往更加密切。就在潘玉良决定二次赴法前，张大千特作《墨荷图》惠赠，此后，潘玉良就一直将此图挂于卧室。

性情 据同期留学法国的友人描述：潘玉良性格爽快，敢说敢为。她身材不高，留齐耳儿短发，喜欢喝酒，说话嗓门很大。和她在一起，一般人不会把她当成女人，常常把她当成"哥们儿"一样看待。潘玉良爱唱京戏，犹擅黑头（花脸），友人说

潘玉良与友人合影

她唱黑头不用假嗓，扮相也不用特意化妆，只要往台上一站，活脱脱的就是一个窦尔敦。那时候留学生的生活都比较单调，也只有唱几出京剧，聊表思乡之情。

据潘玉良的同班同学、老画家刘苇（倪贻德夫人）回忆，有一次她们在杭州山上写生，潘玉良到雷峰塔墙圈里方便，这时一伙男同学过来了，刘苇喊潘玉良快出来。潘玉良蹲在里面说："谁怕他们！他们管得着我撒尿吗？"

上世纪40年代，著名花腔女高音歌唱家周小燕与潘玉良也有一段交往的经历。当时已经四十五六岁的潘玉良是狮子鼻、厚嘴唇，相貌非但不美，穿着也毫不讲究。但是她"是一个极好的人"，性格热情，为人善良，喜欢和人聊天。周小燕在巴黎登台演唱，潘玉良不但去当听众捧场，还兴高采烈地跑到后台祝贺她演出成功。

潘玉良有两枚最钟爱的印章，一枚是"玉良铁线"，一枚是"总是玉关情"。每当有得意之作，她就用第一枚印章；如果是与中国有关的作品，她就印上第二枚印章。

评誉　王守义曾邀请潘玉良承做一座格鲁赛（法国历史学家，对成吉思汗与玄奘有较深研究）先生的雕像，报酬6000法郎，要求3个月完成，她答应下来。作品完成后，鉴赏权威那赛夫先生说："潘夫人，谢谢您！这座格氏雕像，是我所见过的最为成功的作品之一。我是格鲁赛先生生前好友，他的形象我永远忘却不了，我感谢您这灵巧之笔，再现了他庄严的学者风度和永远谦和的品格，真是栩栩如生，好极了！我们博物馆决定收藏它。"随后，那赛夫先生请求欣赏潘玉良其他的作品，欣赏之后，他惊讶而兴奋地说："这就像藏匿在深谷的一朵意大利黑色郁金香，独具神韵。一旦被识者发现，就要让艺坛惊倒！"

徐悲鸿曾样这位评价师妹潘玉良："夫穷奇履险，以探询造物之至美，乃三百年来作画之士大夫所决不能者也……士大夫无得，而得于巾帼英雄潘玉良夫人。"

赛金花:"自古风尘出侠女"

赛金花

传略 赛金花(1872—1936),原名郑彩云。出生在安徽黟县上轴村。清末民初一个具有传奇色彩的中国女子。

14岁,因家道衰败,赛金花沦为苏州花船上的"清倌人",也就是卖艺不卖身的艺妓。15岁,她以花魁状元身份嫁给状元洪钧,成为状元夫人。16岁,她以公使夫人身份出使德国,与德国皇帝、皇后及首相俾斯麦交好,并结识德国人瓦德西。曾游历巴黎、伦敦、圣彼得堡、日内瓦等欧洲城市,精通德语、英语、法语、俄语。

赛金花21岁时,洪钧去世,她于勾栏林立的上海滩挂牌重新上阵,一时之间门庭若市。很快她移至北京,组建"金家班",艳帜所指,当者披靡,名头响遍了京师九城,人称赛二爷。

1900年,八国联军攻陷北京,慈禧与光绪仓皇西逃,京城陷于混乱。她与德军指挥官瓦德西会面叙旧,从此成为瓦德西的座上宾。趁此良机,她劝告德国军官停止杀戮京城无辜百姓,促成了议和之事。于是"万民争传赛金花"。她从京城一名流落于烟花巷的可怜女子一跃成为救国义士、民族英雄，甚至被老百姓街誉为"九天护国娘娘"。

31岁时，她因手下一妓女的亡命而锒铛入狱，被押解回原籍。后又两度结婚，但两任丈夫都先她去世。随着年老色衰，她的生活也陷入困境，晚景凄凉。64岁时，于困苦中去世，被葬于陶然亭公园（后迁出）。

赛金花一生充满了传奇色彩，她出入豪门，沦落风尘，三次嫁夫，三次孀居，没有后嗣。著名画家张大千曾为她作肖像画，齐白石曾为她题写墓碑。她亲笔题写的"国家是人人的国家，救国是人人的本分"至今犹存。"自古风尘出侠女"，这是对赛金花一生的真实写照。

情事

赛金花5岁那年，祖母为她起名"彩云"，取"财运"之意。母亲病逝后，随父亲移居到苏州。赛金花天生丽质，从小就常引得过往的行人对她行注目礼。1886年，在一个远房亲戚的引荐下，14岁的赛金花来到了香风细细的花船上，成了一名卖笑不卖身的"清倌人"。没过多久，笑靥如花、柔情似水的赛金花就红遍了苏州。

1887年，赛金花遇到了一位贵人，从此，她的人生发生了令人瞠目的变化。这位贵人就是同治年间的状元郎洪钧。洪钧出生于苏州城内的张家巷，后来担任江西学政，因母亲去世而回到了老家苏州。在偶遇赛金花后，洪钧心里就再也放不下她，最后终于下定决心，取得了一妻一妾的同意，正式把赛金花娶回家中，成了他的第二房姨太太。洪钧让她改名为洪梦鸾。从此，赛金花由花船妓女一跃而成为"状元夫人"，完成了她生命中最重要的一次跨越。

艳若桃李的"花国状元"嫁给了两鬓染霜的真状元，两个状元配一双，倒也不失为一段佳话。赛金花嫁给洪钧以后，虽然丈夫老迈，但因为洪钧的前两位夫人都是善类，性情和顺，与世无争，日子过得还算滋润。

1888年，洪钧服丧期满，便带着赛金花进京任职。进京后不久，洪钧就被任命为出使德、奥、俄、荷四国的特命全权大使，漂洋过海去当一名外交官。按照惯例，大使必须有夫人随行，洪钧的正房王夫人因为惧怕会生吃人肉的老毛子（当时的传说），心里忐忑，并且自己年纪也一把了，经不起折腾，不愿意跟着洪钧去欧洲，便推说要在家打点家务。二夫人是个体弱多病的主儿，更受不了在船上的颠簸。于是赛金花自告奋勇，要去看看西方的花花世界。王夫人便主动让贤，并把自己的一套诰命夫人服饰借给了赛金花。就这样，缠过足的赛金花，居然以公使夫人的名义，步步莲花地走出了国门。

洪钧和赛金花带着一大群随员和男女仆人，从上海搭乘法国"萨克逊号"邮轮，先到了德国，赛金花从此开始在欧洲的社交界做名正言顺的公使夫人，她会晤过许多国家元首，游历过柏林、圣彼得堡、巴黎和伦敦。在她之前，中国首任驻英公使郭嵩焘也带着侍妾梁夫人出使，但其风头如今却完全被赛金花盖过了。

光绪十六年（1890年），洪钧任期已满，带着赛金花回国。

光绪十九年（1893年），洪钧病故，洪府立刻将赛金花逐出了家门。

喜事　赛金花嫁给洪钧后没多久，洪钧就被任命为出使欧洲四国的钦差大臣，洪钧便带着没在京城待很久的赛金花动身赴任了。

在出使欧洲的船上还发生了一件趣事。一开始在船上还颇为兴奋的赛金花没几天便开始晕船了，每天吐得七荤八素，洪钧看在眼里疼在心里，就想了一个办法。他命厨子做一碗牛肉汤，端给了赛金花，告诉她说，这是鹅肉汤，可以治晕船。平日赛金花是不吃牛肉的，一吃到牛肉就恶心想吐。结果，也许是心理暗示的作用，赛金花喝了汤竟然觉得好了许多。这时洪钧忍不住笑着把真相告诉了她，听到是牛肉，赛金花头一晕，开始剧烈地呕吐，着实吓煞了洪钧。连忙找来船上的医生诊断，非常意外的是，诊断的结果是赛金花怀孕了。这让洪钧十分高兴，同时也非常担忧，这漫长的旅程，不知道她是否能够挺过去。

船在海上航行了四周，终于登陆了，而赛金花也由于舟车劳顿小产了。匆忙的行程并没有因为这个小插曲而稍作停顿，他们乘坐火车直奔柏林。赛金花在柏林住得最久，而就是在柏林，赛金花遇到了对她的人生产生了重大影响的两个人——索菲亚和瓦德西。

　　洪钧为人保守且古板，不喜欢应酬，总是自己一个人关在房间里做学问。充满活力的赛金花自然是感到非常无聊的，再加上此前小产的影响，心情十分不愉快。为了打发无聊的时间，赛金花雇了一名"女陪伴"索菲亚，又雇了几个洋仆女。"女陪伴"就是比仆人要高级，紧跟在身边伺候，同时兼顾导游之职的人。赛金花的德语就是跟索菲亚学习的。索菲亚除了是她的老师，也是她在欧洲最好的朋友。那段日子里，索菲亚给予了她非常大的鼓励和帮助。

　　当时在柏林，洪钧和德国的一名将军交好，这名将军就是后来八国联军的统帅——瓦德西。虽然瓦德西常常去见洪钧，但是由于中国人"男女授受不亲"的观念，赛金花是难得出来迎客的。再加上洪钧为人古板，不爱应酬，但是却不能把所有的应酬都推脱掉，于是，在不得不出席的应酬场合，作为公使夫人的赛金花也只是匆匆打个招呼便离开了。而瓦德西和赛金花的真正接触还要说到一次宴会。

　　闷了许久终于有活动的赛金花非常重视那次宴会，把自己打扮得光鲜亮丽。在宴会上，洪钧照例随意应酬了一会儿，就自己回到书房编写自己的著作了。会说德语的赛金花用德语和宾客打招呼，让所有人都大吃一惊。对于这个东方美人，许多人都十分赞叹，这赞叹不仅为她的美貌，更为她一口流利的德语。

　　就在这时，一名德国军官向赛金花发出了跳舞的邀请。赛金花原本想要拒绝，可是当她看到瓦德西的时候，心里为之一振。瓦德西天蓝色的眼睛，诚恳的目光，深深地打动了她，一丝异样的情感在赛金花心中蔓延。赛金花感到一些慌乱，但是又不想拒绝这双伸出来的手，于是只能告诉自己，要入乡随俗，这只是非常正常的社交活动。

这支舞曲让赛金花终生难忘，但她从没想过，在以后的人生中，竟然还能再次遇到这个让自己心弦颤动的异国男人。

庇佑 洪钧死后，赛金花移居到十里洋场的上海。在彦丰里高张艳帜，挂起"赵梦鸾"、"赵梦兰"的牌子，重操妓女生涯。车马盈门，生意极其红火。

光绪二十四年（1898年）夏天，赛金花来到天津，同在上海一样，她以花信年华的状元夫人挂牌作妓，一下子轰动了津沽一带。赛金花又别出心裁，凭经验，招募一批漂亮的女子，正式在江岔胡同组成了南方韵味的"金花班"。赛金花除了自己开张营业外，还当妓女经理。

在天津，赛金花结识的显贵人物，一个是户部尚书书立山，另一个是德晓峰，时任封疆大吏。书立山把赛金花带到京城，天津的"金花班"也很快随她转移到北京城里。此时因赛金花常穿男装，故人称"赛二爷"。

1900年8月，八国联军攻入北京，以"实施报复"为借口，在北京城烧杀抢掠，为非作歹。后来，联军统帅瓦德西自己供认说："联军占领北京之后，曾特许军队公开抢劫三天，其后更继以私人抢劫。北京居民生命和物资遭到极大损失。"

此时，赛金花躲在北京南城避难，德国兵破门而入，情急之下赛金花说了几句德语，还拿出在德国与皇室、首相的合影。德国兵不敢造次，引她与八国联军主帅、德国元帅瓦德西相见。瓦德西与赛金花再次相见，自然热情万丈，德国兵见状，更是对这个花枝招展又会说德语的东方女子充满好奇，都围着她转。

在与赛金花重逢后，瓦德西便求助于赛

瓦德西

金花，希望能帮他置办物资，收买军粮。因为此时北京民众都惧怕洋人，没有人敢与他们做生意。赛金花原本不愿意，但瓦德西再三提及，也不好推辞，并且她也希望用答应这个条件，换得京城百姓的安宁。她于是帮助联军联络了一些大胆的人家。一段时间后，不断地有一些人拿了自己名片来找赛金花，求她做中间人，和洋人做生意或是寻求庇佑。甚至还有好多王公子弟，拜赛金花做干娘。而赛金花又是个豪爽女子，总是有求必应，后来京城里人几乎都知道，有事就找赛二爷。

赛金花后来回忆说："京里人同我感情都很好，有一次，我正骑着马在街上走，看见一个十几岁的小孩，手里拎着个瓶子，里面打的醋。我问他：'你买醋作什么？'他答：'吃饺子。'我说：'回去告诉你妈妈，多包点儿，赛二爷一会儿到你家去吃饺子。'这家果然就包下许多饺子等着我，我不过是闲磕牙罢了，那里好意思的真扰人！"

时人有诗云："九城芳誉腾人口，万民争传赛金花。"

据赛金花向刘半农讲述，受瓦德西之托，她带几个小军官到城里采买粮食等军需，百姓惧怕洋人家家闭户，听说赛二爷作中介担保，才敢开门卖粮。赛金花给这些人家都插上德国旗子，免得再受欺扰。洋鬼子在京城肆意奸淫妇女，赛金花索性操持老本行，介绍她的业内姐妹去军营，以此避免良家妇女受洋鬼人期凌。

赛金花能跟洋鬼子说上话已令人刮目相看，还有人称看见她和瓦德西骑马并辔而行，京城王公子弟于是把她视为通天之人，争相讨好，万一洋人来犯也好托她说个情儿。赛金花在街头一旦看见洋兵戕害百姓，常尽力阻拦，解释这是"良民"不是义和团，救下了不少人。

太后皇上扔下百姓逃跑，朝廷高官不得人心，百姓便把一切功劳都归在赛氏头上。"议和大臣赛二爷""九天护国娘娘"威震京城，越传越神，尤其盛传她和瓦德西同宿龙床，靠吹"枕边风"救国救民。

人们忘不了赛金花的妓女身份，总要加些淫乱的花絮。瓦德西驻军期间，中南海仪鸾殿半夜失火，民间传言当时瓦德西和赛金花正全裸熟睡，顾不上穿衣服就相拥跳窗逃出。一些所谓名士以此为蓝本写就《后彩云曲》、《序彩云曲》等等艳词，充斥着传统文人纠结的"名妓情结"。在他们笔下，赛金花既被拔高成深明大义的李香君、柳如是甚至王昭君，也被扣上红颜祸水的帽子，"害及中外文武大臣"。

周旋 当年义和团运动闹得沸沸扬扬的时候，慈禧还想着通过义和团来对抗八国联军，而义和团由于不能获得朝廷的竭力支持，便把德国公使克林德杀掉了，这使得联军对太后和皇帝都大为憎恨。在八国联军攻入北京以后，慈禧和光绪皇帝出逃西安，联军找不着太后和皇帝报仇，把满腔怒火都发泄在了北京城老百姓身上，在北京烧杀抢掠，闹得北京城人心惶惶。

远在西安的慈禧太后饱尝冲动的惩罚，命令奕劻、李鸿章为全权大臣，与诸国列强进行谈判议和。

因德国驻华公使克林德被杀，其夫人伤心至极，因而议和的先决条件就是："光绪赔罪，慈禧抵命。"

军机大臣李鸿章一筹莫展，只能让赛金花出面去找瓦德西。

赛金花首先说服了瓦德西，将一切罪恶都推到义和团的身上，然后通过瓦德西找到了克林德夫人，赛金花说服克林德夫人的过程，在曾朴的描述中是"灵心四照，妙舌如莲，周旋得春风满座"。

最终的谈判结果是议和条约中第一个条款就是"德国公使被杀，由中国派亲王专使谢罪，并于公使被害处树立纪念碑"。

1936年12月4日，《大晚报》在报道赛金花逝世的文章中回顾道："李鸿章和瓦德西的交涉、谈判，十分感到棘手，只要争得西太后一人的体面，情愿答应一切条件，可是德国的克林德夫人是要中国的皇太后向她谢罪的，这交涉就难办了。问题的关键都在瓦德西身上。但有谁能会说项呢？这时胸有成竹的李中堂大人把解决问题的责任完全寄托在赛金花身上。赛金花说服了克林德夫人,答应瓦德西的三大要求（这自然是李鸿章的意见）,把交涉办妥了。西太后沾了她的光,才回到北京来。"

1901年2月14日,慈禧太后批准《议和大纲》并发布上谕,表示愿"量中华之物力,结与国之欢心。"同年9月7日,清政府与11个国家签订了空前屈辱的《辛丑条约》,其中"庚子赔款"数额为4.5亿两白银（折合12亿德国马克）,相当于当时中国人均一两。

1901年9月4日,清政府派遣道歉专使醇亲王载沣远赴德国向德国皇帝威廉二世郑重道歉。同年,克林德纪念牌坊于北京东单北大街克林德毙命之处开工建造。

1902年初,慈禧太后和光绪皇帝回到北京城。

此时的北京城,四处流传"妓女救驾",有好事者诗讽刺:

千万雄兵何处去,救驾全凭一名妓;

莫笑金花颜太厚,军人大可赛过她。

1903年1月8日克林德纪念牌坊建成后,醇亲王载沣代表清朝前往碑下致祭。

1918年,第一次世界大战结束后,克林德纪念牌坊被迁移到中山公园,改名为"公理战胜牌坊",以作为第一次世界大战胜利的纪念。

在拆迁克林德牌坊仪式上,辜鸿铭曾对应邀参加仪式的赛金花说:"你做过一些义举,于社会有功,上苍总会有眼的。"

林语堂在《京华烟云》第五章中写道:"北京总算得救,免除了大规模的杀戮抢劫,秩序逐渐在恢复中,这都有赖于赛金花的福荫。"

晚年 赛金花在清末民初曾遇到过一次波折。这就是在中国第一历史档案馆的清代刑部档案1147号卷宗中记录的一个刑事案件。

当初赛金花从上海回京时,曾挑选了6名雏妓,在前门外八大胡同陕西巷内的一条小巷——榆树巷,开办了怡香院,生意日见红火。

1903年，她又花了600两银子买了一个叫凤林的北京姑娘。然而这个凤林却不听赛金花的吩咐，不但不接客，反而经常得罪客人。

一次，清户部尚书鹿传霖的少爷约定在赛寓妓班宴请客人。赛金花又令凤林接客，凤林拒接，赛金花便凶狠地用鸡毛掸子抽打凤林，并将其左肩胛和后背抽伤。凤林遂乘人不备，吞食了鸦片。后终因药量过大，灌救无效，于翌日黎明前死亡。

依大清刑律，赛金花被朝廷监禁。但因赛金花的身份特殊，又有许多达官贵人为她说情，最后，刑部以初犯为名，只收取了三钱七分五厘的赎银，入官册报。将已死的凤林尸棺抬至城隍庙义地埋葬。由于此时正当整顿市面，不便让赛金花在京逗留，遂递回原籍，交地方官管束。

回到上海后不久，赛金花又经历了她人生中的两段婚姻。第一次是给沪宁铁路的总稽查曹瑞忠做妾。可好景不长，刚三十出头的曹瑞忠在数月后突然暴亡。

这时她的老客户、时任民国政府参议员的魏斯炅，对她伸出援手，把她带到北京，同居在前门外的樱桃斜街。

1917年的夏天，赛金花改用赵灵飞的闺名，随着魏斯炅回到上海举行了隆重的新式婚礼。

1921年，魏斯炅死去，赛金花搬出魏家，住在天桥地区的居仁里16号，门口钉上块牌：江西魏寓，自称魏赵灵飞。这年她已经50多岁，面容憔悴，两鬓斑白，深居简出，信奉了佛教，终日沉默寡言。没有多少人知道她就是名噪一时的赛金花赛二爷。

过了十几年的隐居生活之后。她的积蓄终于耗尽，连每月八角的房租都付不起，只好请一名户籍警为她写了一份请求免费的呈文，然后递交公安局。

在这份呈文里，她详细述说了自己的一生，希望能获得特准免捐。没想到这份呈文被一名嗅觉灵敏的记者全文刊登，并且起了个显眼的题目：《八角大角难倒庚子勋臣赛二爷》。文章一登报，立即激起各界反响。北

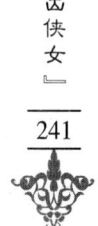

京人的慈善之心大发，有送钱的，有送水果点心的，还有送煤球、面粉的。

1936年冬，在居仁里住了18年的赛金花在寓所香消玉殒，享年65岁。此地巡警在巡查时听到赛金花的女佣的哭声赶到现场，看到赛金花已经停尸于床，便立即打电话给京城《立言报》。《立言报》立刻停机改版，在当天的报纸上刊发了这一独家新闻。于是各界人士纷纷吊唁、募捐，还组织了"赛金花助葬筹办处"，地点设在和平门顺城街北方中学校内。几位中学老师参与拟订筹办处章程。还组织了魏赵灵飞治丧处，商定治丧办法，将赛金花安葬于陶然亭。

1952年，北京市人民政府修整陶然亭时，将赛金花坟墓和墓碑一并迁走。现在的陶然亭公园内，有关赛金花的一切文物及文字等，已荡然无存。

赛金花生前死后，先后有曾朴以她的一生经过，写的一部小说——《孽海花》；名家樊增祥以她在八国联军侵华时与瓦德西的一段恋情为原型写了《彩云曲》；现代文学家刘半农亲访赛金花本人，晤谈十多次，撰成的《赛金花本事》。

亲述

1934年10月14日，天津《大公报》有一篇《赛金花访问记》，谈到自己的身世，赛金花回答说："原籍安徽休宁，生于苏州萧家巷中。"关于《孽海花》的真实性，赛金花的回答是："不甚可信，因曾氏与洪氏另有一种原因，故曾氏如此说法。"意思是曾朴与赛金花的第一任丈夫洪钧之间存在私人恩怨，所以小说中存在挟私报复的成分。

记者问："外界对女士与德国瓦德西将军之关系，传说不一，有谓在德先见过，有谓瓦氏来华后始认识，二说究以何项为可信？"赛金花回答说："先曾在德认识，后拳乱发生，我于7月17日到京，德将军24日始来。"

查阅相关文献资料，八国联军是在1900年8月14日即农历庚子年7月20日攻陷北京的。另据王光祈翻译的《瓦德西拳乱笔记》，瓦德西迟至10月17日即农历闰8月24日才从德国抵达北京。

关于八国联军进入北京后自己的相关表现，赛金花与记者之间有如下对话：

问：北京当时情形，真是"四十万人齐俯首，北京无一是男儿"之时，女士何以愿出来苦干？

答：我想他们无法，只有我来，还有说话余地。

问：外人初到时，有否越礼行动？

答：先到五天，秩序不好，以后颇守纪律。

问：当时外军预备如何？

答：要生擒慈禧太后，杀之成肉浆，因德国公使被匪所害，开世界各国未有之恶例，外人心颇不甘也。

问：女士向瓦将军如何解释？

答：我向联帅说，此乃匪徒之不慎，非由西太后所唆使，太后深居宫中，外事无由深悉，此是皇家实情，初非有意设计。

问：庚子之役，瓦帅在宫盘桓多日，临行时携去何物？

答：无一物取去（言时态度严正），瓦帅向我说："您要何物，随便可取。"将取一极美丽之果盘匣子送我。我坚谢之，决不取一物，俾得保全宫中物件，瓦帅又说："不要紧，将来有事，只推托说我（瓦帅）送给您做纪念品者。"我说："将来我的生命能得保全，已算幸事，他非所欲。"因为我妈再三嘱咐不得取宫中一物，他日得留生命足矣。盖我虽一女子，亦知国家大难已临，不能偷生人世，故挺然而出，舍身为国；否则其时我手头尚宽裕，京中男女走完，我何必进京去受危险耶？

问：其后瓦帅如何？

答：回国未及两年，即故。近来彼之孙儿来过中国看我。

小凤仙：凤求知音，将心我心

传略　小凤仙（1900—1954），原名朱筱凤，后改名为张凤云、张洗非。原籍浙江钱塘，生于杭州，民国名妓，曾帮助共和名将蔡锷将军逃离袁世凯软禁，因与蔡锷之间至死不渝的爱情被广为传颂。

生父是没落的满族八旗武官，母亲是偏房。因不愿受大老婆歧视，其母带着她离开朱家单过。不久母亲病逝，一位姓张的奶妈收留抚养她，所以她就改姓张。1911年10月10日，武昌起义爆发。那时张奶妈带着小凤仙正在浙江巡抚增韫（子固）家帮佣。11月间，杭州革命党人响应武昌起义，在杭州起事，炮轰巡抚衙门。张奶妈就带着她仓促逃往上海。因衣食无着，张奶妈就将她暂时押给一位姓胡的艺人老板学戏，到南京卖唱为生，取艺名"小凤仙"。

后因战事颠沛，辗转流离至北京，在八大胡同云吉班卖唱接客做生意。

关于蔡锷与小凤仙的一段情，开始蔡可能有"狎妓"以麻痹袁的意味，但后来日久生情，两情相悦，英雄美人悱恻缠绵成了千古美谈。

蔡锷死后，小凤仙隐姓埋名，嫁给一个已有4个孩子的男人。1954年，在沈阳离世。

初识　1913年七八月间，革命党人在南京发动反对袁世凯的"二次革命"，北洋军阀冯国璋、张勋等率部攻打南京，战火延绵近两月。小凤仙跟着胡老板逃回上海。这年小凤仙已经13岁，长成一亭亭玉立的美人。不久，她又跟着胡老板辗转到达当时的京师北京，在著名的八大胡同之一的陕西巷云吉班卖唱接客。

就在这期间，前任云南都督蔡锷将军被袁世凯羁留于北京，居高位，实闲职，并遭受种种监视，为避袁世凯耳目，蔡锷在这段时间就常到八大胡同妓院走动，他并不是成心嫖妓，也就无所谓一定要挑红妓、名妓了。

一天，蔡锷又打扮成普通商人的样子，并不像是特别有钱的大少，妓院老鸨就把他引到长相一般，性格古怪的"二流妓女"小凤仙这里。或许出于直觉，小凤仙一见来客就断定他不似一般寻常的狎客。略作寒暄后，问及职业，蔡锷谎称经商。小凤仙嫣然一笑道："我自坠风尘，生张熟魏阅人多矣，从来就没有见到过风采像你这样令人钦仰的，休得相欺。"蔡锷讶然道："京城繁盛之地，游客众多：王公大臣，不知多少；公子王孙，不知多少；名士才子，不知多少。我贵不及人、美不及人、才不及人，你怎么就说我风味是独一无二的呢？"

小凤仙不以为然地说："现在举国萎靡，无可救药,天下滔滔,国将不国，贵在哪里？美在哪里？才在哪里？我所以独独看重你，是因为你有英雄气概。"

蔡锷故作不解地问："何以见得？"

小凤仙叹息道："我仔细看你的样子，外似欢娱，内怀郁结。我虽女流之辈，倘蒙你不弃，或可为你解忧，休把我看成青楼贱物！"

一番对话恭候，蔡锷对小凤仙态度倒是十分欣赏，连带也觉得她的姿貌与举止也非常动人。然而毕竟是初次见面，不敢交浅言深，不敢推心置腹地表明心迹，只好说些客套话。等到窗下品茗，华屋啜酒的时候，便在小凤仙的房中慢慢走动，浏览房中的布置。但见绮阁清华、湘帘幽静、妆台古雅、卷轴盈案，心想：这个女子人虽不算顶美，却有一种高雅的气质，兼具越女的婉约、湘女的热情，不觉嘴角露出一丝笑意。

小凤仙一直盯着他的神情变化，不由得问道："什么事情使你暗中高兴？"蔡锷说不出所以然来，就信手去翻看小凤仙案桌上的条屏说。"你这里有这样多的对联，你最喜欢哪一副？"小凤趁机说道："都是泛泛之辞，不甚切合情景心态，似无什么称心如意的。你是非常人物，不知肯不肯赏我一联？"不等蔡锷点头，便取出宣纸，磨墨濡笔递到蔡锷手上。蔡锷难以推辞，便挥染云烟，顷刻间写成一联：自是佳人多颖悟，从来侠女出风尘。

写完后，蔡锷在上款著上"凤仙女史灿正"。这一副对联没有丝毫的脂粉气息，却充溢着刚毅的英雄气概。就在蔡锷准备收笔的时候，小凤仙急忙阻止，说道："上款既蒙署及贱名，下款务请署及尊号。你我虽然贵贱悬殊，但彼此混迹京城，你又不是什么朝廷钦犯，何必隐姓埋名。大丈夫行事自当光明磊落，若疑我有歹心，天日在上，应加诛殛。"蔡锷推辞不得，乃署名"松坡"。小凤仙一见，问道："你莫非就是大家议论纷纷的蔡都督嘛？怎么改换衣服到这里来呢？"小凤仙问他来京的缘由，蔡锷假意说是为了攀龙附凤，图些功名富贵而已。不料小凤仙却正色道："你去做那华歆、荀彧，好好侍候曹操吧！我的陋室龌龊，容不下你这富贵中人。"蔡锷笑哈哈地说："既然佳人下了逐客令，久留无益。且自去吧！有缘再会，就此告辞！"

倾诉

袁世凯加紧复辟帝制，开始笼络蔡锷。经由杨度极力推荐，袁世凯叫他的大公子袁克定拜蔡锷为师，排定日期讲解军事科学及为将之道，并面许将来陆军总长一职非蔡锷莫属。1915年初秋，筹备袁世凯登基的"筹安会"堂而皇之地在北京成立了，杨度主持其事，利用都是湖南同乡的身份，天天到棉花胡同力促蔡锷列名发起人之一。

蔡锷是云南起义的元勋，反对帝制、赞成民主，他不想前后矛盾，自毁声誉，但又不能公开拒绝，只好拖一天算一天。为给袁世凯称帝作舆论准备，杨度撰写一篇《君宪救国论》，在袁世凯的机关报《亚细亚报》上发表。紧接着又邀请美国古德诺博士写了一篇《民主不适合于中国论》。以此为起点，支持袁世凯称帝的活动次第展开。梁启超反对帝制，袁世凯打听到他有一篇《异域所谓国体问题者》准备在天津发表，便派人去威胁梁启超。梁启超告诉来者："我从戊戌年起就流亡国外，清政府长期要买我的人头，我老人家已习惯了流亡生活。"威胁不成，于是袁世凯利用蔡锷与梁启超的师生关系，带20万块大洋向梁启超疏通，希望梁启超不要发表文章。梁启超表面不念师生之情，让蔡锷铩羽而归，但他暗地里对蔡锷授以锦囊妙计，建议他不妨表现得"忠心耿耿，积极劝进"，以图"摆脱羁系，再造民国"。梁启超谆谆告诫蔡锷："君子俟时而动，小不忍则乱大谋，不妨假装赞成帝制，同流合污，先打进他们的圈子，再设法送走家眷，而后才相机脱身。"在老师的指点下，蔡锷便在云南会馆的将校联谊会上发起请愿，请袁世凯改行帝制，速正大位，并在众目睽睽下，签下自己的名字。从此，蔡锷一改常态，天天跟杨度他们混在一起吃喝玩乐。人人都说蔡锷前后判若两人，杨度笑哈哈地说："太子太师之尊、兵部尚书之责、陆军统帅之权，哪怕蔡松坡不俯首称臣，力图报效这皇恩浩荡呢？"

杨度是筹安会的主持人，帝制的催生者，未来袁氏朝廷的宰相，是气焰熏天的人物，同时又是个风流倜傥、落拓不羁、寄情声色、醉心犬马的大名士，天天晚上呼朋引类往八大胡同去征歌逐色。

蔡锷决定要打进他们的圈子，就不能免俗，那些人各自有相好的姑娘，蔡锷自从那次遇到小凤仙后，顿感此女虽沦落风尘，然而出语不俗，或可把她发展为红粉知己，借以应付京中的一班"同僚"，免得每次跟着别人在妓院中白吃白喝，自己不好意思，同时也可使自己有更多的空间活动，于是抱着一种迷离的心情，再往小凤仙所在的云吉班走去。

蔡锷进了小凤仙的房间。小凤仙调侃道："你何不去做华歆、荀彧，那有闲工夫到云吉班来？"蔡锷说："华歆也好，荀彧也好，自有他人做，暂时还轮不到我。"小凤仙笑道："恐怕不是轮不到你，而是你不屑于去做吧，你也不必再瞒我了！"蔡锷话题一转："我最近通电拥护袁世凯当皇帝，你又要讥笑了吧！"这一回小凤仙正经八百地迎了上去，说道："英雄处事，令人难测高深，今天做华歆、荀彧，安知明天不做陈琳？"

蔡锷怔了一会儿，叹口气说道："难得遇到你，有这样的慧眼、慧心。可惜天妒红颜，竟然使你沦落风尘，作些卖笑生涯，令人可惜。"

谁想话音刚落，小凤仙已是垂眉低首，珠泪莹莹，蔡锷又说了些安慰她的话，越来越触动了小凤仙的心事，索性以几作枕，呜呜咽咽地放声大哭起来。哭罢，小凤仙掏心挖肝地将自己的身世向蔡锷尽情地倾诉了一番，并要求蔡锷以诚相待。蔡锷却说："来日方长，何必急在一时？"小凤仙以为蔡锷有意敷衍，不禁脸上变了颜色，问道："你还在怀疑我吗？"说罢，忍痛一咬，把舌头嚼烂，把血喷了一地，说道："我如果将来泄露你的秘密，有如此血！"

蔡锷连忙掏出手帕为她擦拭干净，轻轻地对她说："你这是何苦呢，我已经知道了你的真诚，只是怕隔墙有耳，不急，以后慢慢告诉你。"

热恋　　一天薄暮时分，蔡锷在云吉班大张旗鼓地请起客来，他邀请的客人都是北京城里有头有脸的人物，杨度、孙毓筠、胡瑛、阮忠枢、夏寿田、梁士诒等人都来了。当时在北京城里呼风唤雨的人物差不多全到了云吉班，把鸨母和妓院的伙计吓得目瞪口呆。

夜深客散，小凤仙挨近蔡锷悄声说："夜深风寒，不如在此歇下吧，我的房里还没有留过男人过夜呢？"鸨母也笑眯眯地掀帘进来说道："我有眼无珠，不识这位蔡大人，实在罪过。我已斗胆将蔡大人的车夫打发回去了，定要蔡大人在此委屈一宵哪！"

杨度眼看这位当年在云南叱咤风云的英雄人物，如今与八大胡同的一个二流妓女打得火热。天天醇酒妇人，壮志已经消磨殆尽，时常昼夜不分，不只是耽搁了公务，连棉花胡同家里的老太太也疏于晨昏定省，而结发妻子更是久受冷落。杨度把这种情形报告袁世凯，袁世凯叹道："蔡松坡果真乐此不疲，我也可以高枕无忧，但恐怕醉翁之意不在酒，只不过是借此过渡，瞒人耳目而已！"

蔡锷与小凤仙已是如胶似漆，他托梁士诒购入前清某侍郎废宅一所，大兴土木，到处扬言为小凤仙建造华屋。又给小凤仙题词，说她：此际有凤毛麟角，其人如仙露明珠。

蔡锷的这些活动惹恼了他的原配夫人刘侠贞，对丈夫又是指责，又是劝诫："酒色二字，最是戕身，何况你身体欠佳，更不应征花逐色。大丈夫应建功立业，留名后世，怎能寄情勾栏，坐销壮志呢！"

蔡锷恼羞成怒，先是把不少家具打得稀烂，接着对刘侠贞拳脚交加，棉花胡同里蔡宅闹得鸡飞狗走。袁世凯听到了消息，派王揖唐和朱启钤两人前去调停、慰问，也不得要领。袁世凯听到蔡宅乱七八糟，不屑地说："我道蔡松坡是个干练之才，可参与国家大事，谁知道治家都还不妥帖！"至此，袁世凯对蔡锷的警惕已经大大减少了。

蔡锷继续在小凤仙的香闺中流连忘返，刘侠贞天天在棉花胡同大哭大闹。蔡锷扬言要把小凤仙接回家来，刘侠贞就说："既然如此，我回湖南老家好啦！让你们称心如意吧！"

刘侠贞不惜与丈夫决裂，蔡锷则嚷嚷着要休掉这个"泼妇"。蔡家老太太一开始就站在儿媳一边，经常一把鼻涕、一把眼泪的数落儿子的不是，并说严冬将近，北方天气大冷，老年人实在吃不消，倘若媳妇要回老家，她也要随着一齐南归。就这样，蔡老太太和刘侠贞离京南下。

事后看来，这大概是蔡锷一家和小凤仙共同上演的一出"苦肉计"。

诀别

此时，袁世凯复辟的准备工作正在加紧进行。宣统皇帝退位后，仍然住在皇宫大内中受到民国的优待，照样称孤道寡，使用宣统的年号。袁世凯定在1916年元旦登基，定年号洪宪。如果这样，中国的土地上就要出现两个皇帝。所谓"天无二日，民无二主"，袁世凯觉得事情不妥，便派梁士诒和江朝宗为专使，一文一武，互相搭档，前往紫禁城，要求溥仪取消帝号。当时隆裕太后已经去世，溥仪皇帝也只有11岁，清宫内由瑾太妃和瑜太妃主持，宫外则由世续和载沣当家。江朝宗来势汹汹，一言不发就要开打，梁士诒好说歹说，一面劝解，一面威胁，吓得两位太妃和载沣、世续等人直打哆嗦，乖乖地答应取消帝号，毫无条件地作了袁世凯的臣子。

袁世凯在"推倒"宣统溥仪的同时，也没有忘记提防蔡锷。一天晚上，棉花胡同的蔡宅被军警翻箱倒柜搜了个底朝天。事后说是一场误会，又说是"有人冒充军警，企图抢劫"，还装模作样的枪毙了一个叫吴宝鎏的人。不管怎样，蔡锷意识到虽然自己的戏演得好，但北洋政府还是容不下他，他到天津去了一趟，袁世凯的密探对他层层监视，他苦思脱身之计，最后想到了红颜知己小凤仙。

蔡锷对小凤仙说："决计不顾生死，非要逃脱羁系不可。"小凤仙决定与蔡锷生死同行。蔡锷说："同行多有不便，将来成功之日，必不相忘！"小凤仙当夜为蔡锷饯行，为他歌唱、为他流泪。

那晚小凤仙唱的歌，流传下来的主要有三首：

其一：调寄《柳摇金》

骊歌一曲开琼宴，且将子饯，你倡义心坚，不辞冒险，浊酒一杯劝，料着你食难下咽。你莫认作离筵，是我两人大纪念。

其二：调寄《帝子花》

燕婉情你休留恋，我这里百年预约来生券，切莫一缕情丝两地牵。如果所谋未遂或他日啊！化作地下并头莲，再了前生愿。

其三：调寄《学士中》

你须计出万全，力把渠魁殄灭！若推不倒老袁啊？休说你自愧生旋，就是侬也羞见先生面，要相见，到黄泉。

蔡锷目不转睛地看着小凤仙，禁不住流下英雄泪，说道："但愿他日能够偕老林泉，以偿夙愿！"

从此，他天天与小凤仙乘坐敞篷马车，畅游京畿一带名胜古迹，招摇过市，故意让全城的人都看见。

1915年12月1日，距离袁世凯即帝位的日子还有11天，北京城内大雪纷飞，蔡锷与小凤仙前往第一舞台看戏，中场时施计骗过跟踪他的袁世凯派来的侦探，去前门车站，登上了开往天津的三等列车。第二天便换上和服，扮成日本人，搭乘日本游轮"山东丸"直驶日本。

蔡锷在去日本的轮船上就曾致书友人，说自己"以菩萨心肠，行霹雳手段，吾人今日处兹乱世，认定一事与道德良心均无悖逆，则应放胆做去，无所顾怯，所谓仁慈，又要痛快也。"

蔡锷到了日本，立即拍发电报回国，向袁世凯请假治病。袁世凯无可奈何，虽然恨得咬牙切齿，只得回电："悉心调理，愈后早日归国，用副倚任。"

在日本接到袁世凯的回电后，蔡锷又写了封亲笔信给袁世凯，信中说道："趋侍钧座，阅年有余，荷蒙优待，铭感五内。兹者帝制发生，某本拟捐埃图报，何期家庭变起，郁结忧虑，致有喉痛失眠之症，欲请假赴日就医，恐公不我许，故而微行至津东渡。且某此行，非仅为己病计，实亦为公之帝制前途，谋万全之策。盖全国士夫，翕然知共和政体，不适用于今兹时代，固矣！惟海外侨民，不谙祖国国情，难保无反对之心，某今赴日，当为公设法而开导之，以钳制悠悠之口。倘有所见闻，将申函均座，敷陈一切，伏气钧鉴。"

袁世凯接到他的信，气得火冒三丈，喃喃自语："这个小蛮子潜赴东京，瞒得我好苦，还要写信来调侃我！"急电驻日公使陆宗舆，要求他调查蔡锷的行踪并见机行刺，以除后患。然而当陆宗舆接到命令的时候，蔡锷已取道香港抵达越南，又由蒙自进入云南，组织了"护国军"起义讨袁。

护国运动兴起，袁世凯当了不到百天的短命皇帝，便在绝望中抑郁而终，袁世凯死后，黎元洪代理总统，任命蔡锷为四川都督。

这段时间小凤仙天天都能获得蔡锷的消息，她闭门谢客，静等蔡锷派人来接。这时，她接到蔡锷写来的信，大意是说：自军兴以来，顿罹喉痛及失眠之症，现在都督四川政务、军务，实在是难却中央的盛情，所以勉为其难，等到大小事情布置就绪，就出洋就医，到时就偕你同行，你暂时等一下。

小凤仙天天在耐心地等待，可蔡锷已病情严重，来不及也无法偕同小凤仙出洋了。他沿江东下，经上海到日本就医，终因病入膏肓而在福冈医院逝世，终年35岁。

蔡锷的灵柩运回上海，各界在上海为他举行盛大的追悼会，小凤仙托人寄来了两副挽联：

不幸周郎竟短命，早知李靖是英雄。

万里南天鹏翼，直上扶摇，那堪忧患余生，萍水姻缘成一梦；
几年北地胭脂，自悲沦落，赢得英雄知己，桃花颜色亦千秋。

晚年 1949年，小凤仙隐姓埋名定居沈阳并嫁给李振海，成为4个孩子的继母。1954年，她在沈阳离世。1998年，孩子们才知道，继母"张洗非"原来就是小凤仙。

小凤仙是李有才和李桂兰的继母，李桂兰和小凤仙共同生活了5年。李桂兰认为，小凤仙嫁给自己父亲的原因是，"早在建国前，我父亲李振海就是大帅府的工作人员，小凤仙总去看望赵四小姐，我父亲完全有可能那时候就认识了小凤仙。两个人有个最大的共同爱好，就是特别爱听评书。"

1949年，丧妻的李振海娶回了小凤仙。刚进门的小凤仙立刻成了4个孩子的母亲。这个新过门的母亲与周围的女人有着那么多的不同，"吃穿坐行就透着和别人不一样的地方。"李桂兰的哥哥李有才回忆说。那时候李有才20多岁，"那时，我已经参加工作，很少回家，和继母接触最多的就是妹妹李桂兰。"

"爱美，整洁，不爱干活。"是李桂兰总结小凤仙的最大特点，"刚建国的时候，大家都穿得很土气，可是她特别爱穿旗袍，而且在旗袍一侧别着一个小手帕。"

看着与众不同的继母，李桂兰忍不住好奇："你为什么要把手帕别在旗袍旁边呢？"对于类似的问题，小凤仙只是浅浅一笑，从不作答。

"继母特别喜欢一张照片，她总是拿出那张照片静静地看，看照片时也从不忌讳我们，那是她和一个年轻将军的照片。"李桂兰回忆到，"照片里的男人很英武，肩上有着很大的章，衣服上还有很多金黄色的穗。我就问她，'这是谁啊'，她还是淡淡地一笑回答，'这是一个朋友'。"

李桂兰家里的生活来源完全靠父亲在支撑，生活困难可想而知，即使这样，小凤仙依然过着悠然的生活。

"她干得最多的活就是洗自己的衣服，从来不做饭，但是生活却很有规律，每天早晨自己出去遛弯的时候，都会在外面吃过早饭。"对于这样"四体不勤，五谷不分"的继母，李桂兰从不敢心生埋怨，"因为无论从哪看，她都是一个不一般的人。"

小凤仙和梅兰芳的见面，证实了李桂兰的猜测。1951年初，京剧艺术大师梅兰芳率剧团去朝鲜慰问赴朝参战的志愿军，途经沈阳演出，下榻于当时东北人民政府交际处的招待所。小凤仙和梅兰芳联系之后，得以见面。

"第一次还是我带继母去的，因为那时我在政府工作，可惜第一次没有见到梅先生。第二次，继母带着妹妹李桂兰去看望梅先生。即使那次，我们也还不知道，继母就是小凤仙。不过看到梅先生对她的客气，隐约猜到，继母绝不是普通人。"李有才回忆说。

那次见面后，梅兰芳托人解决了小凤仙的工作问题，小凤仙被安排在省政府幼儿园工作。

1954年春，小凤仙患上类似于老年痴呆和脑血栓的病症。最后不到一年的时间里，陪伴小凤仙的是李有才的妻子佟桂英。

在小凤仙患病之前，佟桂英就已嫁进李家。"婆婆是一个性格开朗的人，也是一个要求进步的人，那时候，无论街道组织什么活动，婆婆都积极参加，有时候还拉着二胡唱上一段，宣传党的政策。"

佟桂英同样看过小凤仙的那些照片，而得到的答案始终只是："婆婆淡淡地一笑。"

对于小凤仙准确的死亡日期，李桂兰的回忆是，"应该是在1954年的3月份，不过，那时候我正好怀孕，所以没有去参加她的葬礼。"

或许是50多年的时光流逝，让一段记忆变得斑驳陆离，李桂兰的哥哥就有着与妹妹不同的回忆，"葬礼我去了，父亲把继母最喜欢的照片放进棺材里，其他的都烧掉了，我记得应该是秋天的时候。"

其实，小凤仙根本不会在乎后人如何猜测她，因为早在几十年前，视小凤仙为红颜知己的蔡锷，就已经给出小凤仙和所有世人一个答案了。

匡正 蔡锷字松坡，湖南邵阳人，生于1882年，从小天资聪颖，13岁中秀才，15岁时受湖南学政徐仁铸的举荐，入读湖南时务学堂。时务学堂是维新党人谭嗣同等人为宣传变法而设立的新式学堂，也是当时湖南维新派的大本营，不久，梁启超这位维新运动中的风头人物也应邀来到时务学堂担任中文总教习，虽然蔡锷当时年纪不大，但很快被梁启超发现并结下了深厚的师生友谊。

戊戌变法失败后，谭嗣同被杀、梁启超流亡日本，湖南时务学堂也就关门大吉。后来，梁启超得知蔡锷等同学在找寻他的消息后，便设法将他们召到日本，并进入由梁启超担任校长的东京大同高等学校继续学习。

蔡锷

1900年，蔡锷曾秘密回到湖南参加唐才常的自立军起义，但起义刚一发动即告失败，唐才常被杀，蔡锷再次潜回日本并转入成城学校学习军事。在梁启超的活动下，蔡锷于1903年进入日本陆军士官学校第三期骑兵科并以优异的成绩毕业。在同时期入学的学员中，蔡锷、蒋方震、张孝准并称为"中国士官三杰"，蒋方震后来成为著名的军事教育家，张孝准在毕业后又受东三省总督徐世昌的举荐去德国留学四年，但这两人在民国史上均不如蔡锷鼎鼎大名。

蔡锷回国之际，正好赶上清廷大力推行新政的好时候，而编练新军又是清末新政的重中之重，因此在日本学习军事的毕业生在回国后都受到重用，并成为各省争抢的对象。蔡锷回国后，先后在江西、湖南、广西等省的武备学堂任教或者编练新军，由于其观念新颖，能力出众，很快便在南方军界中崭露头角，成为一名重要的新军将领。

当时的广西巡抚张鸣岐是一个年轻有为但又好大喜功的人，他主政广西后，锐意延揽新政人才，办起了很多新式学堂，诸如法政学堂、警察学堂、优级师范、陆军小学、陆军测量学堂等等。由此，从日本学成回来但又富有革命思想的人，如庄蕴宽、钮永建、李书城、蔡锷、尹昌衡、孔庚、

赵恒惕等纷纷齐聚桂林（当时的广西首府在桂林）。

蔡锷当时担任了广西兵备道总办、参谋处总办，同时还兼任了陆军小学总办，统领整个广西的新军及编练机构事宜，军权在握，权倾一时，很受巡抚张鸣岐的重视。不过，由于中国人的乡土观念很重，身为湖南人的蔡锷在广西混得太好，难免引起当地人的嫉妒，结果惹出一场"驱蔡风潮"，令蔡锷不得不退出广西。

事情是这样的，当时湖南人在广西定居极多，在风气、文化各方面又都比广西本地人要好得多，因而不免发生一些利益冲突。"驱蔡风潮"最初发源于干部学堂，这个学堂原本是为广西新军培养军事干部的，因为广西在清末编练新军时拟成立一镇一协（即一师一旅），但后来因为经费不足，所以只编成了一混成协。如此一来，干部学堂的两百多毕业生就大大地供过于求，作为兵备道总办的蔡锷决定从这两百多人中进行甄别考试，结果湖南籍的毕业生成绩远好于广西本地学生，在留用的120人中，湖南人有90多个，而被淘汰的大多为广西籍。

这下广西人当然不干了，他们认为蔡锷的考评袒护同乡，有失公允，因此在干部学堂内掀起"驱蔡运动"并很快波及其他学堂。不久，广西咨议局的议员们也群起弹劾蔡锷，使得风潮进一步扩大，广西人甚至罢市罢课，一致要求蔡锷离桂。在"驱蔡运动"的高潮时期，各学堂的学生排队前往抚台衙门请愿，弄得张鸣岐毫无办法，最后，蔡锷只能在压力之下灰溜溜地离开了广西。

古话说得好，"失之东隅，收之桑榆"，蔡锷在广西以一种不体面的方式下台后，云贵总督李经羲却随后将之延揽到云南，并担任了第19镇第37协的协统（旅长），这次是直接做上了带兵官。蔡锷之前做的大多是教官或者军政管理工作，手头没有自己的子弟兵，因而在关键时候无人可用。

半年之后，武昌起义爆发。20天后，云南的革命党人也发起起义响应。蔡锷被推为起义军临时总司令，新、旧军在激烈交战一昼夜后，第19镇统制钟麟同被杀，云贵总督李经羲被俘（后被礼送出境），身为协统的蔡锷则被推为云南都督，当时年仅29岁。

当上都督的蔡锷在民国成立后却遭到云南当地人的排挤（所谓"滇人治滇"，即本省都督须由本省人担任），正好袁世凯在此时下令调他入京，于是蔡锷顺水推舟离开了云南，遗缺由原贵州都督唐继尧接任。唐继尧倒是云南人，他既是蔡锷的学弟，也是其部属，在革命前的云南新军第19镇第37协中，蔡锷是协统，刘存厚是标统，唐继尧为营管带。

袁世凯对蔡锷很是欣赏，他将蔡锷调到北京的原定目的是让他担任新组建的"模范团"团长，可惜的是，袁世凯引进"外人"的提议遭到北洋派内部的强烈抵制，最后只能作罢。蔡锷到京后，虽然也担任过将军府办事员、参政院参政、经界局督办等职，但都是一些虚职，这使得正值当打之年的蔡锷感到有志难伸，颇为郁郁寡欢。

清朝覆亡之后，蔡锷认为只有"强人政治"才能维护国家的统一并达到富强，而他心目中的"强人"正是袁世凯。因此，蔡锷在民国初年一直站在袁世凯的一边，对革命党的"二次革命"不予支持。但是，蔡锷到京后，发现民国的新气象很快便陷于消亡，而他看重的强人袁世凯并非他心目中的理想人选，特别在谈判"二十一条"的过程中，蔡锷更是对袁世凯失望至极。

蔡锷先到老师梁启超那里征询他对帝制运动的看法，在得知梁启超决意反袁后，于是便将红颜知己小凤仙给自己设计的金蝉脱壳计谋说了一遍，梁启超也很赞同。随后，梁启超便离开北京并发表了那篇著名的文章《异哉所谓国体问题者》，而蔡锷则故意在公开场合耻笑梁老师的迂腐错谬，并与帝制派人物打得火热，似乎也加入了帝制派的阵营。

对于蔡锷的动向，袁世凯很早就派有暗探跟踪，他对于蔡锷的突然转变并不敢轻易相信，反而加强了监视。数日后，暗探们听到蔡锷家中突然传来激烈的吵闹声。原来，蔡锷的原配夫人因蔡锷近日一直在与小凤仙鬼混，不过稍劝了几句，而蔡锷却趁势发作，要将夫人休掉，遣回老家。这事传到袁世凯耳中后，他不免为之一乐。后来，蔡锷也就趁机将夫人送回老家。

夫人离开京城后，蔡锷更是成天与小凤仙在一起厮混，而那些侦探们见蔡锷已沉湎声色，也就日渐放松了警惕。一日，蔡锷携小凤仙前往第一舞台看戏，侦探们自然例行公事，尾随于后。蔡、凤二人进了包厢后，也未见什么动静，蔡锷还将大衣脱下挂在衣架上，外面的人可以看得清清楚楚。侦探们见蔡锷的大衣挂在外面，也就轻松了许多，不必时时去窥探之。戏过中场，蔡锷突然起身前往小解，而侦探们见大衣尚未取下，于是也就不以为意。

不料戏已演完，却始终不见蔡锷回来，侦探们这下知道大事不好，等到他们追上小凤仙并索问蔡锷下落时，小凤仙笑道："各位大人，我乃是风尘中人，蔡将军有何公干，岂是我等所能问，又是我等所能得知的呢？"侦探们听后，大呼上当，但也只好自认倒霉。

其实，等侦探们醒悟过来的时候，蔡锷早已登上了前往天津的火车。侦探们还在北京到处找寻的时候，蔡锷已经在朋友的帮助下乘轮渡海，潜往日本。等到了日本后，蔡锷才给袁世凯发电，称自己患有喉疾，正在日本医治云云。老奸巨猾的袁世凯此时哪敢相信，他随即便命令沿海、特别是云南和广西的地方官员严加缉拿，不得让蔡锷潜返入境。袁世凯没有算错，此时的蔡锷果然已经在前往云南的路上，那封电报也是他托付友人在他离开日本后才拍发的。

蔡锷到昆明后，马上与唐继尧揭起"护中国军队"大旗，并召集群众大会，宣布云南独立，举起反袁大旗。昆明的民众得知消息后，立时欢声雷动，并纷纷走上街头，举行了盛大的游行活动。在群众大会上，蔡锷发表演说称："我们所争取的不是个人的权力地位，而是四万万同胞的国格！我们与其屈膝而生，毋宁断头而死！"

在宣布云南独立后，唐继尧、蔡锷等人随即组建了护中国军队，出兵讨袁。护中国军队当时共有三个军，第一军总司令蔡锷，率军西向四川；

第二军总司令李烈钧，兵进广西并直抵广东；第三军总司令由云南将军唐继尧兼任，坐镇云南后方。1915年底，蔡锷的第一军和李烈钧的第二军陆续分批开拔前线，拉开了护国战争的序幕。

蔡锷的第一军共三个梯团、六个支队（朱德当时任第六支队长，即原来滇军步兵第十团团长），兵力尚不足一万，出征的时候只有两个月的粮饷，而且基本是步兵，只有一个骑兵连和少量的重武器、轻重机枪。出发时，每个士兵所携带的子弹仅300发，炮弹更少，可谓是孤军深入，十分悲壮。

蔡锷所部护中国军队到川南作战两个月后，消耗甚大，而后方唐继尧又未能及时接济，以至于陷入了极大困境。蔡锷曾在此期间给友人的信中说"所难者枪支破损，未能克日修理，衣服褴褛，未能换给；弹药未能悉加补充，而饷项已罄，乞灵无效"；"自滇出发以来，仅领滇饷两月。半年来，关于给养上后方毫无补充，以致衣不蔽体，食无宿粮，每月火食杂用，皆临时东凑西挪，拮据度日"。

好在护国战争只进行了半年，袁世凯便在内外交困中一命呜呼，蔡锷的"护国之举"也就大功告成。

令人惋惜的是，就在袁世凯死去后不到半年，两位赫赫有名的"共和伟人"便先后去世，一个是黄兴，另一个则是蔡锷。蔡锷当时患有严重的喉疾，加上作战的条件极其艰苦，"鏖战经月，日眠食于风雨之中，出入乎生死以外"；"平均每日睡觉不到三个钟。吃的饭是一半米一半砂硬吞"，使得病情久拖不治，日益恶化。等到护国战争结束后，蔡锷旋即赴日本医治，但为时已晚，于1916年11月8日在日本福冈病逝，年仅35岁。

"国民赖公有人格，英雄无命亦天心"，在蔡锷病逝后，其师梁启超十分悲痛地为自己的爱徒撰写了这副挽联。1917年4月12日，蔡锷移葬故里，国民政府在长沙岳麓山为他举行国葬仪式，这也是民国历史上的"国葬第一人"。

宋美龄：跨越三个世纪的美丽与哀愁

传略　宋美龄（1897—2003），广东文昌县人，出生于上海。与宋霭龄、宋庆龄并称宋氏三姐妹，蒋介石的第四任妻子，凭借孔宋家族的强力支援与美国留学背景，活跃于政治、外交等领域，对民国历史与民国时的中美关系产生了深远的影响。

1908年，宋美龄与二姐宋庆龄同时赴美国留学，先后在新泽西州萨米特镇以及乔治亚州梅肯市的皮德蒙特学校、威斯里安女子学院就读，1912年进入马萨诸塞州的威尔斯利学院（Wellesley College, MA），1917年回到上海从事教会工作，参加各种社会活动。

1922年，蒋介石与宋美龄在上海初次见面，蒋立刻对宋展开了热烈的追求。1927年12月1日，蒋宋两人在上海结婚。

1928年，担任国民革命军遗族学校校长。

1932年，担任中国航空委员会秘会长，并曾经负责当时中国空军之组建，她把空军经费存到香港银行，造成了抗战时空军飞机数量严重不足的恶果。

1934年，配合蒋介石推行"新生活运动"。

1936年12月，举世闻名的西安事变发生后，曾赴西安斡旋。

1937年，蒋介石授权她掌握空军，她邀请陈纳德将军整顿中国空军，并且成为名义上中国空军的总司令。由此，也被名为"中国空军之母"。

1938年，所著《战争与和平通讯》出版；组织妇女工厂和战时学校。

1938年，影响非常大的美国《时代》周刊把蒋介石和宋美龄作为1938年第一期的封面人物，评选他俩为1937年的"世界风云人物"。

1943年2月，为了取得美国对中国抗战的更多支持和同情，宋美龄作为蒋介石的特使访问美国。在美期间完成了对美国募款的任务，

1943年，再次被美国《时代》周刊选为封面人物和年度风云人物。

1950年宋美龄来到台湾，开始了在台湾的生活。

1975年4月5日蒋介石病逝于台北，而此时宋美龄与蒋经国矛盾渐现，遂于1976年离开台湾，远走美国。

1986年宋美龄返台，出席"蒋中正百年诞辰"纪念活动。

1991年再次离台赴美，之后除了孔家甥辈过世外，不再回台湾。1994年后长居纽约。

2003年10月23日于纽约逝世，享年106岁，是第二次世界大战中各参战国领袖及夫人中最长寿者。

童年　　宋美龄出身于民国时期一豪门望族，其家族在当时地位显赫。宋氏共有姐妹3人，时称"宋氏三姐妹"。老大宋霭龄，老二宋庆龄，老三宋美龄。宋家儿子名曰宋子文，宋氏家族与当时的蒋家、孔家、陈家号称"四大家族"。

宋氏三姐妹

大姐宋霭龄嫁给了孔子的第七十五代孙裔孔祥熙，其曾任民国财政部长、行政院长。二姐宋庆龄是孙中山夫人，后来又当上了中华人民共和国名誉主席。弟弟宋子文亦当过民国财政部长与行政院长。

宋美龄出生时，其父宋耀如已成为上海滩上有钱有势的百万富翁，并且还是孙中山领导的兴中会的执行秘书长。相比她的两个姐姐和哥哥宋子文，宋美龄生长的家庭环境更为优越。

小时候的宋美龄是个胖乎乎的可爱的孩子。冬天，母亲倪桂珍给她穿上厚厚的棉袄，使得本来就胖嘟嘟的美龄显得更圆了，走起路来一摇一摆的，活像一只满地滚动的大皮球。她的一个叔叔看到如此有趣的景象觉得很好笑，就给她起了个"小灯笼"的绰号。

童年宋美龄

那时的她头顶梳着两根小辫子，用红带子扎着，然后卷成圆环。这种俗称"螃蟹眼"的发型在当时的小女孩中是相当流行的。母亲倪桂珍经常给她穿上背后开口系扣的短花布衣裳，鞋子做得看上去像个猫头，两旁伸出两只猫耳朵，上面还绣着猫胡须和眼睛。长大一点后，母亲又经常给她穿男孩的衣服，这一方面因为她是一个顽皮的姑娘，举止像个男孩，穿哥哥子文的衣服比穿姐姐们的衣裳显得更自然；另一方面是因为哥哥子文长得快，衣服很快就小了，以至于每两三个月就要给他做新衣服，于是小妹妹美龄就成了他这些穿小了的衣服的继承者。直到10多岁去美国前，宋美龄还经常穿男孩的衣服。

宋美龄聪颖灵敏，但比两个姐姐霭龄和庆龄淘气可爱。母亲倪桂珍注重从各个方面培养子女，不但让女儿们学习识字断文，而且希望她们精通针线活。因为刺绣是当时中国女孩的必修课，古代把刺绣作为"女红"，把它与妇德妇言妇容并列为女子的"四德"。倪桂珍自己喜欢读书，针线活不行，可她却希望女儿们精通这门技艺。

为此，她请来一位刺绣师傅，那是一位针线活做得相当好又有些文化的寡妇。宋美龄活泼好动的天性使她对这种静坐半天才能绣一条花边的活感到很无聊，她一点儿也不愿意学这活计，经常是坐不了一会儿就想开溜。大姐宋霭龄也不喜欢学刺绣，有一天她偶然发现在上海方言里"女工伙计"与"女叫花子"的发音非常接近，就利用这个双关语大做文章。她把自己的发现悄悄教给两个妹妹庆龄和美龄，大家约好一起和这位师傅开个玩笑。第二天刺绣一开始，3个女孩就轮流把这位女工师傅喊做"女叫花子"，然后问这问那。每一个人叫一次，其余两个就笑个不停。开始这位女工师傅不明原因，后来终于发现了她们的秘密，她怒气冲冲地去找倪桂珍，揭发了3个小孩对她的戏弄。

那时，捉迷藏是孩子们最爱玩的游戏，小美龄年纪最小，走路都摇摇摆摆的，不太会玩。轮到她藏的时候，她往往不知道该往哪儿藏，很快就被人家找到了。当她去找别人时，却又不知道该去哪儿找，因而她往往成为孩子们游戏中的小累赘，孩子们都不太愿意跟她玩。

有一次，又玩捉迷藏，大家禁不住美龄的一再哀求只得带她玩。有一个小孩想出了一个主意甩掉美龄。她对美龄说："你是个机灵鬼，先站在花园里，闭上眼睛数100个数再找我们，可不许偷看哦。"

小美龄一听很高兴，就用胖乎乎的小手捂住眼睛，耐着性子数了起来。为了早点数到100，生性聪敏的她从20就跳到30甚至40，没多一会儿，她就数到了100。但有一个留下来听她数数的小孩，却说这么数不算，要重数。美龄只好再数一遍，这次没人再监督了，四周一片寂静，只有她稚嫩的数数声。等她终于数完，睁开眼睛准备开始找时，发现花园四周一片沉寂，连个人影都没有。她找了半天，一个人也没找到。这时她才明白自己上当受骗了：她们一定是跑到别处去玩了，也许还在那儿嘲笑自己呢。

一种被抛弃、被轻视和被愚弄的委屈感顿时涌上心头，一向骄傲的她感到自尊心受到了伤害，站在那里伤心地哭了起来。这时，大姐霭龄跑了过来，替她擦干了眼泪和鼻涕，还安慰她很快就会长大，长大后就不用害怕了。

儿时的印象是十分深刻的，很长时间宋美龄都无法摆脱这种挫折感。类似的事件使得她很难与他人推心置腹，和睦相处。在自卑中产生的尊严，使她容易激动，盛气凌人，令人觉得她高不可攀。她在过分激动的时候，浑身上下会突然出现许多红色肿块或疹团，这种被称为荨麻疹的慢性皮肤病在后来的岁月里一直困扰着她。

情事 曾是宋美龄秘书的张紫葛曾写过一本名为《在宋美龄身边的日子》的书，道出了许多鲜为人知的内情。关于蒋宋联姻，宋美龄初时拒绝、宋霭龄积极包办、蒋介石为联美而婚等传说几乎已成定论。但张紫葛在书中却批驳了这些说法。他写道，当宋美龄听到自己的一位得力助手也相信这些传闻时，曾用指头敲着桌子说："我的朋友，我简直没想到你也相信这些编造出来的谎言。"宋美龄接着说，她1922年在孙中山家第一次见到蒋介石时就被对方迷住了，"他远比我二姐夫（指孙中山）英俊"。两人一见钟情，当即互换了电话号码，其后便开始鸿雁传书，感情与日俱增。不久，蒋介石向孙中山吐露了对宋美龄的爱慕之情，并想请宋庆龄帮忙，"孙文表赞同，而孙夫人（即宋庆龄）则极力反对"。大姐宋霭龄初时也曾附和母亲一道反对这桩婚事，但后来被宋美龄说服，"这桩婚事自始至终都是我自己做主，与阿姐何干？至

蒋介石和宋美龄

于蒋介石和我结婚是为了走英美路线，那更是天大的笑话……"

宋美龄和蒋介石的婚姻，曾被视为是有政治目的，因为两人婚后一直没有生育。但是在蒋介石已经解密的日记摘本上，却记载了"夫人小产，病益甚"这段话，透露出宋美龄曾经流产的内幕。蒋介石也曾经在日记中表示，希望上天能让妻子生儿育女，弥补人生的不足。

蒋介石和宋美龄两人的婚姻也许一开始有政治考虑，不过蒋介石对宋美龄的欣赏也可以从日记中的一段叙述"才华德容、恋恋难忘"得到证实，虽然两人的感情是在婚后才开始培养的。

信仰　宋美龄是一个忠实的基督徒。在蒋介石向宋家提出婚约时，宋美龄的母亲倪桂珍便坚持女婿必须是基督徒，而蒋介石也确实在婚后遵守承诺成为了一个基督徒。不仅如此，基督教制约并影响着蒋宋夫妇，也深刻影响了国民党政府，在早期国民党政权的政治运作中，扮演了十分重要的角色。

宋美龄和蒋介石的生活习惯实际上是相差甚远的。蒋介石习惯于早睡早起，而宋美龄则热衷于夜生活。然而婚后很长时间以来，宋美龄坚持清晨四五点钟起来与蒋介石做"晨课"，即基督教的祈祷仪式，直到她的晚年身体条件不大乐观的时候才没有坚持。

不仅如此，她在"妇联会"以及后来在台湾的士林官邸时，总拉着一群人去做礼拜，在许多人眼中，这个不过是政治礼拜，许多官太太的目的无非就是讨好宋美龄，然而她的精神却始终如一，对人的态度始终不变。

基督教给宋美龄带来的宽恕精神是相当明显的，最明显的一个例子便是在震惊中外的西安事变后，宋美龄一直坚持保住张学良的性命。后来到台湾以后，宋美龄依旧对张学良十分客气，常送些好吃的给他吃。在蒋介石与蒋经国过世后，张学良正式面对公众，却不曾对蒋家有所抱怨和非议，想来和宋美龄的宽恕是分不开的。

对峙

到台湾后，纵然宋美龄在对美"外交"上仍居一言九鼎之地位，然其政治权力显然已逐步受挫，她的最大对手不是别人，而是蒋经国。

1975年4月5日蒋介石去世后，蒋经国无法忍受她和孔家兄妹权充"后座司机"，他要独当一面，开创一个属于他自己的时代。蒋介石的私人医生熊丸说："经国先生与夫人对外交的意见不一致。夫人便对经国先生说：'好，如果你坚持己见，那就全由你管，我就不管，我走了。'自此夫人便到美国纽约，一直都不回来。而经国先生的个性很强，他决定的事情便一定要办到，所以也不大管夫人的意见。"

1975年9月16日中午，宋美龄搭乘"中美号"专机离台赴美，行前发表3000字的《书勉全体国人》，说："余本身在长期强撑坚忍、勉抑悲痛之余，及今顿感身心俱乏，警觉却已患疾，急需医理。"

生活

宋美龄一生都非常重视身材和容貌的保养，到了晚年更是精心呵护，这在士林官邸是一个公开的秘密。很可惜宋美龄患有皮肤过敏症这一顽疾，所以，有时仅仅因吃了一点海鲜或沾了一些花粉，就会旧疾复发，非常难受，也很影响她的美观。因此，手下人服侍她时，方方面面都必须小心翼翼。宋美龄曾到白宫做客，由于她的皮肤过敏，每天都要换几次床单，可不知内情的白宫侍从们对宋美龄这一习惯却是抱怨不已。

宋美龄在她百岁的生命中，几乎每天都要化妆，而且一向不假手他人，没化好妆、梳好头，她是绝对不会下楼或是出门见其他人的，不过最主要的原因是宋美龄大概不太希望别人见到她的庐山真面目，据说即使是蒋介石也很少见到卸下妆的宋美龄。对于容貌上的先天不足和日渐衰老，宋美龄只有依赖化妆品来弥补和遮盖，但是对体重她不用这么费心，她一生都控制得格外好。她的侍从说，由于她对自己身材的保养格外重视，几乎每天都会用磅秤称自己的体重，只要稍微发觉自己的体重重了些，她的菜单马上随之更改，立刻改吃一些青菜色拉，不吃任何荤的食物。假如体重恢复到她的标准以内的话，她有时会吃一块牛排。据侍从们讲，宋美龄有一样非常喜欢吃的东西，就是爱吃有骨头的食物，也不吃肉多的部分，单单喜欢啃骨头，比如鸡翅膀、鸡爪子之类的东西。是不是这类食品吃了不会使人发胖，就无从考证了。而且早年，她为了控制体重，曾经常吸烟。蒋介石是不喜欢闻到烟味的，更不允许人们在他面前吸烟。所以，宋美龄为了尊重夫君，就在自己的书房里边抽。这个为身材而抽烟的习惯大概只维持了几年。也许，宋美龄觉得这个方法有些舍本逐末，就放弃了。

宋美龄花了大气力来保持身材，自然对服饰也十分地讲究。但她最喜欢的衣服式样大概应算是旗袍了。据士林官邸的侍从们介绍，宋美龄超大型衣橱里的旗袍堪称世界之最。宋美龄有一个超级勤奋的裁缝师。这个裁缝师叫张瑞香。早在大陆时期，张瑞香就跟着宋美龄走南闯北，寸步不离。士林官邸内务科的人都清楚，除了过年那天休息一天之外，一年364天，张瑞香几乎每天都在不停地为宋美龄制作旗袍，而且他只为宋美龄一个人做。由于一些大大小小的官太太们投宋美龄所好，送礼之中多半有衣料，长年不断的绫罗绸缎，足够张瑞香一年忙到头的。凭他一个熟练的裁缝师，大约每两三天就可以做好一件旗袍。每做好一件，他就喜滋滋地把新旗袍捧到宋美龄面前邀功请赏。可是在侍从们的眼里，宋美龄的旗袍穿来穿去，总是那么几套，从来没有太大的更换，令手下人不解：不知道是宋美龄不喜欢穿新衣服，还是她只喜欢用纯欣赏的方式，去满足自己的虚荣心。几乎每件新旗袍做好之后，宋美龄都只是大略地看一眼，就命人拿到自己的衣橱里妥善保管，从没见她再穿过一遍。这大概只有用"旗袍癖"来解释了。

晚年 移居纽约后，宋美龄大部分时间住在孔祥熙所购置的长岛蝗虫谷巨宅，其贴身侍从钟爱民回忆说，大家一到蝗虫谷的第二天，所有侍从和警卫人员就开始对房子进行大扫除。清扫过程中，宋美龄授意把旧物全部烧掉，其中包括很多她亲手作的画和一封蒋介石写的亲笔信。

因蝗虫谷的住宅靠海，每逢秋冬，寒气逼人，交通又不便，如遇大雪，顿成与世隔绝之孤岛。1995年，宋美龄索性把它卖掉，搬到纽约曼哈顿一栋15层高的普通公寓，从此过着与世隔绝的日子，每日作画，概不见客。2000年农历春节前夕，曾有一位贴身随从提着两罐乌龙茶（这是宋美龄最爱喝的一种茶）去探望她，却未被允许进门。独居期间，孔令侃、孔令伟和孔令杰三个晚辈相继辞世，张学良也在几年后作古，仅留下她作为一种历史的存在，代表着那个年代与过去的延续。但令人遗憾的是，宋美龄始终拒绝作口述历史和撰写回忆录，她声称一切都留给了历史，而时间会让历史还原。

宋美龄106岁生日之前，由于她的身体状况已经非常不好，所以当时即有宋美龄身后事的种种传闻向外发散。这些传闻都没能得到证实，但有一点却是肯定的，那就是她希望自己死后不回台湾安葬。为什么会有这样的要求，外界有诸多的揣测。

一种说法是笃信基督教的宋美龄以前曾经表示，一切都将交给上帝，身后不会随同蒋介石合葬在台湾。没有人知道她为什么执意不回台湾，但有分析人士称，蒋介石和蒋经国逝后一直没有下葬，这可能跟蒋介石一直想叶落归根回大陆有关。蒋纬国指出，蒋介石生前选定在南京紫金山、枋山、四明山三个地点，蒋经国则希望归葬浙江奉化母亲的墓旁。当时作为蒋家第三代唯一合法代言人的蒋孝勇，则坦白称移灵是家务事，蒋家有蒋家的处理方式。

另一种说法是宋美龄希望叶落归根。因为位于上海的宋氏墓园，除了有宋氏三姐妹的二姐宋庆龄的墓地，宋氏三姐妹的父母也都是安葬在这里。因为受限于两岸的政治因素，宋美龄一直无法亲自到墓园祭拜父母，所以几年前她特别委托别人代她献花致意。因此有人推测，宋美龄可能在身后选择和父母一起长眠在上海的宋氏墓园。

强势 举世震惊的西安事变发生后，宋美龄性格中强势的一面得到了充分展示，从她的这篇回忆文字中，我们不难发现她性格中强势的一面，回忆文字原文如下：

西安事变的经过、状况之复杂，决非中国过去的"兵变"可以比拟。

12日：噩耗传来晴天霹雳。1936年12月12日，我在上海。代理行政院长兼财政部长孔祥熙忽然跑到我的寓所说："西安发生兵变，委员长下落不明。"闻此噩耗，不啻晴天霹雳。当时上海与西安的有线电报、无线电报以及陆地、空中交通，皆告断绝，过了好几个小时，仍不能得准确消息。而各种流言已传播全球，英文报纸，竟根据流言作了头版的大字标题。13日早晨，我和孔部长及端纳仓促赶往南京。无奈，南京虽为首都，同样没有确切消息。（国民党）中常会已于12日深夜开会，决定：免去叛变首领张学良的中央军事委员会委员及西北剿匪副司令之职，交军事委员会严办。这天早晨，南京还接到了西安方面发来的"全国通电"，署名的人除了张学良、杨虎城以及西北重要将领外，还有陪同委员长前往西安的南京高官多人。通电称：彼等曾"涕泣诤谏，屡遭（蒋介石）重斥"，故不得不"对介公（蒋介石）做最后之诤谏"。通电中，他们还提出了"救国主张"的八项要求，希望南京当局"俯顺舆情，开诚采纳，为国家将来开一线之生机"。

这八项要求是：改组南京政府；停止内战，停止剿共；立即释放在上海被捕之救国联合会分子七人；释放全国一切政治犯；保障言论、出版、集会自由；开放民众抗日爱国运动；实行孙总理遗嘱；立即召集全国救国会议。张、杨的电文也指出：他们将确保我丈夫的安全。兵变发生，我心中的第一个念头是：我是女人，世上之人，必定以为我是女人，遇到突然的兵变，必不能再作理智之探讨。所以，我必须抑制个人的感情，从全局考量对策。看了张学良、杨虎城的通电，我的第二个念头是：如果处理得好，这次兵变必能得到合乎常理的解决。于是，当天晨8时，我即给张学良发去专电，告诉他：我们共同的朋友端纳，准备立即飞往西安。端纳也给张学良发了电报，盼其立即复电，看西安是否愿意接待。

13日：友人端纳直飞洛阳。西安来电所提"八项要求"，我一开始并没有给予重视。当时南京的一般人，在推测张学良发动兵变的原因时，亦大多认为，西北地瘠民贫，张学良率部驻军西北，或许早有不满，因此推断：张学良这样做，实际只是为了要求将东北军调防到丰腴省份的一种"借口"。不过，南京主张讨伐张学良的人，因此更加主张：对此种不听中央号令者，必须予以严惩，否则就是开了坏的先例。我则推测说："张学良、杨虎城等人，或许确实有不平之情绪，而且他们也认为自己具有相当的理由。如果一部分国人真的对中央怀抱不平，那么中央就应该虚怀若谷，探索其不平之原因，并尽力纠正之。同为中国人，假如有其他途径可以解决此次兵变，又何必一定要用军事方法呢？"

13日上午，接到了张学良的两封电报：一致孔祥熙部长，一是给我的。为节省时间，我和端纳决定：烦请端纳于13日午后，先直飞洛阳。另外，我请端纳携两函，一函致委员长，一函给张学良。在给张学良的长函中，我告诉他：他的这一举动，将使国家前途受到严重打击。我并表示，他的举动虽然十分卤莽，但我敢断定，他发动兵变的本意，并无断送国脉、陷害领袖的恶意，因此，他必须及时自拔，切勿贻误时机，以致后悔不及。端纳乘坐的飞机，13日下午起飞。还好，到了晚上，端纳就从洛阳打来长途电话，称他已于傍晚抵达洛阳。端纳告我：13日白天，中央军的30多架飞机，已在西安上空做了示威飞行，目的就是要告诉西北叛军，洛阳飞机场仍在中央军之手。端纳在电话中还说：他不管张学良是否有回电，定于明晨直飞西安。幸好，当天夜里，我忽然接到张学良致端纳的电报，说他欢迎端纳入陕。于是我放心了：端纳所乘飞机，应该不会在前往西安的途中，被人击落。

14日上午：中常会上舌战高官。南京政府当时已经决定：委员长回京之前，由军政部长何应钦负责指挥、调遣全国军队，空军亦归其统辖。而委员长已经遇难的消息，也忽然流传开来了。局势虽然黑暗且危险，但我仍然有个直觉：事变可以稳妥解决。于是，这一天的我，就是要让国民党中央的诸位高官们相信，其一，只要多做忍耐，和平就不会绝望；其二，在军事讨伐西安之前，务必先尽力解救委员长脱离险境。因为攻打西安的战事一旦开始，委员长即使不被南京陆军、空军的轰炸所误中，也必然被怨恨的叛军所杀害。谁知道，中常会上，我陷入了"立即攻打西安"的主战派的重重包围之中。

中央常委会上，有人说："为维持国民政府的威信，应当立即进兵，剿灭西安叛兵。"我当即反驳说："今日之中国，假如没有委员长，就不会有任何统一的政府。今天我们舍弃委员长，不去救他，请问：还有哪个人能够立即担负起领导全国的重任？"我刚刚说到这里，会场里立即群情激昂，主张纷杂：有人说，委员长或许已经遇难；有人说，国家利益，应当重于委员长的个人生命；更有人辞色之间似乎在说："彼一妇人耳，仅知营救其丈夫而已。"我立即大声说："我虽是一名女性，但我今日在此发言，绝非仅仅为营救我的丈夫。如果委员长一死，真的能够为国家造福，那我一定首先劝其牺牲。但处理西安叛变，如立即挞伐，直接轰炸，不但使领袖生命陷于险境，而且必然使陕西数千万无辜民众，立即陷入兵燹之灾……不仅如此，还将使我们为抵御日本入侵所做的诸多努力，白白浪费。因此，为了救中国，我不得不吁请诸位，妥善寻找和平解决的途径。"看到各位都在倾听，我接着说："希望各位相信，我决非每天早晚惦记丈夫安全的一般女性。今天，我在这里发言，是以公民资格，要求以最少的牺牲，为国家和民众，解决这一严重问题。因为委员长今天的安危，是和国家的安危密不可分的。如果你们主张向西安方向增派军力，我赞成，但请一定下达命令，嘱其切勿随意开枪，更不能立即轰炸西安、发起挑衅。因为我们的主要任务，就是尽力营救委员长出险。如果和平绝望，到了那时再开战，应该也不算晚。我深信，在座各位虽然与我的观点有分歧，但我们的诚挚态度、希望国家好、希望委员长好——应该是相同的；我坚信自己的主张不错，因此我必然全力以赴，确保我的建议能够得到实现。"

听我一口气镇定地说完这些，会场里很安静。于是我又说出了自己的一个决定："我决定明天亲自飞往西安。"此言既出，会场哗然。在座高官，皆曰"不可"。众人皆曰"不可"，主要是因为当时盛传谣言，说：血与火充塞西安，西安城内，已成赤色恐怖世界。对局势悲观者，更以为委员长就算今天没死，日后也难免一死。大家对我的劝说，归纳起来就是：此时我赴西安，等于给叛变者又送去一个要挟我丈夫的凭借，因为我是自投罗网去给叛军作人质的……悲戚、失望、无奈，绕我四周，欲思索真理固难，欲坚持我原来的信仰，更难！至散会，中央的诸位高官终于同意"暂缓攻打西安"，但我飞西安的设想，仍遭到极力反对。晚上回家，不禁黯淡凄怆。只有暗自祷告，坚持我对上帝及全人类的信仰耳。

14日下午：黄埔学生手足亲情。从中常会出来，各机关首脑也纷纷打电话给我，向我询问：目前情况下，应当如何应对。这中间，尤以黄埔同学的电话，最为迫切，他们要求我"立即发表讲话"。我知道，黄埔军校毕业生，都是我丈夫昔日亲自教育、培养的军队骨干，现在又担任着各部队的重要指挥员。既然他们坚持要我讲话，我就不能推却，于是，我索性召集他们开会，向他们做了公开的演讲。我除了转述自己在中常会上的观点，同时也指出：在尚未搞清事变真相之前，期望各位同学切勿妄加断定。遇事一定要镇定，切勿感情用事。委员长平常对待各位同学，一如对待自己的子弟。目前遭遇事变，正是各位谨遵师训，报答校长的时候。我也说明，西安叛变者，已经有电报给我，我也回了电报给他们。委员长和张学良的共同朋友——端纳，正在前往西安的途中，我深信，这些叛变者看到全国民众的反应，必能幡然悔悟，痛改前非。因此，只要他们有悔悟之意，我们就应该打开谈判的大门；假如他们有悔罪的诚意，黄埔学生就应该以宽大为怀，欢迎他们改正错误，既往不咎。当我精神和肉体遭受双重压迫之时，我的大姐姐孔夫人（孔祥熙夫人宋霭龄）、我的二姐姐孙夫人（孙中山夫人宋庆龄），以及我的其他亲戚、朋友，也都过来全力慰藉我，他们的爱护之情，让我永远铭记在心。还有我的大姐夫孔部长，他兼任"代理行政院长"之职，虽然他当时所处的地位十分困难，但他始终充分同情、支持我的主张。

12月14日（星期一）晚，西安事变终于露出了希望的第一缕曙光，并且确切地证明了我此前的主张是正确的。因为端纳从西安发来电报，报告了委员长的平安，而且说，委员长现在的住处，十分舒适，他正在旁边照顾呢！这封电报同时表示：张学良亟盼孔祥熙代院长赴西安，也非常盼望我能一起前往西安。过了不久，我又接到张学良直接发给我的电报，电文中不仅对我发出邀请，而且首次做出保证，说他虽然发动兵变，但绝对没有危害委员长的意思……可惜，对这份电报，南京有些人认为：不可信！这些人认为：叛变部队的计划，往往异常险恶。端纳的电报，很可能是叛军故意假借端纳的名义发出，实际是为了诱使孔部长和我，一起进入陕西，以便他们能够再多扣押几名重要人质，增加其日后的谈判筹码。对于此种推测，我表示"根本不信"。因为我知道，要想避免丈夫死于兵变，避免内战大规模发生，避免其他不怀好意的邻国看笑话，我就必须前往西安，力求事件和平解决。所幸者，孔部长与我的两位姐姐，全都表示：愿意陪同我一起飞往西安！姐姐、姐夫的态度，真的让我很感动。

15日：汉卿来电邀我入陕。15日（星期二）下午，突然接到端纳从洛阳打来第二通长途电话，这个电话，实在令我喜出望外。原来，十五日早晨，端纳冒着恶劣的天气，从西安乘飞机返回洛阳，就是为了从洛阳机场，直接打电话告诉我——他去西安的真相。他用简短的英语，概述了全局。他说，委员长并未受到苛刻待遇；端纳到达西安后，委员长已被允许迁入较舒适的房屋。委员长也开始与张学良直接谈话，只是他的怒气仍未平息。不过，张学良已经当着端纳的面，郑重表示：他决心随同委员长一起回南京，因为他已经认识到，发动兵变的动机虽然绝对纯洁，但这一兵变，确有错误。与此同时，端纳也告诉我：张学良盼望我能去西安，因为他和他的部下，对我非常推崇云云。当然，端纳也坦率告我：委员长嘱咐说，我一定不能去西安。我丈夫的理由，和南京高官的说法差不多。当晚，我和大姐夫联系，不料，孔部长的医生说，他的身体不好，不能飞陕；而且孔部长兼任代理行政院长，此时此刻，势必难以离开南京。于是我立即打电话告诉端纳，请他转告张学良，可否以宋子文代替我的大姐夫。

18日：和平解决露出光芒。18日，和平解决事变的希望，再次露出光芒。当晚，端纳又来电，说他已经二次进入西安，向委员长以及张学良，转达了我此前在电话中表达的意见，现在，西安的将领们表示：欢迎宋子文陪同我一起前往西安。得到好消息后，仍需焦虑奔忙。因为南京政府虽然同意暂缓攻打西安，但他们已经命令中央军向潼关以西的军事阵地，攻击前进，致使沿途百姓，死伤惨重。所幸者，两日后，陪同委员长赴西安的中央党部主任蒋鼎文先生，从西安飞抵南京。蒋主任不仅带来了委员长的亲笔信，而且恳切劝告南京高官：千万不可听任南京、西安间的裂痕，日见加深。蒋主任还要求：南京无线电广播及报纸上恶意谩骂西安的文章，必须停止。12月19日（星期六），委员长被禁已经整整一个星期了。这一天，宋子文力排众议，终于得到中央批准，同意他以私人身份，前往西安。需要说明，南京政府此时仍然坚决不同意任何官员与叛变者直接谈判，说是要避免政府自贬威信。

12月20日，是南京政府给叛军规定的释放委员长的最后期限，我努力劝说，恳请中央再给予三日宽限。我并决定：偕子文同机入陕。无奈，出发前的最后一刻，南京高级官员一起来到我家，坚决不让我去机场。有人甚至这样说：夫人如果留在南京，还能劝阻中央军对西安的进攻；夫人如果走了，谁能制止内战大规模爆发？为了这句话，我只得暂且留下。只能拜托子文直飞西安。这一天，还接到张学良电报，他说：如果我不能阻止中央军的进攻，那就一定不要去陕西，因为战争一旦爆发，他也没有力量保护前往西安的我！21日晨，得子文两封电报：一则报告委员长平安，一则告诉我，当天回京。22日（星期一）下午，端纳、子文先后回到南京，在中央常委会叙述了他们在西安的见闻，我听了介绍，开始想象如果我亲自去西安，如果我直接和张学良对话，他的心理会发生何种变化？一句话，我听了子文、端纳的介绍，更加充满自信：我相信，只要我能够与张学良当面协商，一定能促使他迷途知返。我当时对西安事变已经产生一种感想：譬如造房子，端纳给房子打好了地基，子文已给房子树起了立柱，现在，只剩下上梁这最后一道工序了。而且，要想让房子最后竣工，就必须由我亲赴西安，面见张学良。

23日：搭救我夫亲赴西安。23日，我和子文、端纳、戴笠等人，一同登上飞机。登机之时，到机场送行的许多官员赞扬我的勇敢，而我也确实神志清醒，意志镇定，绝无怯意。因为我知道，自己敢于冒险进入叛军统治之区域，是因为我深刻了解西安兵变，必须和平解决。飞机很快进入西北，据说，一个星期以来，西安、洛阳上空都是阴云密布，但今日天气异常晴朗。飞机首先抵达洛阳上空，从飞机上俯瞰，洛阳机场的轰炸机，正罗列待发，我的心里，突然增加了阴影——我真的不希望在我进入西安之后，这些轰炸机能够起飞！于是，我一下飞机，立即召集该地陆军以及空军将领，当面谈话。我嘱咐洛阳空军司令，未得到委员长本人的命令，切勿派机飞近西安。旋即，我们乘坐的飞机，再次起飞……飞机在白雪群山中沿着铁路线前进，过华山，放眼望去，尽是晶莹冰山，闪烁作光。最后看见平原，知道已经靠近西安了。端纳在白色山丛中，遥指一处方形城邑说："那里就是临潼，委员长被劫的地方。"

看到这里，我不禁感慨万千。最近几年，委员长出巡各省，我必相随。唯独此次他的西安之行，我因有病，未能陪同。俄顷，飞机开始在西安机场上空盘旋。我拿出随身携带的勃朗宁小手枪，递给端纳，说："如果飞机着陆，叛军士兵噪动且无法控制，请一定用我给你的这把枪，把我杀死，千万不要犹豫。"段纳笑了，他说："上帝和夫人同在，应该不会出现这种情况。"飞机停稳，舱门打开，张学良首先登机欢迎我，我仍用平常语气，和他寒暄。离机时，汉卿请我先行，我却回头用不经意的语气对他说："汉卿，请不要下令让你的部下搜查我的行李了，因为我害怕他们把我的行李给翻乱了，搞得我不好整理，我带的衣服、用品多。"张学良立即诚惶诚恐地回答说:"夫人何出此言,我怎么敢下令搜查夫人的行李呢?"下了飞机,杨虎城也赶到了,我坦然与之握手,就像我是偶然路过西安的访客。杨虎城刚一见到我,表情十分尴尬。看到我镇定又轻松的样子,他也不紧张了。

23日:见到丈夫说服汉卿。车队首先进入西安张学良家,稍事休息,我便赶去看望囚禁中的丈夫。直到这时,委员长也不知道我已抵达西安,因为我不愿让他为我着急,所以我要求子文、端纳以及汉卿等人,都不要把我抵达的消息告诉我的丈夫。委员长被禁处,离张宅只一箭之遥,但走过的时候可以看到,禁卫森严,且卫兵们多携机关枪,很吓人的样子。我直接进入我丈夫的卧室,他见到我的第一句话就是:"啊呀,你真的来了?!你这可是入了虎穴啊!"说完,一面痛苦地摇头,一面潸然泪下。我则强力抑制住感情,仍用平常语调说,"我是来看望你的,什么危险都没有!"当晚,我也向委员长亲口说明了我处理此次兵变的基本设想,我说,西安,乃我中华民族诞生之摇篮,我怎么能够听任西安古城,变成我丈夫的棺木呢!倘委员长不能活着离开西安,则中国的分裂与灭亡,就在眼前!我说:南京高官,大多主张立即轰炸西安、进兵潼关,中央军主力甚至整装待发……但是,张、杨叛军的背后,还有尚未剿灭的共军。如果想要开战,内战可以立即爆发。张杨所部,人数众多,军械精良,其后方更有委员长多年仇敌。倘若战事发动,势必酿成空前规模之内战,必然招致不可预期的浩劫。因为虎视眈眈之日本帝国主义者,正日夜盼望中国爆发内战,而中国一旦爆发大规模内战,日本才能完成其统治中国之迷梦。因此,我在南京要做的第一件事,就是制止中央军轰炸、进攻西安!我的丈夫,完全赞成我的这些看法。我见过委员长后,再召张学良来见。张学良见我没有一句斥责他的话,显得很高兴。我则立即以镇静、诚挚的态度,开始和他长谈,我告诉他:你或许认为,西安兵变得到全国民众的拥护,这实际是你的错觉。今大错已成,如何补救,才是当前的最大问题。张学良则说,"如果夫人此次和委员长一起赴西安,我敢断定,绝不会发生今天的不幸。我们劫持委员长,自知不妥,但我相信自己发动兵谏的目的,就是为了停止内战，抗击日寇，造福国家。只是我们几次向委员长请求，均遭怒斥……因此要请夫人婉转报告委员长，我们一不要钱，二不要地盘，就算要求委员长签署停止内战、联合抗日的文件，也是为了要为国牺牲……"他又说，"夫人应该知道，我一向敬重夫人，就是我的部下也一致敬戴夫人。委员长被禁后，他们搜查了委员长的文件，并且拿到了夫人致委员长的信函两封，我冒昧拜诵之后，更加感觉夫人的伟大。因为这两封信中，夫人为民众求福利，为国家抗外辱的至诚信念，均有充分展露，所以，我深信夫人此来，必能协调各方关系，使委员长早日离开陕西，而且我们仍然一致推崇委员长为我们的唯一领袖。今日特别恳求夫人向委员长面陈款曲，并深信夫人必能助我化解此种危局。"我当然同意在我丈夫面前，替张、杨两人做说客，我也指出：12日凌晨，事变发生，枪声四起，如果我的丈夫不幸被流弹击中，结果会是怎样？那天凌晨，委员长慌忙中没穿棉衣，如果因为严寒侵袭，罹患肺炎而死，结果又会如何？你想停止剿共内战，却反而导致中央军进攻西安，导致更大规模内战爆发，请问，这样的结局你是否想到过？你们想逼迫委员长在你们规定的文件上签字，试想，以他的性格秉性和领袖地位，能够答应么？因此，今天最重要的，就是尽快收拾危局，让委员长尽快离开陕西。张不断点头，表示完全同意。但又说：立即释放委员长，关系重大，需要征求其他同事的同意。我表示完全理解……等到谈话结束，夜已深矣。

25日：圣诞来临飞离西安。此后，我开始等候张学良、杨虎城等人开会做出决定，等候了很长时间，总算有了结果：张、杨及其部下，同意让委员长离开西安。这次等候，是漫长和痛苦的，因为东北军和西北军内各种主张都有。甚至有人认为张学良已经"叛变"，被我和子文、端纳收买了！此时，也曾有人向我透露，共党并无劫持委员长的意思，而且他们亦主张立即恢复委员长的自由。更有人告诉我，说共党已准备放弃他们昔日的政策与行动。圣诞夜，转瞬即逝矣，可惜，这一天仍然没有明确消息。虽然在是否释放委员长的问题上，张、杨等人有争论，但张学良等人始终没有提及金钱与个人权位问题。

这种胸怀,却也是历来叛变军人所从来没有过的可爱之处。我以为,这就是中国政治进步的最大表现。圣诞阳光,终于挟着希望与快乐一起来到了。25日下午2点,张学良急匆匆赶来说:飞机已准备好了,他决心随委员长赴南京。委员长极力反对,说:"你无伴行之必要,你应该留在西安,继续指挥西北各部队。"但张学良向我解释说:他确实有赴南京的义务,因为他已向部下各将领表示,愿意担负此次事变之全部责任。同时,他还要用赴南京请罪的举动,来证明此次事变,他本人绝没有危害委员长的恶意以及争夺个人权位的野心。我同意他陪同我们飞往南京。下午4时,我们终于可以走了。委员长和我以及张学良,共乘一车。张学良出门后,立刻直奔车子的前排就座,让我和委员长坐在后排。子文、瑞纳与杨虎城另乘一车。车抵飞机场,径直开到张学良的波音座机门旁,飞机已提前开热备用。随着一声怒吼,波音飞机离地腾空,当晚抵达洛阳,祝颂圣诞佳节。

(节选自宋美龄的《蒋夫人西安事变回忆录》)

演说

宋美龄美国演说词(1943年)

议长先生,美国参议院各位议员,各位女士、先生:

受到诸位所代表的美国人民热情与真诚的欢迎,令我感动莫名。我事先不知今天要在参议院发表演说,只以为要到此说声"大家好,很高兴见到各位"并向贵国人民转

宋美龄在美国演讲

达敝国百姓的问候之意。不过，在来到此地之前，贵国副总统告诉我，他希望我和各位说几句话。

我并不擅长即席演说，事实上也根本称不上是演说家，但我不会因此怯场。因为前几天我在海德公园参观过总统图书馆，在那里看见的一些东西鼓励了我，让我感觉各位或许不会对我的即席演说要求太多。各位知道我在那里见到什么了吗？我看到了许多，但最让我感兴趣的，莫过于一个放着总统先生（即罗斯福总统——译注）演说草稿的玻璃箱，里头放着从第一份草稿到第二份草稿，一直到第六份草稿。昨天，我碰巧向总统先生提及此事，我说我很高兴知道，以他如此知名又公认为一流的演说家，还必须写这么多份草稿。他回答说，有时他一次演说得写12份草稿。因此，今天本人在此发表的即席演说，我确信各位一定会包容。

贵国和敝国之间有着160年悠久历史的情谊，我觉得贵国人民和敝国百姓有许许多多的相似点，而这些相似点正是两国情谊的基础，我也相信不是只有我有这样的感觉。

在此，我想说个小故事，来说明此一信念。杜立德将军和部下一起去轰炸东京，回程时有些美国子弟兵不得不在中国大陆跳伞。其中一人后来告诉我，他被迫从飞机上跳伞，当他踏上中国的土地时，看到当地居民跑向他，他就挥着手，喊出他会说的唯一一句中国话"美国，美国"，也就是"美利坚"的意思（掌声），美国在中国话里的意思是"美丽的国家"。这个大男孩说，敝国人民听了都笑开来，拥抱他，像欢迎失散多年的兄弟一般。他还告诉我说，当他看到我们的人民，感觉到他已经回到家了，而那是他第一次来到中国（掌声）。

我来到贵国时是个小女孩，我熟悉贵国人民，我和他们一起生活过。我生命中成长的岁月是和贵国人民一起度过的。我说你们的话，我想的和你们一样，说的也和你们一样。所以今天来到这里，我也感觉到我好像回到家了（掌声）。

不过，我相信不只是我回到了家，我觉得，如果中国人民会用你们的语言与你们说话，或是你们能了解我们的语言，他们会告诉你们，根本而言，我们都在为相同的理念奋战（如雷掌声）；我们有一致的理想，亦即贵国总统向全世界揭示的"四个自由"，自由的钟声、联合国自由的钟声和侵略者的丧钟响彻我国辽阔的土地（掌声）。

谨向各位保证，敝国人民深愿亦渴望为实现这些理想和贵国合作，因为我们希望这些理想不会流于空言，而是成为我们、我们的子子孙孙、全人类的真况实境（掌声）。

我们要如何实现这些理想？我想，我可以告诉各位一个我刚想到的小故事。各位知道，中国是一个非常古老的国家，我们有五千年的历史。我们被迫从汉口撤退，转入大后方继续抵抗侵略的时候，蒋委员长和我经过一处前线，就在长沙。有一天，我们上衡山，山上有一处有名的遗迹，叫"磨镜台"，是两千多年前的古迹。诸位或许有兴趣听听这古迹的故事。

两千年前，台址近旁有一座古老的佛寺。一名年轻的和尚来此修行，他整天盘腿坐禅，双手合十，口中喃喃念着"阿弥陀佛！阿弥陀佛！阿弥陀佛！"他唱念佛号，日复一日，因为他希望成佛。

于是寺里的住持也跟着拿一块砖去磨一块石头，时时刻刻地磨，一天又一天地磨，一周又一周地磨。小和尚有时抬眼瞧瞧老和尚在做什么。住持只是一个劲儿拿砖磨石。终于有一天，小和尚对住持说："大师，您每天拿这块砖磨石头，到底为什么呢？"住持答道："我要用这块砖做镜子。"小和尚说："可砖块是做不成镜子的呀，大师。""没错。"住持说，"就像你成天光念阿弥陀佛，是成不了佛的。"（掌声）

因此，朋友们，我觉得，我们不但必须有理想，不但要昭告我们有理想，我们还必须以行动来落实理想（掌声）。所以，我要对诸位参议员先生，以及旁听席上的女士、先生们说，没有我们大家的积极协助，我们的领袖无法落实这些理想。诸位和我都必须谨记"磨镜台"的教训。

我谢谢大家。（全场掌声，议员与来宾起立。）

——本文选自美国国会记录第1080—1081页

赵四小姐：青丝定情，白发新娘

传略　赵四小姐（1912—2000），原名赵一荻，又名绮霞，原籍浙江兰溪，出生于香港。中国现代史上一位颇具神秘色彩的女性，她与一代少帅张学良的爱情故事广为流传，牵动无数人的心。

赵一荻有两个哥哥和三个姐姐，在姐妹中排行第四（幺女），家人亲昵地称她为赵四小姐。她的青少年时代是在天津度过的。她天生丽质，且又聪明灵慧，在上学期间，就是个刻苦用功、成绩优秀的学生。

赵四小姐

一次舞会上，作为民国初年"四大公子"之一的少帅张学良与来这里看热闹的赵四小姐相识，两人一见钟情，从此坠入爱河。父亲得知小女儿和有妇之夫张学良在一起，将其软禁起来。但在六哥赵燕生的暗中帮助下，她与家人不告而别，毅然来到东北，追随自己心目中的英雄。张学良的原配夫人于凤至担心她的私奔有辱张家门庭，只给她秘书的地位，没有给她正式夫人的名义，但她仍心甘情愿地以秘书身份陪伴着张学良。后来，于凤至被她的一片真情所感动，力主在少帅府东侧建起一幢小楼，让她居住。

两人还以姐妹相称，和睦相处。1929年，她为张学良生下了唯一的儿子。

1936年12月，张学良因西安事变被蒋介石幽禁后，赵四小姐和于凤至轮流陪伴着张学良。直至1964年3月，张学良与结发妻子于凤至离婚后，赵四小姐才于1964年7月4日与张学良正式结婚。

张学良与赵四小姐一直过着幽居生活，直到1990年张学良九十岁生日的时候才正式脱离了幽居生活，1995年张学良与赵四小姐定居夏威夷。2000年6月22日，陪伴张学良72年的赵四小姐在夏威夷去世。

少年

赵四小姐的祖籍是浙江兰溪市灵洞乡洞源村。其父赵庆华，号燧山，曾任晚清的邮传部主事，津浦、沪宁、沪杭甬、广九等铁路局局长。在梁士诒任国务总理时，赵庆华又官至交通部次长，并曾任交通银行经理、东三省外交顾问等职。他一生为官清廉，名声颇佳。

赵四小姐1912年出生于香港，为此，母亲给她取了个小名叫"香笙"。据说在其出生时，东方海天交接处出现了一道瑰丽的彩霞，望着织锦般绚丽的天色，父亲赵庆华不由得为之动情，遂给女儿取名为"绮霞"。"绮霞"其意虽美，却不如"赵四"更为世人所知。"赵四"这个名字源于排行，赵庆华膝下六男四女，绮霞在姐妹中排行老四，便被家里人称为"四小姐"，外人则称她为"赵四小姐"，后来人们简而化之，又称她为"赵四"。

在香港度过短暂的童年生活后，赵四小姐随父亲来到了天津，就读于天津浙江小学和中西女子中学，取英文名字"Edith"，而"一荻"则是译音，因此，又名赵一荻。除此之外，她还有两个名字：赵媞和赵多加。赵多加是她晚年笃信基督教后取的教名。在她晚年所写的证道小册子中所使用的都是赵多加之名。

赵四小姐闻名遐迩，自然与张学良有关。如果不是因为她与张学良那段缠绵悱恻的爱情故事，恐怕没有多少人会知道赵四小姐是何许人也。赵四曾就读的天津中西女子中学是当时一所著名的贵族学校，很多达官显贵家的小姐都在这个学校读书。在这些粉红黛绿的名门闺秀中，赵四小姐学习刻苦，每次考试总是名列前茅。加之性情温和，从不与别人争执，颇受同学、老师喜欢。她兴趣广泛，爱好骑马、打网球、游泳、开车、跳舞等等，而她最大的嗜好就是读书，尤其对新文学作品特别偏爱。

然而，赵四小姐并非如人们传言中的那样美貌绝伦、倾国倾城，论长相，她在女孩中只能属于中上等。但她身材颀长，体态婀娜，再加上气质和风度绝佳，爱打扮也会打扮，因而能在众多的佳丽中脱颖而出，为人所瞩。因此，天津的《北洋画报》还曾把她的玉照用作封面。

初识　　1927年一个春光明媚的日子，一个传说了半个多世纪的动人爱情故事在天津蔡公馆悄然拉开了序幕。

20世纪20年代的天津十分繁华，是仅次于上海的中国第二大城市。天津有一个赫赫有名的蔡公馆，公馆的主人叫蔡少基，也就是后来张家三公子张学曾的岳丈。此人在清末民初曾担任过北洋大学总办、天津海关道台，家资殷实，属于洋务派，常常在家中举办舞会，放映电影，使蔡公馆成为当时天津颇有名气的上流社会交际场所。天性风流、喜好玩乐的张学良自然不会错过这样一个好去处，很快就成为蔡公馆的常客。

对于这样一处上流社交场所，喜爱跳舞的赵四小姐自然也是神往已久。但对于只有16岁的她来说，还未到正式进入社交圈的年龄，所以一直未能如愿。这天晚上，得知姐姐们又要前往蔡公馆，赵四小姐软磨硬泡，一定要去凑凑热闹，被逼得无可奈何的姐姐们只好带她同行。

挤在那些着意修饰、浓妆艳抹、花枝招展的太太小姐们中间，正值豆蔻、不施粉黛的赵四小姐显得格外清新脱俗，吸引了诸多青年才俊的目光，争先恐后邀其共舞。但赵四小姐却一反常态，先后婉拒了多次邀请，只是静静地坐在大厅的一角，一边品茶，一边观看舞者，仿佛在刻意等待着谁的到来。

突然，舞池中荡起一阵轻轻的骚动，一个英俊潇洒的年轻人在一群副官、侍卫的簇拥下，神采奕奕地走了进来。人群中爆发出一阵热烈的掌声。赵四小姐马上意识到这一定就是她仰慕已久的少帅张学良。在中西女校的课堂上、在家人的口中、在闺密的私谈中，她早就知晓张学良在两次直奉战争中指挥千军万马、驰骋疆场的事迹，早就听闻过他抬棺上战场、在枪林弹雨中亲督战事的传奇故事，张学良那果敢无畏、临危不惧的英雄形象在赵四小姐心中留下了深刻的印象。如今见到本人，果然是气宇轩昂，名不虚传。

慢慢地，张学良也注意到了在角落里独处的赵四小姐。多年往来于京津之间，见过了无数名门闺秀，却难得见到这样不施粉黛、如清水芙蓉般超凡脱俗的女子。

仿佛冥冥之中注定一般，张学良不由自主地走过去邀赵四小姐共舞。此时的赵四小姐好似沉睡已久的白雪公主，终于等来了她盼望已久的王子，她在张学良的带领下飘入舞池。在舞步翩跹之中，他们都从对方眼中发现了一种微妙感情的流露。在如此梦幻的气氛中，两颗心不知不觉紧紧贴近了。

一曲未终，张学良就因公务匆匆离去。临别时，他与赵四小姐紧握双手，双方都有依依不舍的感觉。这是张学良与赵四小姐初次见面，两人就因舞会上的一面之缘，竟一见钟情，互为对方倾倒。也正是这一面之缘，开始了两人七十二载情路风雨。

关于两人相识的时间，史界、文学界长期以来都存在着争议，有说1924年，有说1926年。但据张学良晚年回忆："我跟太太（赵四）认识的时候，她才16岁。"北方人习惯上说的都是虚岁，赵四小姐出生于1912年，在她与张学良相识的1927年，虚岁正好16岁。

热恋　蔡公馆一别，很长一段时间张学良与赵四小姐再无缘相见，徒留倩影英姿在彼此心底。或许是机缘注定，或许是天公作美，不忍再苦苦折磨他们，两人竟在北戴河意外相逢。

那个年代，每到盛夏，京津一带的达官贵人常携家眷到北戴河避暑。张学良忙里偷闲，来到北戴河时，正巧赵四小姐也随家人来到这里。

中年时的赵四小姐和张学良

意外相逢让一直对张学良魂牵梦萦的赵四小姐喜出望外，张学良也是欣喜至极。在北戴河的那些日子里，他们几乎每天都见面，两人的感情迅速升温。在两人的最初交往中，虽是两情相悦，但无疑，情窦初开的赵四小姐投入的感情更多，陷得更深。一次，张学良来找赵四小姐，直入卧室，碰巧赵四小姐外出。张学良顺手翻了一下她放在床头的日记，见日记中写有"非常爱慕张少帅，可惜他已有妻室，命何之苦也"等话后，不由得心潮起伏，好一阵不能自已。

又有一次，在宴会上，赵四小姐与张学良并坐在一起。赵四小姐胸前垂着一颗鸡心饰物，张学良伸手拿过饰物，打开盖，发现鸡心里面嵌着的竟是自己的照片，而且还写着"真爱我者是他"的字样，这个小细节使张学良对赵四小姐的爱情更入肺腑。从此，两人常常相携出入于京津之间的各大娱乐场所，花前月下，卿卿我我，热恋到了昏天黑地、死去活来的地步。

很快，两人夜夜起舞、秘密幽会的事传入了赵四小姐父亲赵庆华的耳中，赵庆华大为光火。其实，从个人条件、家世背景来讲，赵庆华倒是乐得结此姻缘。但张学良这时早已有了妻室，哪一个父母愿意让自己的女儿去给人家做二房？何况赵四小姐的个人条件也相当优越，完全可以堂堂正正地嫁到一个好人家。

为了彻底斩断这段"不伦不类"的情缘，赵庆华做主，迅速给赵四小姐物色了一桩门当户对的婚事。赵四小姐百般不愿，可赵庆华横眉立目：这事就这么定了！

重逢　　事情的发展往往出人意料。就在两人的恋情即将夭折的时候，震惊中外的皇姑屯事件爆发，张学良的父亲——东北王张作霖被炸死，张学良乔装返回奉天（沈阳）、接掌大权。百废待兴、百事待理，张学良每日忙于公务，但稍有闲暇，赵四小姐的倩影便不自觉地闯入脑海。而远在津门的赵四小姐更是夜夜独对孤灯，辗转难眠，饱受相思之苦。

在夜以继日的操劳和相思的双重折磨下，张学良病了。得知这个消息，赵四小姐心急如焚，她知道多日来的紧张局势让张学良背负了沉重的压力，满心的思念和担心让她恨不得生出双翅马上飞到奉天……于是，1929年9月的一天，赵四小姐给家里留下一张字条，便以探望生病的张学良为由，一个人来到了奉天。

赵四小姐"私奔"的消息很快就在天津传播开来。一些小报得此爆料，立刻刊登出"赵四小姐诡谲失踪"的悬疑新闻，弄得天津满城风雨。

赵庆华得知此事后暴跳如雷，他一生耿介清廉，十分注重个人名声。自己的女儿居然私奔至奉天，投到有妻有子的张学良的怀抱。这在赵庆华看来简直就是伤风败俗，有辱门庭。盛怒之下，赵庆华在报上连续五天（1929年9月25日—9月29日）公开发出启事，将赵四小姐从赵氏宗祠开除出去，断绝一切往来，并从此引咎不再为官。耿直的赵庆华直到1952年病逝于北京时，都不肯原谅赵四小姐这个他最钟爱的小女儿，这也成为赵四小姐心中永远的痛。

据张学良晚年回忆，赵四小姐当年来奉天"只是来看看"他，然后"还是要回去"。可赵庆华一登报，断了她的后路，反倒回不去了。

赵庆华此举，稍加分析，却也不难体察内中的深思熟虑。其实，这也许是赵庆华一箭三雕的谋略。第一，这样做可以使他的家庭避免受到军阀间争斗的牵连；第二，赵四小姐当时与别人已经订了婚，他无法悔婚，登报声明也算是对儿女亲家的一个交代；第三，也是最重要的一点，这样做摆明是断了女儿的后路，寄希望于张学良永远不要辜负赵四小姐。由此看来，赵庆华"清理门户"，绝非盛怒下的单纯之举，真是可怜天下父母心。

赵家父女成了陌路，奉天大帅府内也是严阵以待，摆出架势准备"御敌于府门之外"。一向极有涵养，对张学良偶尔出轨采取睁一只眼闭一只眼态度的发妻于凤至，这次却一反常态极力阻挠。最后，张学良表明了态度：赵四小姐是不可能回天津了，她现在只有一个家，那就是奉天。于凤至迫于无奈，默认了赵四小姐的存在，但却提出了两个条件：一、赵四小姐不能进帅府；二、赵四小姐不能有正式的名分，只能做张学良的私人秘书。按于凤至最初的想法，赵四小姐这样一个受过正规教育的大家闺秀，年龄又小张学良十几岁，面对这样的苛刻条件，肯定不会接受，说不定一气之下，就会离张学良而去。可是出乎于凤至的意料，一心只想与心上人相守的赵四小姐对这些条件全盘接受，毫无怨言。于是，赵四小姐住进了张学良的北陵别墅。

苦苦相思后的久别重逢，而且再也不用偷偷摸摸，再也不用顾忌流言蜚语，张学良与赵四小姐在这里开始了他们之间最热烈、最浪漫的一段生活。张学良白天去帅府办公，晚上回到别墅。每天早晨分手，两人都是难舍难分的样子；而每天晚上再见，又都有阔别多年的感觉。两人恨不得分分秒秒都相守在一起，一时也不分离，一刻也不分离。于凤至很快就认识到问题的严重性了。当初不让赵四小姐入帅府，是希望她知难而退，主动斩断与张学良的情丝。可结果不仅"情敌"没有赶走，自己的丈夫也因此终日有家不回。这让于凤至很是发愁。

经过深思熟虑之后，于凤至做出了一个决定：将位于帅府东墙外一栋二层小楼买下来，让赵四小姐居住。这样，既将其置于自己的眼皮子底下，起到约束作用，又没有违反当初不让赵四小姐进入帅府的要求，还可能会因为自己的"大度成全"而博得张赵二人的感激之情。

于凤至没有同张学良商量，拿出自己的私房钱将小楼买了下来，待装修完成后，亲自去北陵别墅将赵四小姐接了过来。此后，赵四小姐便在小楼里住了下来。

很多到过帅府的人都感到疑惑，赵四小姐为什么舍弃阳光明媚的南屋，而是选择位于东北角、终年阴冷潮湿的房间为自己的卧室呢？答案其实很简单，仅仅是因为站在这里，她能隔窗看到位于大青楼二楼张学良办公室里的灯光。在这座小楼里，赵四小姐度过了她人生中最为幸福的一段时光。更让她为之兴奋的是，在这里，她与张学良的爱情终于开花结果——她怀孕了。

赵四小姐楼

赵四小姐的命运似乎注定是多波多折。怀孕不久，她生了一种怪病，背上长了一个险恶的痈疽，睡觉时只能向一方侧卧。疾病折磨得她苦不堪言，为病心焦的她，也更加思念父母家人。于是，于凤至与张学良商量，将她送至天津一家德国人开的医院里，以便能见到家人，缓解病痛。为了有利于治疗，医生多次劝赵四小姐堕胎。但赵四小姐怎忍心放弃她与张学良的爱情结晶呢，柔弱的她咬紧牙关，忍常人所不能忍，一直坚持到怀孕7个月，终于生下了她和张学良唯一的儿子——张闾琳。

抱着长相酷似张学良的儿子，赵四小姐忘记了背上的疼痛，喜极而泣。

幽禁　"九一八"事变后，张学良背上了"不抵抗将军"的恶名，赵四小姐也遭到国人的嘲讽和谩骂，被诬为"红颜祸水"。1936年，张学良发动震惊中外的"西安事变"，逼迫蒋介石抗日。其间，赵四小姐与张学良、杨虎城将军共同经历了那段惊心动魄的时光……

"西安事变"之后，蒋介石背信弃义，张学良在南京身陷囹圄，随后开始了漫长的幽禁生涯。1939年秋，陪伴张学良过囚禁生活的于凤至患上了严重的乳腺癌，必须马上出国就医。于是，张学良提出由赵四小姐前来接替。张学良的请求虽然得到蒋介石的批准，责成戴笠亲去办理，但戴笠却不相信赵四小姐能来，心存疑惑：赵四小姐会放弃奢华的生活来深山野林中陪监吗？

此时的赵四小姐正与爱子张间琳定居在繁华的香港，并且生活舒适。以她当时的情况：年仅28岁的青春年华，舒适安逸的生活环境，可观的财产，足可以让她过着逍遥自在的日子。还有一点，就是赵四小姐一直都不是张学良明媒正娶的夫人，她完全有理由不去陪着这个落寞的将军过凄苦的囚禁生活。当然，她不去陪伴张学良还有一个最好的理由，任谁都说不出半个不字来，那就是，她和张学良的爱子间琳还不满10周岁，离开母亲无法生活。

但猜疑很快就被击碎了，收到千里之外的电报后，赵四小姐心急如焚。她知道，正在危难中的张学良，此时此刻最需要爱人的抚慰和照顾。于凤至已赴美就医，目前能与张学良朝夕相伴，服侍他、安慰他的只有自己，自己也许就是他活下去的唯一精神支柱了。可是，转念一想，她又犹豫了：儿子间琳不满10岁，既无能力独立生活，也无亲人在香港照顾，而她将要去的幽禁之地，条件恶劣，无辜的间琳是不能在这样的环境中成长的。如何妥善地安置儿子，成了困扰她的最大的难题。苦苦思索中，她想到了张学良的美国朋友伊雅格。

赵四小姐秘密地去了美国，找到伊雅格。之所以是秘密的，是因为孩子的行踪必须对外封锁，以免遭到意外加害。托付容易别离难。当间琳知道妈妈就要远渡重洋、离他而去的时候，突然不顾一切地扑到妈妈的怀里，紧紧抱住妈妈的腿不放，哭喊着："我要跟妈妈走，妈妈去哪我去哪！"赵四小姐看着已哭成泪人的爱子，肝肠寸断，哽咽着说不出一句话来……

她硬着心肠拉开闾琳抓着自己的手，捂着脸快步离去，她不敢回头，怕自己稍一迟疑便再无法离去……

赵四小姐就这样毅然决然地舍离爱子，自投囚笼。杀人不眨眼的戴笠得知赵四小姐真的千里迢迢来到贵州陪伴张学良后，也情不自禁地赞叹："红颜知己，张汉卿之福啊！"

1946年11月1日，此时已被蒋介石秘密关押在重庆松林坡公馆的张学良、赵四小姐被告知，第二天动身，飞机已安排好了。他们没料到，这次一别，却是远离内地，永无归期。

从张学良留下的日记中可以看出，张学良、赵四小姐是在飞机落地后，才知道自己被送到了台湾。他们下飞机后，经过新竹，于11月3日下午13时左右，抵达井上温泉。

张学良住在井上温泉的一栋平房里，该平房是日据时期由日本人设计建造的木板房。远离尘嚣，隐于青山绿水之间，周围散居着台湾山地居民，即现在被称为"高山族"的居民。

很快，台湾1947年爆发的"二·二八"事件，让张学良、赵四小姐还没"平静"几天的山中生活，受到不小的"冲击"。这起由台北专卖缉私人员开枪打死烟贩所引发的事件，引爆岛内民众对国民党统治的不满，最终波及全岛。而台湾的大部分地区仅靠警察维持，局面已经无法控制。从各种事态以及身边看管人员刘乙光的表现，张学良似乎从中嗅到了什么……毕竟行伍出身，张学良后来对人讲述这次经历时说过，一旦到了最坏结果，他准备抢枪……其实对张学良、赵四小姐来说，他们真正最坏的结果，就是自由的丧失。张治中曾在1947年10月，因为一次偶然机会见到了张学良。为此，蒋介石还把刘乙光找去，态度严厉："以后非经我批准，任何人不许去见张学良！"从1948年开始，对张学良的"管束"更加严密，在后来很长一段时间，外界再无任何张学良与赵四小姐的音讯，也无人再敢未经批准前去探访。不过，宋美龄同时也将刘乙光召去，询问张学良的近况，要求对张、赵的生活给予更多关照。

在1946年到1960年的幽居岁月中，由于囚禁于井上温泉已被外界知晓，为"安全"起见，张学良与赵四曾于1949年2月初被紧急转移至高雄，与外界隔绝。此后，随着中华人民共和国成立，蒋介石退守台湾……自此，海峡两岸形成对峙，来往断绝。数十年间，有关张学良、赵四小姐的音讯如石沉大海。如今才得知，在高雄待了近一年之后，由刘乙光从台北带回的消息是：高雄要塞已成为"共军"空袭的目标——为"安全"起见，张学良、赵四小姐于1月27日返回井上温泉。

因为有宋美龄的关照，刘乙光有时在"副司令"面前像是少将"勤务兵"，充当信使或安排出游，闲来无事也陪"副司令"聊天解闷。但刘乙光执行蒋介石的"管束"命令时，他又会以职业看守的面孔出现，要求"副司令"必须这么做，去完成"上峰"指令。他不仅给张学良带回一本深蓝色的日记本，说是蒋"总统"亲手交来的，而且还传达蒋"总统"的指示，说蒋"总统"命令张学良"写一篇西安事变同共产党勾结经过的事实。再三嘱咐要真实写来，并说此为历史上一重大事件"。——"西安事变"已经过去20年了！蒋介石仍没有忘掉这件事。而张学良"已数年从不再忆这个问题"，躺在床上，"前思后想，反复追思"，"真不知由何下笔"。另外，张学良的日记，从1957年始，也开始出现两个版本：一本是给自己写的，一本是给蒋介石写的。

1958年，蒋介石终于答应安排时间见张学良。11月23日下午17时左右，在大溪，张学良由蒋经国、刘乙光陪同进入"总统"行辕客厅，张、蒋相见、敬礼之后，一同进入小书斋。"总统你老了！""你头秃了。"寒暄过后，两人"相对小为沉默"……

缔盟

张学良到台湾后，在宋美龄的影响下，准备信奉基督教，但却遇到了一个棘手的问题：基督徒只能有一个妻子，张学良必须在于凤至和赵四小姐之间作出选择。赵四小姐为了与他相守，一生都不能回拜赵

家门。在张学良过去的28年幽禁生涯中,有25年是她一个人陪同。失去人身自由、失去头顶的光环后,赵四小姐是他唯一的知己,唯一的精神支柱……

面对这个两难抉择,张学良思虑再三,最后痛下决心,去信美国请求于凤至同意离婚。于凤至接信后,考虑再三,终于接受了张学良的离婚请求,并给赵四小姐写了一封令人感动的信:

荻妹惠鉴:

时间过得真快,自从1940年我赴美医治乳腺癌,已经廿余年不曾见面,真是隔海翘首,天各一方!记得是1928年秋天,在天津《大公报》上看到你父亲赵燧山因你和汉卿到奉天而发表的《启事》,声称与你断绝父女关系。

那时虽然我与你还不相认,但却有耳闻,你是位聪明果断、知书达礼的贤惠女子。你住进北陵后,潜心学业,在汉卿宣布东北易帜时,你成了他有力的助手。

于凤至

为了家庭和睦,你深明大义,甚至同意汉卿所提出的苛刻条件,不给你以夫人名义,对外以秘书称谓。从那时开始,你在你父亲和公众舆论的压力下,表现出超人的坚贞和顾全大局的心胸,这都成为我们日后真诚相处的基础与纽带!

你我第一次见面,是1929年的冬天,那天沈阳大雪纷飞,我是从汉卿的言语上偶尔流露中得知你已产下一子。这本来是喜事,但是我听说你为闾琳的降生而忧虑,因为你和汉卿并无夫妻名分,由你本人抚养婴儿实在是件困难的事情。你有心把孩子送到天津的姥姥家里,可是你父亲已经声明与你脱离了关系,你处于困窘的境地。我在你临产以前,就为你备下了乳粉与婴儿衣物,那时我不想到北陵探望,令你难为情。我思来想去,决定还是亲自到北陵看你，我冒着鹅毛大雪，带着蒋妈赶到你的住处，见了面我才知道你不仅是聪明贤惠的妹妹，还是位美丽温柔的女子。

你那时万没有想到我会在你最困难的时候来"下奶"，当你听我说把孩子抱回大帅府，由我代你抚养时，你感动得嘴唇哆嗦，眼泪就像断了线的珠子一样滚下来，你叫一声："大姐！"就抱住我失声痛哭起来……汉卿后来被囚于奉化，你已经由上海转香港。我非常理解你的处境，你和闾琳暂避香港是出于不得已！经我据理力争，宋美龄和蒋介石被迫同意我去奉化陪狱，嗣后，我随汉卿辗转到了许多地方，江西萍乡，安徽黄山，湖南郴州，最后到了凤凰山。

转眼就是3年，荻妹，我只陪了汉卿3年，可是你却在牢中陪他20多年。你的意志是一般女人所不能相比的，在我决心到美国治疗时，汉卿提出由你来代替我的主张，说真的，当时我心乱如麻。既想继续陪着他，又担心疾病转重，失去了医治的机会。按说你当时不来相陪也是有理由的，闾琳尚幼，且说香港生活安逸，我知你当时面临一个痛苦的选择，要么放弃闾琳，要么放弃汉卿，一个女人的心怎能经受如此的折磨？后来，你为了汉卿终于放弃了孩子……

荻妹，回首逝去的岁月，汉卿对于我的敬重，对我的真情都是难以忘怀的。其实，在旧中国，依汉卿的地位，三妻四妾也不足为怪（以先帅为例，他就是一妻五妾）。可是汉卿到底是品格高尚的人，他为了尊重我，始终不肯给你以应得的名义……闾琳和鹏飞带回了汉卿的信，他在信中谈及他在受洗时不能同时有两个妻子。我听说后十分理解，事实上20多年的患难生活，你早已成为汉卿真挚的知己和伴侣了，我对你的忠贞表示敬佩……现在我正式提出，为了尊重你和汉卿多年的患难深情，我同意与张学良解除婚姻关系，并且真诚地祝你们知己缔盟，偕老百年！

特此专复，顺祝钧安！

姐：于凤至

36年不堪回首的岁月就这样过去了，虽然赵四小姐和张学良朝夕相伴，早已是事实上的恩爱夫妻，但对外，她却一直只能顶着"私人秘书"、"侍从小姐"这些不明不白的暧昧称呼，虽然她丝毫不后悔当初的选择，但作为女人，一个为爱人甘心奉献了一切的女人，她心底的遗憾却总会若隐若现……

1964年7月4日，虽值盛夏，却是少有的清爽，在伊雅格的台北寓所，张学良和赵四小姐举行了简朴但却隆重的婚礼，主婚人是国民党前联勤总司令黄仁霖，证婚人是百岁高寿的牧师陈维屏，婚礼邀请的嘉宾虽然仅有12人，但层次很高：其中有蒋夫人宋美龄、总统府秘书长张群、国策顾问何世礼、立法委员王新衡，还有著名画家张大千和与张学良同年出生、同名汉卿、在沈阳一起长大的冯庸。

这一天的赵四小姐虽已是年过半百，看起来却是神采奕奕。得体的红色旗袍，颈项上特意佩戴了一串晶莹剔透的珍珠项链，清新淡雅中又透出几分华贵，让人不由得想起当年那个妙龄少女。

当深情而庄重的圣歌响起时，赵四小姐踏上了婚礼圣坛，有多少人能了解她迈上的这一步是经历了怎样的漫长时光。张学良又何尝不是如此呢？当彼此交换信物时，他那指挥过千军万马的双手，仿佛承受不住戒指的分量，微微地抖动着，竟然无法如意地立时戴上赵四小姐的手指。此情此景使在场的人们无不为之动容。

对于这场迟到得太久的婚礼，台湾《联合晚报》的贺词最可以代表外界的心声："卅载冷暖岁月，当代冰霜爱情。少帅赵四，正式结婚，红粉知己，白首缔盟。夜雨秋灯，梨花海棠相伴老；小楼东风，往事不堪回首了！"

老年时的赵四小姐与张学良

晚年 张学良与赵四小姐在台湾一直过着幽居生活,直到1990年,庆祝张学良九十岁生日的聚会于6月1日在台北圆山饭店举行,才正式脱离了幽居生涯公开露面,从此以后,不论在何种场合出现,赵四小姐总是陪伴在张学良身旁。夫妇俩的后半生里,几乎全以信仰基督为依归。两人曾经化名为曾显华(为纪念东海大学校长曾约农、蒋介石英文老师董显光及牧师周联华)及赵多加(为纪念她得救后,有新生命的意思),出现在台北市的多个基督徒聚会场合,赵四小姐热心传播福音,除了家庭礼拜外,并写了多本见证集——《好消息》、《新生命》、《真自由》、《大使命》等,并有《毅荻见证集》(张学良号毅庵、荻是赵一荻)出版。

赵四小姐早年由于抽烟的缘故而咳嗽了很多年,也没有医治,直到迁居台北的北投后,才到荣民总医院去检查,但检查了几次,也查不出来结果。有一次,张学良到医院看赵四小姐,在医院中遇见治病的胸腔内科大夫,问病况怎么样,大夫说:有点问题。张学良就说:你们为什么不打开看看。大夫回答说:在医院里没有确定诊断出是什么病时,是不能动手术的。后来找胸腔外科大夫来会诊。外科大夫说,如果在X光片子上看出来是癌症,那就太晚了,应当现在就开胸检查。所以隔了两天医生就为赵四小姐做了开胸检查。检查结果确定是毒瘤,就立刻切除了一叶右肺,从此,赵四小姐就必须要在口中常插着帮助呼吸的管子。

自1995年张学良与赵四小姐定居夏威夷以来,除了身体不适外,他们每周日上午都定时到夏威夷京街第一华人基督教公理会聆听礼拜。2000年5月28日中午赵四小姐和张学良在其住处大楼的宴会厅举办庆祝张学良百年华诞祝寿活动,约有100位来自各地的亲友来为他们贺寿,张、赵在宴会之前开放十分钟的时间让媒体大众拍照,这是张学良和赵四小姐两人最后一次联袂公开露面。

5月28日祝寿活动后,赵四小姐于6月7日在下床时摔了一跤,虽觉身体不适,但尚无大碍,几天后呼吸发生困难,于6月11日住进夏威夷檀香山的史特劳伯医院(Straub Hospital)加护病房。由于呼吸极为困难,医师为她插上呼吸器，并且让她沉睡以减少痛苦。赵四小姐于6月20日一度转醒，旋即因为痛苦而在医师投药后再度睡去，并进入弥留状态。因其病多日未见起色，散居各处的张学良家属也陆续赶到医院探视。

夏威夷当地时间6月22日早上，赵四小姐醒过来，但无法讲话，只能一个个地看着围绕她的亲友们。约在八点三刻，张学良坐着轮椅来到床边。9点钟，医师说，现在到拔管时刻了，请各位暂时到外面去，亲友们一一向赵四小姐道别，离开病房……

2000年6月29日12时30分，由周联华牧师举行追思礼拜后，赵四小姐被移灵夏威夷檀香山的神庙谷，结束了传奇的一生。

陈璧君：在牢房中送走最后岁月的名门之后

传略 陈璧君（1891—1959），字冰如，原籍广东新会，出生于马来西亚槟榔屿乔治市。南洋巨富陈耕基之女，同盟会女杰，中华民国著名人物汪精卫的妻子。

1906年，自英属马来亚华侨小学毕业，进入璧如女校就读。同年，因积极参与同盟会的活动，被吸收加入同盟会，并由此于次年结识孙中山的助手汪精卫。

1910年陈璧君同汪精卫等人赴北京刺杀摄政王载沣未遂，汪精卫被捕入狱，陈璧君探望并示爱。1912年，汪精卫出狱后，与其结婚。

汪精卫投日前，陈璧君曾任中国国民党中央委员等要职，与宋庆龄、何香凝并称当时政坛的女强人。抗日战争期间，汪精卫组建被日本人扶植的南京政府后，她一直追随汪精卫，并为其出谋划策。

1959年6月17日，因汉奸罪病逝在南京监狱，结束了从同盟会女杰蜕变为汉奸的一生。

革命

15岁时，陈璧君在马来西亚槟榔屿乔治市的华侨小学毕业，随后进入当地的璧如女校读书。陈璧君聪明好学，学习成绩一直都很好，而且从小对政治十分关心，早在华侨小学读书时，就喜欢阅读进步书刊，受到了民主革命思想的启蒙和熏陶。

陈璧君进入璧如女校的这一年，孙中山由日本来到槟榔屿乔治市，在当地建立了同盟会分会。陈璧君积极参加同盟会的活动，表现出很高的爱国热情。

同盟会分会在马来西亚刚刚成立，非常需要吸收新的成员，几个老会员见陈璧君热情高，活动能力也很强，便将她发展为会员。于是，陈璧君成为同盟会中最年轻的会员。

同盟会所有活动都是秘密的，陈璧君不敢将她加入同盟会的事告诉父母。后来，她母亲见她成天与一些成年人在一起忙忙碌碌，学习成绩也下降了，便产生了疑心。在母亲再三询问之下，陈璧君便将她参加同盟会的事情告诉了母亲。

陈璧君的母亲卫月朗是广东番禺人，她早年与陈璧君的父亲一起到南洋谋生，是一个性格开朗、知书达理、深明大义的女性。卫月朗不但没有过多地责备女儿，反而认为女儿参加一些社会活动，对她的成长是有好处的。女儿愿意加入同盟会，就放心让她去做吧。

陈璧君的父亲陈耕基是当地有名的富商，他对几个孩子的教育非常重视，除送他们进当地最好的学校读书外，还从国内请了一位国文老师教授中文。当他知道陈璧君加入同盟会的事后，十分生气，坚决反对。他说："一个女孩子，不好好读书，成天和一些男人们在外边东奔西跑，像什么话？"

为此，卫月朗与丈夫发生了争执。她说："我们对同盟会的情况一点也不了解，怎么能随便责怪女儿呢？孙中山先生就在槟城，我们可以当面问问孙先生，听听他的意见再作决断也不迟呀。"

于是，卫月朗带着陈璧君来见孙中山。

孙中山热情接待了陈璧君母女俩。他向卫月朗介绍了同盟会在日本和东南亚一带开展活动的情况，向她讲了一些革命的道理。他说："夫人，为什么我们泱泱中国，屡屡遭受外国列强欺负？为什么我们中华民族如此灾难深重，那么多人背井离乡来南洋谋生？就是因为满清政府黑暗、腐败、愚昧，贪官污吏上下勾结，欺压百姓，鱼肉人民。如果再不起来造反，我们的国家就会灭亡，我们的民族就会遭灭顶之灾。眼下，我们要发动大众，团结起来，推翻清朝，建立共和，实现民族、民权、民生三大主义。只有这样，老百姓才能过上好日子，我们的国家才会强大。祖国强大了，民族兴旺了，我们这些在海外的华侨，才能挺直腰板，扬眉吐气。"

一番话说得卫月朗连连点头。

没过多久，卫月朗不顾丈夫的反对，也加入了同盟会。母女二人一同加入同盟会，这在当时极为少见，一时被传为佳话。

情事

1910年元旦，北京琉璃厂马神庙胡同内，守真照相馆在一阵"噼噼啪啪"的爆竹声中开张了。几个穿着时髦的年轻人，跑前跑后，张罗着照相馆的生意。

照相在当时来说，是件非常新鲜的事儿，北京城内总共也没有几家照相馆。可是守真照相馆开业后，生意并不是很好，来照相的人不多。可这几个年轻人似乎并不在乎，一副姜子牙钓鱼愿者上钩的神态。原来，守真照相馆是革命党人设在北京的一个秘密机构。这几个年轻人，就是同盟会成员汪精卫、黄复生、罗世勋、陈璧君等人。

事情还要追溯到几年前，当时还在槟城璧如女校读书时，陈璧君就经常在同盟会的机关报上看到有个笔名叫"精卫"的人写的文章，如《民族的国民》、《驳革命可以瓜分说》等，这些文章说理透彻、文笔犀利。陈璧君非常佩服作者的洞察力，这个笔名叫"精卫"的人是谁呢？在好奇心的驱使下，陈璧君萌生了想见一见他的念头。她把这个想法告诉了当地同盟分会会长吴世荣先生。

一天，吴先生急匆匆地找到了陈璧君，对她说："汪精卫先生到了槟城，就住在我家，你不是想见见他吗？"

"是不是那个写文章的'精卫'？"陈璧君问。

"正是，'精卫'是他的笔名。"吴先生说。

于是，陈璧君随吴先生赶往他家。

在吴世荣家里，陈璧君见到了汪精卫。汪精卫个子不高，浓黑的眉毛下，一双大眼炯炯有神，一身得体的白色西装，鲜红的领带，映衬出与众不同的气质。陈璧君一见钟情，爱上了这位慕名已久的才子。没过多久，她鼓起勇气，向汪精卫写了一封求爱信，没想到却遭到汪精卫的婉拒。

原来，汪精卫在家里已与一位刘姓女子订过婚。虽然他极力反对，并宣布与家庭断绝关系，但这门亲事却也弄得他心力交瘁。考虑到参加革命，四处漂泊，居无定所，短期内他不想再议婚事。可陈璧君并不死心，她是一个看准了目标就一定要追逐到底的女子。当听说汪精卫受孙中山之命去了日本，她也以留学为名，一路追到日本。

来到日本后，得知同盟会正为活动经费发愁，陈璧君便慷慨解囊，把家里给她的钱全部拿出来捐给了当地的同盟会。当时，汪精卫正在组织暗杀团，准备行刺晚清政要。陈璧君听说后，坚决要求参加。开始，汪精卫不同意，看到陈璧君态度坚决，才勉强答应吸收她。

听到汪精卫同意她参加暗杀团的消息后，陈璧君非常高兴。她想，这样她就可以有很多时间与汪精卫在一起了。陈璧君是个办事非常认真的人，她想，既然参加了暗杀团，就要成为一个名副其实的杀手。于是，她四处拜师，请人教她柔道、剑术和枪法，还学习如何制作炸药。

1909年冬，汪精卫带着陈璧君，还有黄复生、罗世勋等暗杀团的其他成员，秘密潜回北京。他们以开照相馆为掩护，寻找行刺机会。可是，因为保密工作没做好，汪精卫、陈璧君等人这次在北京的活动以失败告终。他们的行踪被清政府发现。黄复生在照相馆被捕，汪精卫则在他的住地东北园被清兵抓走。

汪精卫被捕后,被关在北京北郊的监狱里。陈璧君忧心如焚,四处奔波,设法营救自己的意中人。

一次,陈璧君买通狱卒,送给汪精卫十多枚鸡蛋。其中的一枚鸡蛋中藏着一封信。陈璧君在信中表达了对汪精卫的关心和无比思恋之情。

正在监狱备受煎熬的汪精卫看见这封信,精神为之一振,陈璧君在如此境遇下仍对自己一往情深,使得他非常感动。看完来信,汪精卫激动的心情难以平静,他咬破手指,在信纸背面写道:"信到平安。"接着,他用鲜血填了一阕充满对陈璧君爱意和思念的《金缕曲》赠给她。

汪精卫

1911年10月,武昌起义爆发。清政府迫于压力宣布开放党禁,汪精卫被释放出狱。听说意中人已释放出狱,陈璧君欣喜万分。当她得知汪精卫出狱后已从北京经由武汉到了上海,便马上赶往上海与汪精卫相会。经过这一番生死之恋,两人的感情有了进一步发展。1912年初,经过了生死考验的汪陈二人在上海举行了婚礼。

泼辣　陈璧君与汪精卫结婚后,逐渐暴露出了她任性、跋扈的性格,有时甚至完全不顾及汪精卫在人前的面子。汪精卫被人称为美男子,又很会讨女人欢心,所以陈璧君对他看管得很紧。早年汪精卫在日本留学时,认识了同盟会的女会员方君瑛。方君瑛文静温柔,才貌出众,一派大家闺秀的风范,汪精卫对她情有独钟。

辛亥革命后,方君瑛曾和汪、陈一起去法国留学。那时陈璧君已和汪精卫结婚,并有了孩子。方君瑛见陈璧君一人又要学习,又要带孩子,忙不过来,便来帮助她照看孩子。这期间,方君瑛与汪精卫的关系有了新的发展。

一次，陈璧君有事提前回家，看到汪精卫与方君瑛两人在家里表现出十分亲密的样子，陈璧君当即就吵闹了起来，她大骂方君瑛是个婊子，在许多朋友中羞辱她。方君瑛从来没受过这种侮辱，气愤之余，竟上吊自杀了。方君瑛的死，使得汪精卫痛惜万分，他亲笔写了挽联，挂在方的灵堂上。

汪精卫当汉奸后，又认识了一位名叫施旦的女士。施旦年轻貌美，热情大方，长得与方君瑛非常相像。施旦也被汪精卫的风度所吸引，两人很快坠入情网。为了能够多与施小姐接触，汪精卫便聘她为秘书。当陈璧君获知他们俩的秘密后，跑到汪精卫的办公室，又哭又骂地大闹了一场。

这次，汪精卫一反常态，对陈璧君大发脾气："当年你逼死了方君瑛，现在又想逼死施小姐，你如果再这样同我闹，我就与你离婚！"听说汪精卫要同自己离婚，陈璧君有些害怕，于是便不敢再闹下去了。

施旦并不任人宰割，听说陈璧君在汪精卫的办公室里大闹，便主动来见陈璧君，对她说："陈大姐，您不必发怒。其实我知道，汪先生并不是真正爱我，而是因为我长得像方君瑛，他把我当成方小姐来爱。这对你们夫妻并没有造成什么妨碍。汪先生曾对我说过：他1935年被刺时，医生说只能再活10年，现在只剩下5年了。我与汪先生，为肉欲谈不到，为财物也非我所欲。我仰慕汪先生，爱惜汪先生。我这样做，对我并无利益可图，但对你却有好处。起码我和汪先生相处时，能够使他浮躁的心情得到安定，使他自觉生气勃勃。你如果因此和他翻脸吵架，结果对你未必有利。"

施小姐不紧不慢的一番话，竟使自恃精明能干，从不饶人的陈璧君无言可答。陈璧君自觉红颜已老，必须正视现实，她最后只好答应施旦留下来。

另有一次，大汉奸褚民谊在上海主办电影活动，汪精卫应邀参加时，与其中一个女电影明星合影留念，神态颇为亲昵。当时，陈璧君正在广东，看到照片后，醋意大发，当天就从广州乘飞机赶往南京，责问汪精卫，一气之下，挥手将汪精卫桌上的公文摆饰全部扫于地上，弄得汪狼狈不堪。陈璧君索性一不做二不休，又把随从人员及副官侍卫等召集在一起，破口大骂，责问这些人为什么看到汪与女人混在一起不加阻止，有失体统。骂完了工作人员，接着又来找褚民谊，吓得褚民谊躲了起来。这以后，陈璧君提议在汪精卫办公室设机要秘书数人，由她的侄子和五弟负责，监视汪精卫的私生活。

内助 嫁给汪精卫后，陈璧君干练作风不减，积极为汪精卫出谋划策，始终把自己的命运与汪精卫紧紧联系在一起。

1935年11月1日，国民党四届六中全会在南京丁家桥中央党部召开。大会由汪精卫主持，开幕式结束后，全体中央委员来到会议厅门口合影，汪精卫与阎锡山、张学良、林森等人站在前排。摄影完后，大家正准备返回会场继续开会，突然从摄影队伍中跃出一人，只听"啪——啪——啪"三声枪响，汪精卫倒在了血泊里。

陈璧君见状，急忙拨开人群，向前施救。她见汪精卫浑身是血，双眼紧闭，便上去一把将他抱在怀里。此时的汪精卫神志尚清醒，他忍着伤痛，断断续续地说："我为革命……结果如此。我……我……毫无遗憾。"

陈璧君神情镇定，强忍悲痛地说："四哥，人必有一死，即使你遇不幸，我们仍要继续努力，将革命进行到底。"救护车很快赶到，把汪精卫送进医院进行抢救。

由于汪精卫与蒋介石之间的积怨年深日久，"九·一八"事变后，虽然蒋、汪重新携手合作，共同推行"攘外必先安内"的政策，但两人仍是貌合神离。再加上这次合影蒋介石借故没有参加，于是引来许多猜疑，人们普遍认为这次刺杀事件是蒋介石指使人干的。

第二天，陈璧君闯进蒋介石的办公室，怒气冲冲地质问道："蒋先生，你不要汪先生干，汪先生不干就是，何必下此毒手！"蒋介石当时确实也不知道刺杀汪究竟是什么人干的，面对陈璧君的质问，他脸上红一阵，白一阵，不好发作，只得安慰道："夫人息怒，夫人息怒，我一定要查清此事，严惩幕后指使者。"送走陈璧君后,蒋介石把特务头子戴笠找来,大发了一通火,命令他限期破案。

汪精卫与陈璧君的性格正好相反,他虽然老奸巨猾,深藏不露,但办事瞻前顾后,柔弱有余,刚猛不足。因此,身为巾帼红颜的陈璧君反而成了汪精卫的保护人,汪精卫在政治上遇到什么难题,喜欢回家后与夫人探讨,陈璧君也乐此不疲,积极为汪出主意。久而久之,陈璧君大事小事均要插手过问,汪精卫在政治上的不少行动与想法,就是出自陈璧君的主意。以致汪的同党陈公博曾经议论说:"汪先生离开陈璧君干不了大事,但没有陈璧君,也坏不了大事。"

抗日战争爆发后,汪精卫与蒋介石再次发生矛盾冲突。汪精卫力主与日本议和,避免中国军队与日军发生正面冲突。汪精卫的汉奸理论,受到了绝大多数人的反对。国民党内反汪呼声高涨。汪精卫心灰意冷,一度想退出国民党。

这天,陈璧君见汪精卫回家时,满脸通红,神情颇为激动,问及原因,原来蒋介石请汪精卫吃饭时,两人发生了争吵。陈璧君听说后,气愤地说:"蒋中正其实也并不想抗日,但他会耍两面派。他与共产党合作抗日,其实根本没有诚心,国共合作迟早是要破裂的。与

中年时的陈璧君与汪精卫

日本人议和有什么不好,早日消灭共产党,减少无谓的伤亡,这不是两全其美吗?你不能甘拜下风,要与老蒋斗下去,大不了也就一死呗?"

在此之前,汪精卫一直想派人与日本人先行接触,探探日本人的口风,求其支持,如果有可能,他随时可以与蒋介石决裂。这次,他把这个想法告诉了陈璧君。陈璧君听说后,非常支持他,并催促他赶快行动起来。没过多久,汪精卫便派出梅思平、高宗武秘密到上海与日本人接触。

梅、高二人没有辜负汪精卫的希望,经过一番讨价还价之后,与日本

人签订了议和"密约"。1938年11月底，梅思平由上海经香港辗转回到重庆，并带回了与日本人签订的"密约"。在是否离开重庆，公开投日这件事上，汪精卫一直瞻前顾后、犹豫不决。可是陈璧君却态度坚决，极力要汪精卫早日脱离蒋介石，与日本人合作，经过一番思想斗争，汪精卫终于迈出他投降日本，走上卖国的不归之路。

图圞　1940年3月，汪精卫的伪政府在南京成立。汪精卫任伪国民政府主席，陈璧君终于如愿以偿，当上了"第一夫人"。在汪伪政府中，陈璧君任中央监察委员，后又兼任"广东政治指导员"。

1944年11月10日，汪精卫在日本病死。汪精卫的尸体被抬回南京，很快举行了葬礼。办完丧事，陈璧君带着一群亲信，回到了广东。伪广东省省长此时已换了她的妹夫褚民谊，陈璧君还想凭借这层关系继续维持在广东的统治。

1945年8月14日，日本天皇下诏，宣布无条件投降的消息传遍了全世界，陈璧君惶惶不可终日。

这天，陈璧君找到褚民谊商议应对之策。褚民谊也似热锅上的蚂蚁，深知事情到了这种地步已很难有回旋的余地。见褚民谊比自己还要惊慌，陈璧君安慰他说："不要怕，当年我们追随汪先生的目的是求和平，又不是卖国当汉奸。现在这个目的已经达到，任务已经完成，有什么可怕的？"

下一步该怎么走，俩人商量来商量去，最后，只好决定向老蒋献殷勤，请蒋看在昔日一致反共的情分上网开一面。于是，陈璧君要褚民谊向蒋介石发份电报，试探一下老蒋的态度：

敌宣布投降后，共军乘机蠢蠢欲动，正三三两两潜入省防，不良居心昭然。愿谨率所部严加防范，力保广东治安，静候中央接收。

隔天，陈璧君让褚民谊又发一电：

汪夫人愿为中央效犬马之劳，誓将广东完璧中央，盼蒋委员长训示。

两封电报发出后，皆如石沉大海，迟迟不见蒋的回音。

广州城内，到处在捉拿汉奸。陈璧君躲在家里，忧心忡忡，度日如年。

就在陈璧君陷入绝望之时，一位不速之客敲响了褚公馆的大门。此人就是大名鼎鼎的国民党军统局广州站主任郑介民。

郑介民对褚民谊说："你给委员长的两封电报都收到了。此次，我是奉戴局长之命，前来迎接汪夫人与你前往重庆。蒋先生有一封电报要我转交给你。"说着，取出一份附有密码的电报交给了褚民谊。

褚民谊展开电报，认真读了起来：

重行兄：

兄于举国抗战之际，附逆通敌，罪有应得。惟念兄奔走革命多年，自当从轻以处。现已取得最后胜利，关于善后事宜，切望能与汪夫人各带秘书一人，来渝商谈。此间已备有专机，不日飞穗相接。

弟蒋中正

重行是褚民谊的字。读完电报，褚深信不疑，非常高兴。他问郑介民："我们什么时候可以去重庆？"

郑介民回答说："重庆的飞机后天就可抵穗，请你马上转告汪夫人，做好准备。"

褚民谊把这个消息告诉了陈璧君。陈璧君闻讯后喜出望外，特地让人上街买了一筐刚上市的鲜桃，准备带到重庆，送给蒋夫人。

第三天上午，郑介民通知褚民谊："专机已到，请与汪夫人下午三点等候在原省政府门口，有车来接。"

3点整，郑介民带着十余辆汽车和一伙军统人员准时到达。他下车后，即宣布："为了安全起见，每辆车只能坐两人，其余座位，由军统陪送人员乘坐。"陈璧君与褚民谊坐上汽车后，车队便出发了。车队刚出省政府，陈璧君就发现车队不是朝白云机场方向驶行，她惊问："这是去哪里？"

郑介民笑着解释说："重庆来的是水上飞机，我们这是去珠江边，先上船过渡，再上飞机。"陈璧君便不再怀疑。

汽车很快来到珠江边，早有汽艇在此迎候。郑将汪、褚送上船后，称有公务不能陪同前往，便将两人交给一姓何的中校专员，随后乘车走了。

汽艇刚一离岸，那位姓何的专员就从口袋里取出一纸，念道："重庆来电，委员长已去西安，旬日内不能回渝，陈、褚此时来渝，诸多不便，应先在穗送安全处所，以待后命。"

此时两人方知中了戴笠的圈套。陈璧君又哭又闹。汽艇来到江对岸停了下来。陈、褚二人被押下船在一栋两层楼房里住了下来。大约过了半个月，军统人员把陈璧君随身携带的贵重物品全部收缴，用一架军用飞机将陈、褚押往南京，关进了宁海路25号看守所。从此，陈璧君便开始了她的囚徒生活。

囚徒 1945年12月6日，国民政府颁布了《惩治汉奸条例》，明令由各省区高等法院或其分院审理汉奸案件。条例规定，凡犯了通谋敌国十二项罪行中的一项者，处死刑或无期徒刑。陈璧君自认必死，听候死期。1946年2月16日，徐文祺对陈璧君说："汪夫人，请您预作准备，明天上午9时离开南京去苏州。"

果然第二天上午，陈璧君及褚民谊、陈公博乘囚车去火车站转乘火车到苏州，被押入江苏高等法院看守所。

江苏高等法院检察官经多次侦查，以汉奸罪对陈璧君提出检控，列举她五大罪状。

1946年4月16日，江苏高等法院公审陈璧君，由于她汪伪第一夫人的特殊身份，苏州市民倾城而出。正如《申报》报道：高等法院满坑满谷，争看头号女汉奸。

审判长孙鸿霖、检察官韦维清、推事石美瑜与陆家瑞、书记官秦道立等入庭开座。陈璧君在法警挟护下，由候审室进入法庭，她身穿蓝布旗袍，鼻架金丝眼镜，神态傲慢，面带微笑。读完起诉书，审判长问："被告有无答辩？"

陈璧君拒不认罪，与检察官展开针锋相对的舌战，矛头不时指向蒋介石。

检察官问："汪逆与日媾和，你赞成吗？"陈璧君答："汪先生的主张，我绝对赞成。"

检察官问："中央在南京决定抗战大计，汪逆也参与决策，为什么会变了呢？"陈璧君答："蒋介石明里言战，暗里也在乞和，同意德国大使陶德曼调停一事，足可佐证。"

检察官问："汪逆欲与日媾和，为何不向中央建议，而私自逃离重庆呢？"陈璧君答："蒋介石屈从英美压力，又害怕打不过日本，出尔反尔，时而言战，时而谋和，汪先生认为不足与谋。"

在高级的国民政府法庭，竟然出现被告公开宣说最高的领导卖国，发生这种事情是无法原谅的，审判长又惊又怕，急急摇铃制止。陈璧君呵呵冷笑，说："你们美其名曰被告答辩，我才说得几句，就害怕了吗？"

审判长赧颜说："答辩是被告的权利，但与本案无关的便不许说。"

陈璧君不慌不忙，一手托着事先写好的辩词，一手执铅笔指指点点，俨然演说一般，有时间、地点、人物、经过事实，把蒋介石的老牌底一一翻起，旁听席上不时爆出阵阵笑声和掌声。人们绝不是同情汉奸卖国，而是一向不满蒋介石政权的腐败，不过敢怒而不敢言而已，现在由陈璧君的嘴巴代为发泄，何乐如之。审判长明白，如再任她继续大放厥词，自己必然乌纱难保，于是猛摇法铃制止。陈璧君这时正是说得兴起，索性大骂法官是"瘟官"，法庭秩序顿时大乱，审判长只好匆忙宣布辩论结束。

4月22日下午，审判长在法庭上宣读对陈璧君的判决书，当读至"处无期徒刑"一句时，陈璧君脸上表现出一丝冷笑，鼻子轻轻哼了一声，她竟然说："我有枪毙的勇气，无坐牢的耐心！"最后，审判长说："被告对本判决如是不服，可以向最高法院上诉。"

陈璧君高声说："我当然不服，但我绝对不会提出上诉。判我无期徒刑，是最高当局早就决定了的，不过借你的嘴巴宣布而已。即使上诉，绝无可能更改。这一点，我比你们更清楚。"

审判长面红耳赤，对陈璧君斥责道："不许污蔑神圣法庭？"

陈璧君哈哈大笑："什么神圣法庭？你们其实是被蒋介石一手操纵的牵线木偶？"

陈璧君熬过三年铁窗生活，健康状况大不如前，一度血压偏高不降，心脏病复发，卧床不起，要求狱方准其保释出外就医。按国民党法律明定："凡羁押犯人，如在狱中患病非保外显难痊愈的，必须予以交保。"当狱方上报司法部，司法部请示最高当局审批，蒋介石不但不准，还破口大骂。

1949年春天，辽沈、淮海、平津三大战役结束，中国人民解放军饮马长江北岸，国民党军队弃甲抛戈，精锐丧尽，南京政府一片混乱，内外交困，蒋介石只好宣布"引退"，由李宗仁代行总统权力。2月4日，行政院决定迁都广州，并对关押在狱中的汉奸作出一项特殊规定："凡判处有期徒刑的，一律释放；判处无期徒刑的，适时转移台湾。"但当时达官贵人都忙着抢夺运输工具，逃跑保命，哪顾得汉奸撤离。

1949年4月，苏州解放。中国人民解放军全面接管苏州后，陈璧君从狮子口监狱移解到公安局看守所。7月1日，上海解放后，陈又从苏州解押到上海提篮桥监狱。

上海的初夏连日西南风，气压偏低，陈璧君浑身不适，早先骑马时摔坏的老伤又隐隐作痛，躺在床上呻吟不止。管教干部闻讯后，忙请来医生为她诊治，并给她做了全

上海提篮桥监狱旧址

面检查，发现她患有多种疾病。

考虑到陈璧君毕竟是个有政治背景的特殊犯人，又年老体弱有病，本着人道主义精神，狱方给予宽大待遇。所住囚室通风透光，冬暖夏凉；允许亲属旧友探监，送日用品；征得她同意后，安排两个女犯与她同居一室，照顾她的生活起居。陈璧君要求每天用5热水瓶开水，也予以满足。

回绝 新中国成立后不久的一天，管教干部交给陈璧君一封信。信来自北京，是国家副主席宋庆龄与中央人民政府委员何香凝联名发给她的。

宋庆龄与何香凝早年曾和陈璧君共事多年，同在孙中山先生领导下从事革命工作，既有同志情谊，又有私人友情。当她们得悉陈璧君在上海提篮桥监狱后，有心把她解脱出来，于是一起去见毛泽东主席和周恩来总理，提出陈璧君的问题与汪精卫不同，是叛国投敌的主持者、参与者，而非决策人，建议在适当时候视其态度给予特赦。毛泽东与周恩来了解陈璧君从革命者沦为汉奸的经历，表示尊重宋庆龄、何香凝的意见，当即作了如下表态：只要陈璧君发个简短的认罪声明，中央人民政府可以下令释放她。宋庆龄与何香凝于是联名写信给陈璧君：

陈璧君先生大鉴：

我们曾经在孙中山先生身边相处共事多年，彼此都很了解。我们十分尊重你，对你在抗战胜利后的痛苦处境，一直持同情态度。过去，因为我们与蒋介石领导的政权势不两立，不可能为你进言。现在，时代不同了，今天上午，我们晋见共产党的两位领袖，他们明确表示，只要陈先生发个简短的悔过声明，可马上恢复你的自由。

但陈璧君并不认为自己有罪，又倔强好胜拉不下悔过的面子，所以拒绝了宋庆龄、何香凝的善意挽救："我固守受审时公开宣布的立场，对日本的和与战都为救国，属殊途同归，无罪可言，无罪可悔，但愿在牢房中送走最后的岁月。"

对立　陈璧君拒不认罪，甚至认为共产党不该关押自己，从而产生了情绪对立。经过一段时间的观察，陈璧君发现共产党的看守比国民党的看守温和许多，远不如想象的那么凶狠，渐渐地变得大胆起来。

建国初期，国民经济困难，监狱宣传增产节约，她嗤之以鼻："犯人的生活水平是最低的，怎么个节约？除非不给我们吃穿。"

1950年中共中央号召开展整风运动，她在犯人中挑唆："外面整好了整里面，大家要有准备，我是不怕，大不了上断头台。"

朝鲜战争爆发，志愿军入朝参战，她幸灾乐祸地说："要打第三次世界大战了，美国人有原子弹，共产党能赢？"

为鼓励犯人接受改造重新做人，狱方召开奖惩大会，给几个改造好的罪犯减刑。她不以为然地说："最多减二三年，无期徒刑减为20年，等不到出狱就老死了，等于不减，还不是骗人的把戏？"

陈璧君这番话被汇报了上去，管教干部找她谈话，批评说："你这是煽动犯人对抗政府的改造政策。"她则振振有词："你们不是要求我暴露思想吗？我是暴露思想，不是煽动，不该给我扣帽子。"

管教干部例行公事，叫陈璧君写书面交代，她总是推说头晕或胸闷或手臂酸麻不写。1951年6月中旬，管教干部再次约见陈璧君，郑重其事地说："请你系统地写一份检讨。这是领导上统一布置的，每个在押犯人一定要写，一个不漏。"

"啊呀，我一直身体有病，又事隔那么多年，哪里记得起来？就免了吧。"

"这次一定不许推托。"管教干部的话斩钉截铁，"还有，必须把所有罪行如实交代清楚，不得隐瞒。"

陈璧君眼睛一翻:"我有什么罪行?不过胜者为王,败者为寇。我只有一部革命史!"

在管教干部的再三劝说催促下,陈璧君终于动笔了。

至8月间,陈璧君写完了洋洋2万余言的《自白书》,从题目到小标题到内容,只有表功,没有一点罪行。其中以15000字的篇幅,大谈自己的革命史,如加入同盟会,为革命捐助家财,谋刺清廷军政大员,参加反袁护国斗争,协助孙中山重组政府及改组国民党等。

管教干部看过她的《自白书》后,指出:"你前期对革命有功,我们并不否认,但简略带过就可以了,把重点放在检讨罪行上。"

"我写的已简无可简,要简略,干脆全部略去。"陈璧君气势汹汹,"我早已告诉你们,我只有一部革命史,并无罪行可写!"

"你这是什么态度?"管教干部忍不住厉颜斥责,"你背叛国家民族,为日本侵略者效劳,还不认罪服罪?"

陈璧君自被捕后,从广州到南京到苏州,几年中一直以"第一夫人"自居,连国民党的看守所长也尊称她为"汪夫人",想不到今天被共产党的看守训斥,自尊心大挫,立刻发作起来:"好啊,你这个共产党骂人,我要向你的上级控告!"

她果然向狱方递交了控告书,从此以后,叫那个管教干部为"骂人看守"。那个管教干部有事叮嘱,她也不予理睬,还向新进来的犯人"介绍":"这是骂人看守,凶得不得了,你们要当心。"

一天早上穿衣起床时,陈璧君感到胸闷气急,目眩头昏,不能动弹,同室的女犯忙去报告。

她被送进了监狱医院。经检查发现心律不齐,血压偏高,医院急忙施以抢救。脱离险境后,她被留院做进一步观察治疗,两个星期过后,方才出院回监。

时不过月余,陈璧君又因血压高加内痔出血住进医院,先平稳血压,后做切除手术。这一住,住了近7个月。

陈璧君的两次住院，都是那个"骂人看守"抬她去的，为她忙前忙后办理了住院手续，直至把她安排到病床上；又是那个"骂人看守"，每天将她订阅的《解放日报》准时转病房交到她的手里；还是那个"骂人看守"，常俯身病榻前，询问病情，关心备至。陈璧君的"铁石心肠"有所感动了，对"骂人看守"的态度变了，见面时尊称"先生"，说声"您好"。当然，这一改变，除了发自内心的感激外，还另有所图。陈璧君出院后约半月，管教干部探望她时，她恭恭敬敬递上一张纸："先生，这是我今天上午赶写的思想汇报，请查收。我还有个申请，先口头提出，行吗？"

"说吧，只要提得合情合理，是可以考虑的。"管教干部的话可进可退。

"蒋介石事事皆坏，失尽民心，所以挫败倒台龟缩去了台湾。你说我的观点对不对？"

说是提申请，却讲了蒋介石。管教干部一时不明陈璧君的闷葫芦里卖的是什么药，只能虚与应付道："蒋介石祸国殃民，做尽坏事，当然逃脱不了失败的命运。"

"先生您说得对透了，蒋贼坏事做绝，我是恨透了他！"陈璧君按自己的设计转了一个弯，终于话入正题，"我是反蒋的，自孙总理逝世后，我就发现他是个野心家，事事反对他。他视我如眼中钉、肉中刺，利用手中权力，判我无期徒刑，意在使我受尽漫长折磨，活得难过，又不得好死，这是对我最惨最差最难熬的刑罚，蒋贼的用心是再恶毒不过的了。所以我郑重要求，人民政府的法院对我复审，去除蒋贼强加于我的罪名。"

管教干部恍然大悟，出言谨慎："你的要求可以提，至于能不能复审改判，得由司法机关审定。"

"不管怎么说，我要求实现我的要求。"陈璧君理直气壮，"我是反蒋的，你们共产党也是反蒋的，算是同志，就不能像蒋贼一样对待我。"

她称自己反对蒋介石并非谎言，称蒋介石公报私仇有她的道理，实质在于以反蒋为托词，为自己开脱罪责。其复审改判的企图自然难以得逞，于是满腹牢骚："我是蒋介石的死敌，是蒋介石的犯人，共产党是为蒋介石代押我的。"

转变　尽管陈璧君对共产党和人民政府依然抱有敌意，狱方还是坚持对她耐心教育，热诚改造，时时事事感化她。

1954年1月，陈璧君高血压、心脏病复发，第三次入院治疗。次年11月，第四次进医院做颈淋巴腺炎切除手术。虽然医院财力相当紧张，狱方还是尽力医治，不计价钱，该用的药一定给用，还给她增加营养，包括供应牛奶、鱼肝油等。手术后一段时间里，陈璧君生活难以自理，护理人员不但给她换洗衣服，还服侍她大小便，无一点厌烦之色。为使她早日康复，指导她做健身操，陪她一起锻炼……

精诚所至，金石为开。管教干部治了陈璧君的身病，更治了她的心病，请看狱方对她的鉴定：自入狱以来，该犯一贯表现顽固恶劣，把政府对其宽大当做应有的享受，1954年后有些转变。

虽说陈璧君对共产党的敌意有所改变，但她的秉性与特殊身份决定了她复杂矛盾的心理。

冬日将至，陈璧君翻出一件棉衣补了起来，连放风半小时也未出去散步。新来的女管教以为她病了，赶来囚室探看。

"哎哟！"陈璧君一声惊叫，"手指刺破了，出血了！"

女管教忙掏出手帕为她揩血止血："怎么样，我去拿红药水。"

"不用了。"陈璧君自怨自艾起来，"唉，从小娇生惯养，不会做针线活。"

"我来给你补。"女管教飞针走线，一会儿就补好了。

"真不好意思，非常之感谢。"陈璧君似猛然想起了什么，"同志，我这算不算剥削呀？"

"这叫相互帮助，不算剥削。"女管教诚恳地说，"下次我教你，学几次就会了。"

此事并非偶然，而是陈璧君对管教干部的"考验"，看他们不管是男的还是女的，先来的还是后到的，是否真心诚意对待自己。她还要"考验"平时很少接触的管教干部。

轮到女监洗澡了，陈璧君跨进浴室才走几步，一个趔趄滑坐在地上。

"跌痛了没有？"女管教快步过来，弯腰搀扶。

陈璧君哼哼不止，身体只是往下沉，另两个女管教见状过来帮忙，费了好大的力，才将她抱坐在长椅上。事后，她在一份思想汇报中暴露内心："我被扶起来后，心里很高兴，原来她们确是用尽了力气拉我的，当时我几乎忘记了自己是犯人，因为她们是几乎把我抱起来的。"

狱方思想教育与人道待遇相结合的改造政策，开始让陈璧君从心底里佩服了。她不只服从管教，对过去一向拒绝承认的汉奸罪行，也开始有所认识，当然并不彻底。她曾多次在"思想汇报"中表示了检讨、感谢及对共产党的赞扬。

一天中午开饭时，陈璧君刚端起饭碗，见管教干部经过，便喊住说："我已写了报告，申请去农场参加劳动，为什么不见批下来？"

1954年以后，为使犯人通过劳动改造思想，狱方组织他们参加力所能及的体力劳动，有的还被送去了苏北的劳改农场。第二年秋天，陈璧君递交了书面报告，要求到苏北去，内中的几句话可谓慷慨激昂：我不能通过劳动便不能改造，便无机会再为人民服务和回归革命营垒。

狱方因陈璧君患有多种疾病，且年事已高，未考虑她的要求。管教干部当下转达狱领导的意见，说："你年纪大了，身体又不太好，按照医嘱，不能参加体力劳动。"

"知难而上，古有明训。别人能干的，我为什么不能？你们不让我去我就绝食，饿死算了！"她言出行随，果真搁下饭碗。

"我们要对你的健康负责，希望你理解这一点，配合我们的工作。"管教干部一点也不动气，悉心开导。

说了一阵，饭菜已凉了，管教干部端去伙房，热好后重新端到她手上："快吃吧，把身体养得健康了，壮实了，会考虑你的要求的。"

陈璧君被感动了，破颜微笑："我就怕你们和颜温良地讲道理，看来你们的确是为了爱护我的身体。"

尽管陈璧君顽固不化，监狱里的管教干部仍对她进行了热情的挽救和教育，找她谈话，让她阅读报纸和一些政治书籍，让她了解时事和马克思主义的基本理论。在管教干部的帮助下，傲慢的陈璧君情绪慢慢缓和下来，她逐渐认识到了自己的罪行。在狱中，陈璧君曾用半通不通的白话文句子这样写道：

我初到此处监禁之时，自己一点都不认识自己的错误，非常不平，以为是政治上的成败。及后，我看了些书后，渐渐认识到马列主义及毛泽东思想，便心中气和，后来竟大彻大悟，知道一切的道理。及得读《解放日报》，加以深深的学习，不但气平，而且羞愧。其后另一朋友，送许多进步的书籍、小说、杂志、文选，更学习了《列宁主义问题》后，便如盲目者忽得光明。不但对于以错误见解所做成之点，明若掌上现文。他日幸而改造成功时，重复工作之道路、途径，亦得深刻认识，及努力的去了解，往往思想斗争，至深夜不能睡。加之接受监中之教育之后，更加了然。

1955年7月，陈璧君在另一份自白书中又写道：

我少子来见我，给了数本书，女监也每早九时送报纸给我，后来便求得自己订一份《解放日报》，我很用心的从它学习理论和了解人民政府的措施。我便渐渐信服共产党、毛主席领导下的人民政府的正确理论和用心了。尤其是我借得《论人民民主专政》的一文，我读了八遍，不够，要还给人家，我便将它抄下来。日日的看，看了一遍又一遍，我完全了解了。有个姓龙的朋友送了现在这一大批书给我，我便明白了共产党为什么胜利，国民党为什么灭亡，是一个历史铁一般的规律。

离世

陈璧君的身体每况愈下，除患有心脏病、高血压外，还因痔疮、颈部淋巴炎、肺炎等住过医院，每次住院，短则半个月，长则近一年，她几乎有一半的时间是在医院度过的。1959年5月2日，陈璧君突然咳嗽、气喘、心跳加快，她被再次送进医院。

在医院里，陈璧君得到了医护人员的精心治疗与护理。医院请来享有盛誉的中西医学专家前来会诊，先后为陈进行了15次血液检查，3次X光透视，2次心电图检查，最后诊断为高血压性心脏病、风湿性关节炎、并发性肺炎。

百药罔效，群医束手，医院发出了病危通知书。

陈璧君自知回天无力，对管教干部说："告诉医生，不要再为我浪费针药了，你们已尽到责任了，感谢你们。"

5月19日，陈璧君自知将不久于人世，便给其子女写了一封信：

诸儿同阅：

  我于本月2日因病蒙人民政府在革命人道主义待遇下送入医院，现由中西医会诊处方，年近七旬加上病魔纠缠，病况较为严重，万一不幸与诸儿永别，则盼诸儿早日回归祖国怀抱，以加倍努力工作以报答人民政府挽救我之深厚恩情，吾死别无所念，因你等均已达而立之年，遗憾者未能目睹祖国进入社会主义社会。

  你等于5月4日、9日先后汇共两百港币已收到，勿念，以后兑款仍寄原址，祝健康！

母字
1959年5月19日

陈璧君的身体日渐衰竭，最后因大叶性肺炎引起心力衰竭，于1959年6月17日死于上海提篮桥监狱医院，时年68岁。

陈璧君的子女解放前都去了国外，她在上海没有直系亲属，尸体由其在上海的儿媳之弟收殓火化，骨灰送到广州。第二年，由陈在香港的子女派人到广州认领回港，并由其子女撒入香港附近的大海里。

张幼仪:中国第一位承受文明"灾祸"的坚忍女子

张幼仪

传略 张幼仪(1900—1988),名嘉玢,江苏宝山人(现属上海)。民国女银行家、企业家,著名诗人徐志摩的第一任妻子。

张幼仪的祖父为清朝知县,父亲张润之为当时的知名医生。她的二哥张君劢,是中国现代史上颇有影响的政治家和哲学家,民社党创立者;四哥张公权,曾任中国银行总裁,是"政学系"重要人物。她在兄弟姐妹中排行第八。1912年考入苏州师范学校,1915年12月5日奉家庭之命与徐志摩结婚。次年徐出国留学,张则在老家侍奉公婆。长子徐积锴于1918年出生。1920年,到英国与徐志摩相会。在英国期间,本来就欠佳的夫妻感情进一步恶化,原因是徐志摩爱上了林徽因。张幼仪第二次怀孕期间,徐志摩要求离婚并离家出走。张幼仪独身去了欧洲,于1922年在柏林生下次子徐德生(又名彼得,1925年逝世)后,徐志摩与之离婚。

离婚后在德国学习幼儿教育。1926年应公公徐申如之邀回国,当时徐志摩要和陆小曼结婚，徐申如表示若张幼仪不同意这桩婚事，他就不允许徐志摩跟陆小曼结婚。张幼仪在徐志摩面前表示同意，并继续照顾徐志摩的父母并成为其义女。

回国后，先在东吴大学教授德文。1928年，在四哥张公权协助下接办上海女子商业储蓄银行，很快使之扭亏为盈。她开办了云裳服装公司并任总经理，引入新潮时装式样。与此同时，还涉足股票交易。1934年，帮助二哥张君劢的民社党管理财务。

1949年移居香港。1954年，与苏纪之医生在日本结婚。1972年苏纪之病故后，去美国与儿子团聚，1988年逝世于纽约。

缘起 张幼仪14岁时，四哥张公权奉命视察杭州一中，看到了徐志摩的考卷，颇为赞赏，替妹妹看中了徐志摩，并主动向徐家求亲。徐家当时已是江南富商，家中开办有电灯厂、蚕丝厂、布厂、徐裕丰酱园、裕通钱庄等，和拥有强大的政治经济地位的张家联姻，对

张幼仪和徐志摩

徐志摩父亲来说，是求之不得，他一口答应，并送了聘礼。

这是一桩看似门当户对的婚姻。两家很快定下了婚事，当时男方16岁，女方13岁，都还在读书。

张幼仪到底是一个什么样的女孩子呢？她谈不到好看，也谈不到难看。嘴唇比较厚，生得黑，性情和善，沉默寡言，举止端庄，秀外慧中，为人颇受好评。3岁那年，她的母亲曾经尝试给她缠足，但是，她的二哥张君劢最终阻止了母亲："别折腾她了，她这样太疼了。"张幼仪成了张家第一个天足女人。

那为什么徐志摩独独不乐意亲近她呢？作为一个追求自由和浪漫的青年，徐志摩对爱情充满诸多的幻想和期待，别人要硬塞给他一个新娘，他的第一反应，当然是像刺猬一样竖起全身的刺。所以徐志摩会在第一次见到张的照片时，便嘴角往下一撇，用鄙夷的口吻说："乡下土包子！"

更为不幸的是，从此，"鄙夷"成了他对待这位第一任夫人的基调。奉命成婚之后，看她百般不顺眼。有一次，徐志摩在院子里读书，突然喊一个佣人拿东西，又感觉背痒，就喊另一个佣人抓痒，一旁的张幼仪想帮忙，徐志摩却用眼神制止了她，那种轻蔑而不屑的眼神，让人不寒而栗。

缘尽

出嫁前，张幼仪的母亲告诫她，在婆家只能说"是"，不能说"不"。但徐志摩并不喜欢她，婚后，夫妻之间几乎无话可说，张幼仪个性沉默坚毅，比较顶真，帮助公公理财，甚为得力，但这些老人眼中的优点，在活泼飘逸、热情奔放的诗人眼里，就是呆板无趣、僵硬乏味。

婚后，徐志摩在妻兄张君劢的引荐下，拜梁启超为师。婚后4年，两人在一起的日子只有4个月。张幼仪足不出户，总是长时间跟着婆婆坐在院子里缝缝补补。婚后她也曾写信给苏州第二女子师范学校，希望能完成中断的学业，但料理家务、养育孩子、照顾公婆这些事情，使得读书的愿望成为泡影，一直到晚年，她都为没能到"像丈夫所爱的女人读的那种一流学校上学"而耿耿于怀。

1920年，张幼仪出国与丈夫团聚，先到马赛再到伦敦。到达马赛港时，"我斜倚着船舷，不耐烦地等着上岸，然后看到徐志摩站在东张西望的人群里，就在这时候，我的心凉了一大截……他是那堆接船的人当中唯一露出不想到那儿来的表情的人。"据说张幼仪出国与徐志摩相聚，是公公婆婆安排的，为的是让徐志摩知道要对家负起责任。

见面后，徐志摩第一件事便是带她去买新衣服和皮鞋，因为他认为她从国内穿来的经过精挑细选的中式服装太土了，会让他在朋友面前丢脸。

就这样，心存无限希冀满心欢喜的她，被他无声的行为深深刺伤。随后两人拍了唯一的合影，给徐志摩父母寄去。到英国沙士顿安顿下来后，他们的关系却无任何改善。

此时，徐志摩正疯狂追求林徽因。这使他忘记了一切，包括张幼仪。在张幼仪的眼光里，离婚就是被"休"，她坚决不同意，认为自己没有犯"七出"的任何一条。两人发生了争吵，徐志摩一走了之，不知去向。一筹莫展的张幼仪只能哭着写信向在巴黎的二哥张君劢求救。她撑着沉重的身子一个人从英国到巴黎。在巴黎待了一段时间后，她随二哥、七弟到了德国。

1922年，张幼仪在柏林生下了次子彼得，当她从医院回家后，一直杳无音信的徐志摩露面了，来找她签离婚协议——其时林徽因已经回国，他急着回国追求她。

林徽因曾经评价徐志摩优雅、善良，总是苦自己而不肯伤害别人。可是挪到张幼仪身上，怎么看怎么觉得，徐对张的态度与这些评价毫不相干。

在英国沙士顿，举目无亲的张幼仪惴惴不安地告诉徐志摩，自己怀孕了。而徐志摩竟连眼皮都不抬，"赶紧打掉"，甚至对怎么打，在哪打都没有兴趣过问。张幼仪一句"我听说有人因为打胎死掉的"，换来的是徐志摩比石头还硬的一句："还有人因为坐火车死掉的呢，难道你看到人家不坐火车了吗？"

他们在一个朋友家里见面，张幼仪说，"你要离婚，等禀告父母批准才办。"徐志摩却用狠硬的态度说："不行！我没时间等！你一定要现在签字！"张幼仪知道无可挽回，只有含泪在离婚协议上签字，这是中国历史上依据《民法》的第一桩西式文明离婚案。没有吵闹，没有纠缠。张幼仪是明智的。在徐志摩对她没有了爱情的时候，她选择了平静地离开。其时，他们的孩子彼得出生还不到一个月。

签好离婚协议后，徐志摩跟着她去医院看小彼得，"把脸贴在窗玻璃上，看得神魂颠倒"，"他始终没问我要怎么养他，他要怎么活下去"。

坚忍　　无论是徐志摩还是张幼仪，在海外求学，一直都是靠徐志摩父亲的汇款。二人协议离婚后，徐家仍视张幼仪为自家人，徐父每月都给张幼仪寄200美金。战后的德国，马克贬值，一美元就能买很多食品，200美元能过上不错的日子。

张幼仪雇了保姆，自己学习德文，并进入裴斯塔洛齐学院，专攻幼儿教育。1925年，彼得3岁时，死于腹膜炎。

彼得死后一周，徐志摩抵达柏林，这是他们离婚后第一次见面，当时，徐已经开始热烈追求陆小曼。徐志摩神采奕奕，而丧子后的幼仪瘦小憔悴，她赢得了徐志摩的尊敬。他在写给陆小曼的信中，说："C（张幼仪）是个有志气有胆量的女子……她现在真是'什么都不怕'。"

陆小曼

在德国期间，也曾有男子追求张幼仪，她回答："我还不想结婚。"对此，张幼仪曾说道："四哥写信告诉我，为了留住张家的颜面，我在未来五年里，都不能教别人看见我和某个男人同进同出，要不别人会以为徐志摩和我离婚是因为我不守妇道。"

1926年，张幼仪回国。徐家二老将她收为干女儿，徐申如将家产分成三份，儿子和陆小曼一份，孙子和张幼仪一份，老两口一份。

陆小曼在徐家二老面前，公开和徐志摩发嗲，要徐志摩吃她剩下的饭、抱她上楼等，这让徐志摩父母深为反感。相比之下，张幼仪是特别善于处理人际关系的，在二老要求跟她与孙子同住时，她建议他们先回老家，在老家住过一段后，再到孙子这里来，避免使徐志摩陆小曼尴尬。徐陆举行婚礼，曾给她发请柬，但她没有去。他们三人后来在胡适家见过一面，陆小曼和徐志摩显得很亲昵——老年的张幼仪在口述自传中有些酸酸地说："我不是有魅力的女人，不像别的女人那样，我做人严肃，因为我是苦过来的。"

在东吴大学做了一阵子德文教师后，1927年她开始担任女子商业储蓄银行副总裁和云裳服装公司总经理。

每天上午9点整，她准时到办公室，这种分秒不差的习惯是从德国学来的。下午5点，会有个教师到公司来，给她补习一个小时的国文。晚6点她再到云裳服装公司，打理财务。

张幼仪似乎很有经商的头脑，她在股市里赚了不少钱，在自己的住房旁边给公婆盖了幢房子。

张幼仪执掌的云裳服装公司，是中国第一家新式服装公司。独特的立体剪裁法，一改中式服装扁平的状貌，在上海滩风靡一时。服装公司开张的时候，徐志摩和陆小曼曾前去祝贺，还拍了照片。

与陆小曼成婚后，徐志摩的生活苦乐参半。他同张幼仪偶尔还有联系，她坚持照顾徐的父母，徐的母亲在她那里"各事都舒服，比在家里还好些"。不知道此时的徐志摩，会不会对这个自己曾经伤害过的、隐忍坚定的女子心怀愧疚？

张幼仪把自己的人生一分为二，"去德国前"和"去德国后"。

去德国前，她大概是什么都怕，怕离婚，怕做错事，怕得不到丈夫的爱，委曲求全，却屡次受到伤害；去德国后，她遭遇了人生中最沉重的伤痛，与丈夫离婚，心爱的儿子死在他乡。伤痛让人清醒，就在这时候，她忽然明白，人生任何事情，原来都要依靠自己。别人的怜悯，搏不来美好的未来。离婚丧子之痛，让张幼仪一夜长大，变得无所畏惧，坚定不移地走出自己的人生新路。

坊间有种说法，传她和徐志摩离婚后，通信不断，感情反而比结婚时好，并且不时接济徐志摩，《人间四月天》里，也表现徐志摩对她似乎还含情脉脉——这有一些想当然的成分。

徐和她的通信，基本上是事务性的。如果说徐从她那里拿钱，也不能说是张幼仪在接济徐志摩，因为云裳服装公司是张幼仪八弟和几个朋友一起开的，徐志摩也是股东之一。而且，徐父后来几乎将产业全部交给张幼仪打理，张幼仪即便给徐志摩钱，也只能说是做徐父和徐志摩之间的经手人罢了。

1939年，张幼仪的儿子徐积锴（阿欢）已经21岁了，为了儿子的婚姻幸福，张幼仪征求他的意见，问他想要个什么样的妻子。阿欢回答说："我只对漂亮姑娘感兴趣。"张幼仪后来说："他为什么这么回答，我不明白。他说这话的时候，我很伤心，因为那让我想起他父亲，我一直觉得他父亲要的，是个比我女性化、又有魅力的女人。"但张幼仪还是遵从儿子的心愿，为他介绍了一位漂亮的女孩。为了不让儿媳妇重蹈自己当年的覆辙，张幼仪为儿媳请来老师，给她上英、法、德、中的文学课程，以使儿媳不仅能愉悦儿子的眼睛，还能满足他的心灵追求。

张幼仪和儿子徐积锴合影

1947年，张幼仪到北平参加一个朋友的婚礼，其时林徽因病危，托朋友传话说想见她。她带着儿子和孙子去医院看了林徽因，那是她们唯一的一次见面，双方都没有说话。张说："我不晓得她想看什么，也许是看我人长得丑又不会笑。"

张幼仪的人生下半场，幸福地获得全胜。她可以说是中国第一位承受文明"灾祸"的弱女子，但即使在离婚现象频发的今天，有多少女人对自己的遭遇能这般深刻反省，像她一样勇敢豁达地舍弃无爱婚姻？

情分 1931年4月23日，徐志摩的母亲病故，徐志摩欲携陆小曼奔丧，被父亲阻拦。与此同时，徐申如却不断地催促张幼仪赶赴硖石。张幼仪在电话里告诉徐申如："我离婚了，不应该插手家里的事情。"接着她又对继续坚持的徐家父子说:"你们这些人真自私,现在你们需要我了,就叫我来,要是陆小曼也来家里,那我要干吗?一个屋子里有两个女主人,成什么样子?再说,我可以留下来参加丧礼吗?那又成何体统?"

最终,徐家让张幼仪全权处理老太太的后事,她把里里外外料理得妥妥帖帖,做了本该正室做的一切事情;而陆小曼屡次提出请求,却都被拒绝,一腔委屈自然又落到了徐志摩的头上。徐志摩只得写信给陆小曼解释说:"你责备我,我相当的忍受。但你信上也有冤我的话;再加我这边的情形你也有所不知。我家欺你,即是欺我,这是事实。我不能护我的爱妻,且不能保护自己,我也懊憹得无话可说。再加不公道的来源,即是自己的父亲,我那晚顶撞了几句,他便到灵前去放声大哭。外厅上朋友都进来劝不住。好容易上了床,还是唉声叹气的不睡。我自从那晚起,脸上即显得极分明,人人看得出。除非人家叫我,才回话。连爸爸我也没有自动开过口……"在徐志摩的力争和亲友的劝说下,陆小曼终于得到允许,得以在葬礼举行当天露了一下面。

张幼仪已经离婚,却受到徐家如此重视和礼遇;陆小曼身为徐志摩明媒正娶的现任妻子,反而处处靠边,这等于是在说,徐家真正承认的儿媳妇还是张幼仪,而不是她陆小曼。这对于陆小曼来说,不啻是奇耻大辱,这不仅让她和徐家更加水火不容,也使她和徐志摩之间本已紧张的关系更增嫌隙。而张幼仪因为善于处理和徐家二老的关系,又有儿子阿欢,反而和徐家结下了深厚的情分。她评价自己说:"如果说徐志摩的父母想要个干女儿的话,我一直做得很称职。我很想知道,自己是不是可以换种方式对待他们。可是,当我善待公婆的时候,我就想:他们是我儿子的爷爷奶奶,我怎能不好好对待他们?"

晚年张幼仪对侄孙女张邦梅说:"中国家庭是由父母掌权,因此一个女人和她姻亲之间的关系,尤其是和婆婆之间的关系,往往比她和丈夫之间的关系来得重要。"并告诫她:"我注意到我住在你家里,你来跟我说晚安的时候,你偶尔会在我允许你离开之前,就先掉头走掉。这样子很糟糕,你结婚以前一定要把这习惯改掉。"

张幼仪端庄恭谨、严肃朴实，完全符合中国传统的妇德，深得徐家长辈的欢心，但在天真自由、追求浪漫爱情的诗人徐志摩眼里，这些优点却成为呆板木讷、生硬无趣的代名词；陆小曼美丽聪颖，绝代风华，令无数人拜倒在她石榴裙下，但这些魅力在徐家二老眼里却也一文不值，他们看到的是她的任性和浮华。当年，徐志摩将父亲为他选中的妻子遗弃在异国他乡；多年后，他的父亲也将他的爱妻拒于门外，父子两代，对自己不喜的事物，都采取了一种极端的拒绝姿态，冥冥中，又仿佛可以看到因果和命运的轮回。

张幼仪最初选择放手，开始是一种伤痛，到后来，却未尝不是一种福分。因为陷入情网中的两个人，往往宁愿伤人伤己，也不愿意放弃本应该放弃的东西的时候，悲剧便已成为不可避免的结局。

人格　抗日战争期间，张幼仪囤积军服染料，等到价钱涨到100倍，而且再也没法从德国进货的时候才卖掉，赚到一大笔钱。之后，她用这笔钱作为启动资金，投资棉花和黄金，依旧是财星高照。

其间她遇到的最大困难，是女子银行一度濒临倒闭。1937年日本入侵上海，街上到处是出逃的人群，人们纷纷跑到银行里挤兑提款。因为现金准备不足，张幼仪只得把女子银行的大楼抵押给一家更大的银行，来获得现金支持。偏偏在这时，有一位男顾客跑到云裳公司找到张幼仪，想要把她刚刚想方设法为银行保下来的4000元钱提光。为了避免银行倒闭，张幼仪提出以个人名义为那位客户担保，在6个月后连同利息把这笔钱给

任女子银行总裁的张幼仪

他。那位顾客说:"如果是你张幼仪告诉我,你担保这笔钱,那我相信你。我不相信别人的话,可是你讲的话我信。"接下来的半年时间,张幼仪无论走到哪里,都随身带着她和那位客户签订的保证书。她说:"万一我有什么三长两短,我希望发现我的人知道,我对这位顾客有责任。"就这样,张幼仪以自己的人格和信誉,帮助女子银行渡过了难关。

晚景 梁实秋回忆张幼仪时说:"她是一位有风度的少妇,朴实而干练,给人极好的印象。后来每徐家有事,张幼仪都会尽力帮助。凡认识她的人,没有不敬重她的,没有不祝福她的。"

张幼仪是个心有大爱的女子,徐志摩罹难后,她每月还寄钱帮助陆小曼,并帮助徐家打理产业,作为干女儿为徐志摩的父母送终。离开徐志摩,她从物质到感情,都成功地独立。即使在暮年,也能无谓世俗的目光勇敢回应一段姐弟恋。

1949年4月,上海解放前夕,张幼仪离开大陆,移居香港。

在香港,张幼仪住处楼下有个邻居,是一位叫苏纪之的医生,妻子和他离了婚,他有一个女儿和三个儿子,都只有十多岁。通过朋友认识后,见他一个人带着四个孩子不容易,张幼仪经常会帮他一些小忙。一来二去,两个人慢慢地熟悉了。当苏纪之向张幼仪求婚时,她首先写信给二哥和四哥,征求他们的意见。

当时的风俗是,孀居的女人再婚会让娘家失去面子。张幼仪的四哥张公权始终没有回复,一直告诫妹妹要遵从自己内心感受的二哥张君劢一会儿发来电报说"好",一会儿又改变主意,发来电报说"不好"。反复几次踌躇之后,他终于下定决心写来信件:"兄不才,三十多年来,对妹孀居守节,课子青灯,未克稍竭绵薄。今老矣,幸未先填沟壑,此名教事,兄安敢妄赞一词?妹慧人,希自决。"

张幼仪同时也写信到美国征询儿子阿欢的意见:"尔在美国,我在香港,相隔万里，晨昏谁奉，母拟出嫁，儿意云何。"在她看来，自己是个寡妇，理应听儿子的话。

儿子的回信情真意切："母孀居守节，逾三十年，生我抚我，鞠我育我……综母生平，殊少欢愉，母职已尽，母心宜慰，谁慰母氏？谁伴母氏？母如得人，儿请父事。"阿欢在美做的是土木工程师，这封信颇得其父风韵。

1953年，53岁的张幼仪和苏纪之在日本东京一家大酒店举行婚礼。婚后两人共同生活了20年。

1967年，张幼仪在苏纪之的陪伴下，回到康桥、柏林这些当年自己住过的地方。苏医生大半生在日本度过，从来没有到过欧洲，张幼仪想带他去看一看。张幼仪回忆说："他和我坐在康桥河畔，欣赏这条绕着康桥大学而行的河流，这时我才发觉康桥有多美，以前我从不知道这点。我们还从康桥坐公共汽车到沙士顿，我就只站在我住过的那间小屋外面凝视，没办法相信我住在那儿的时候是那么样年轻。"

这次故地重游欧洲，勾起了张幼仪对往昔岁月的追忆，也让她觉得有必要让儿孙辈们了解徐志摩。之后张幼仪亲自赴台，找到徐志摩当年在《新月月刊》的同仁和好友梁实秋，以及徐志摩的表弟蒋复璁，希望由他们出面，为徐志摩编一套全集，资金由自己来出。1969年，台湾版《徐志摩全集》出版，作为最早的一套《徐志摩全集》，此书为后来人们对徐志摩的研究提供和保存了很多珍贵的资料。

1972年，苏纪之因为肠癌去世。安葬完丈夫后，张幼仪搬到美国纽约，住在儿子居所附近，过着简单而有规律的生活。每天早上7点半起床，做45分钟体操，然后坐下来吃早饭：一碗麦片粥或者一个煮鸡蛋。然后看报，探望家人，或者上一些德文、有氧体操、钩针编织这类给老年人设置的课程。同时也延续着早年的习惯，每星期还会摸上几圈麻将，允许自己一年有200美元的输赢。

张幼仪的八弟张禹九也是新月社的成员，他非常欣赏徐志摩，当年甚至盛装参加了他和陆小曼的婚礼。多年后，他的孙女张邦梅在图书馆查阅资料时，偶然得知自己的姑奶奶张幼仪原来竟是徐志摩的前妻，于是有了两个人之间的访谈。沉默一生的张幼仪在生命的最后几年中，向侄孙女讲述了自己的故事。

起初，张邦梅将它写成了毕业论文，之后又扩充为一部传记文学——《小脚与西服：张幼仪与徐志摩的家变》。

在对张幼仪的故事介入越来越深的同时，张邦梅和爷爷张禹九之间也发生了争执。和张家的其他兄弟一样，张禹九非常欣赏徐志摩，认为他以自己的才华给张家带来了巨大的荣耀。而张邦梅也对爷爷佩服徐志摩佩服得五体投地，却不懂得欣赏自己的姐姐感到气愤。和张邦梅一家待在一起时，张幼仪从来都自由自在，但当有八弟在场的时候，她就会显得不自然和拘谨，连说话的声音都发生了变化，尖锐用力，生怕遭到质疑和讥讽，但偏偏张禹九就有把姐姐的意见看得无足轻重的倾向。由于兄长的帮助和自身多年的刻苦努力，张幼仪在社会上获得了很高的地位，但在家族中，她却依然无力改变中国数千年来传统的男尊女卑观念，以使自己获得更多的理解和尊重。而且张邦梅也提到，爷爷调皮捣蛋爱说笑，张家人都说他这点最像徐志摩，却每每被张幼仪正经八百的严肃态度压了下去，这大约也是她和徐志摩相处时的常情。

知道孙女在写一部有关张幼仪和徐志摩的传记，临终前，张禹九叮嘱她，下笔时对徐志摩"要仁慈一点"，并要求在葬礼上朗诵一首徐志摩的诗。

1988年，张幼仪以88岁高龄逝世于纽约，安葬在市郊风景优美的Fernoeiff墓园里，墓碑上刻着"苏张幼仪"四字。梁实秋评价她说："她沉默地坚强地过她的岁月，她尽了她的责任，对丈夫的责任，对夫家的责任，对儿子的责任——凡是尽了责任的人，都值得令人尊重。"

名言 你总是问我，我爱不爱徐志摩。你晓得，我没办法回答这个问题。我对这问题很迷惑，因为每个人总是告诉我，我为徐志摩做了这么多事，我一定是爱他的。可是，我没办法说什么叫爱，我这辈子从没跟什么人说过"我爱你"。如果照顾徐志摩和他家人叫做爱的话，那我大概爱他吧。在他一生当中遇到的几个女人里面，说不定我最爱他。

你最爱的人，伤你最深；能伤你最深的，才是你最爱的人。二者何为正解？也许，爱与伤害，从来都是相伴而生。

忘记一个伤害你的人，重新建筑感情世界，需要多久？

王映霞：风雨茅庐，几多爱恨

传略　王映霞（1908—2000），生于杭州，年轻时是"杭州第一美人"，在当时有"天下女子数苏杭，苏杭女子数映霞"一说，以一生中的两次婚事都轰动全国而成为民国知名人物。

王映霞最初不姓王，她本姓金，小名金锁。"锁"，由金、小、贝三个字组成，意为金家的小宝贝，学名金宝琴。童稚时过继给外祖父王二南做孙女，易名为王旭，号映霞。王二南先生系南社社员，琴棋书画俱精，满腹经纶。王映霞自幼承欢在王二南先生膝下，春雨润物，受到良好的传统文化的熏陶。她先在外祖父开的蒙馆读《三字经》，后入教会学校弘道女校，1923年考入浙江女子师范学校。

杭州女师人才辈出，王映霞是她们中的一位佼佼者。王映霞刚开始只知道鲁迅、郭沫若，后来才知道郁达夫，并十分欣赏郁的文才。一次偶然相识，使郁达夫深深迷恋这位青春美丽的才女。经不住他的苦苦追求，1928年2月，两人在杭州西子湖畔大旅社举行婚礼，才子佳人，名动全城。那一年，她20岁，郁达夫32岁。他们共同生活了12年，最终于1940年

正式离婚。从相识相爱,到最终分手,王映霞与郁达夫的这段爱情纠葛曾在文坛上纷纷扬扬掀起过不小的风波。

1942年,在重庆,经著名外交界名人王正廷介绍,王映霞与时任重庆华中航运局经理的钟贤道结为连理。1980年,与王映霞过了38年平静婚姻生活后,钟贤道病逝于上海,终年72岁。

2000年,王映霞病逝于杭州,终年92岁。与钟贤道合葬于杭州南山公墓。

情事 郁达夫与王映霞的传奇恋情,在民国时期的文人中传为佳话,曾被誉为"现代文学史中最著名的情事",但不幸以悲剧告终……

1927年1月14日,新年伊始,在上海马当路尚贤坊40号,郁达夫穿着妻子孙荃从北京寄来的新皮袍登门拜访老朋友孙百刚,在这里,他第一次见到了"明眸如水,一泓秋波",刚满20岁的王映霞。

初遇王映霞,郁达夫便有一见钟情之感,而王映霞早在学生时代就已醉心于郁达夫的作品,曾经读过郁达夫的小说《沉沦》,对文中的大胆描写感到很震撼。此次遇见这位心仪已久的大作家,又见他如此殷勤,虽然自己此时已有婚约在身,对方也有家室,仍不免为之怦然心动。

不久,郁达夫约王映霞在上海江南大饭店的一个房间里进行了一次长谈。王映霞提出了这样的婚嫁条件:必须明媒正娶,组成一个属于他们二人的完整世界。郁达夫满口答应,两人的恋爱轰轰烈烈地开始了。两人热恋期间,郁达夫曾写给王映霞无数情诗,其中一首常为人传诵:"朝来风色暗高楼,偕隐名山誓白头。好事只愁天妒我,为君先买五湖舟。"

1927年6月5日晚,郁达夫和王映霞在杭州聚丰园举行了订婚仪式。6月10日,郁达夫写信把此事告诉了发妻孙荃。孙荃对此无可奈何,只好选择默认。

1927年六七月间,郁达夫和王映霞在上海租房安家,过了一段甜蜜的日子。在王映霞的帮助下,郁达夫出版了自己的作品集《寒灰集》。在序言中,郁达夫声称是王映霞"爱的火焰",复燃了他这堆"已经行将熄灭的寒灰"。

1927年9月,郁达夫将他和王映霞的恋爱过程,编成《日记九种》由北新书局出版发行了。读过这本书的人可以清楚地看到,郁达夫当时的爱狂热到了何种程度,他真的是不要名誉不要地位,什么也不要了。1928年2月,才子郁达夫抱得美人归,王映霞也终于做了他的"自由女王",两人在杭州正式结婚。文豪柳亚子赠诗郁达夫,称两人"富春江上神仙侣",一时传为佳话。

郁达夫和王映霞确实有过一段神仙眷侣般的婚姻生活,日子过得甜蜜丰裕。王映霞在自传中曾提到:"当时,我们家庭每月的开支为银洋二百元,折合白米二十多石,可说是中等以上的家庭了。其中一百元用之于吃。物价便宜,银洋一元可以买一只大甲鱼,也可以买六十个鸡蛋,我家比鲁迅家吃得好。"

王映霞与郁达夫

1929年11月间,王映霞生下了长子郁飞。一年半后,又生了第二个男孩郁云。随着家庭人口的增多,开支随之剧增;此时已隐居于富阳的孙荃母子的生活开支,也要靠郁达夫寄钱去接济,经济日渐拮据。

1934年4月,在王映霞的提议下,郁达夫和她回杭州居住。郁达夫花1700元买下了玉皇山后30亩山地,开始修建自己的新家。据王映霞回忆,新家在"1935年年底动工,熬过了一个冰雪的冬季,到1936年的春天完工……足足花掉了一万五六千元"。建成后,还"涂上了朱漆,嵌上了水泥",充满了东方建筑的古典神韵,郁达夫特意给它取了一个极富情调的名字:风雨茅庐。

1936年,郁达夫应福建省政府主席陈仪的邀请南下福州,担任省政府参议兼宣传室主任。但就在这之后,郁、王两人的感情急转直下,这与浙

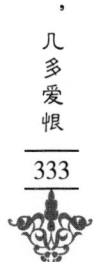

江省教育厅长许绍棣有直接关系。1937年底，日军在杭州湾登陆，浙江军政机构纷纷南迁，省教育厅迁到浙南的丽水。为躲避战乱，王映霞携老母及孩子先到富阳避难，后来到丽水，与许绍棣比邻而居，两家的孩子常在一起玩耍。此时许绍棣的妻子刚病逝不久，他独自带着3个女儿生活。许绍棣对王映霞倾慕已久，平时对她关怀备至，多有照顾，引起了许多风言风语。王映霞还积极牵线搭桥，把与徐悲鸿有过恋情的孙多慈介绍给许绍棣，促成许孙二人结为秦晋之好。

郁达夫在福州听到王映霞与第三者关系不正常的流言，心里非常愤怒。1938年3月，郁达夫应郭沫若的邀请离开福建到武汉工作，就任"中华全国文艺界抗敌协会"理事，并兼任军事委员会政治部第三厅设计委员。不久，王映霞也来到武汉。

一天，郁达夫回到家中，不见王映霞，却意外发现了许绍棣给王映霞的几封信，便断定王映霞仿效卓文君与她的"司马相如"私奔了。郁达夫性格冲动，做出了一个令人吃惊的举动，在《大公报》刊登"寻人启事"："王映霞女士：鉴乱世男女离合本属寻常，汝与某君之关系及携去之细软衣饰金银款项契据等都不成问题，唯汝母及小孩想念甚殷，乞告以地址。郁达夫谨。"

实际上，王映霞只是到她的朋友曹秉哲家里去了。翌日，当王映霞在《大公报》上看到郁达夫的"寻人启事"时，不禁勃然大怒。郁达夫得到曹秉哲的通知赶往曹家请她回去时，王映霞说："如果要我回去，你必须在大公报上刊登道歉的启事。"

经过朋友的从中调解，郁达夫和王映霞捐弃"前嫌"，决定和解。郁达夫不得不又在报上刊登了王映霞拟就的"道歉启事"："达夫前以神经失常，语言不合，致逼走妻王映霞女士，并在登报寻找启事中，诬指与某君关系及携去细软等事。事后寻思，复经朋友解说，始知全出于误会。兹特登报声明，并深致歉意。"

1938年，郁达夫应《星洲日报》的邀请，带着王映霞和儿子郁飞一同来到新加坡参加抗日宣传工作。远离祖国，并没有让郁达夫和王映霞的婚姻状况有所改变。王映霞因为不堪夫妻关系愈来愈恶化，一度只身远赴印尼廖内岛的一所学校担任教员。因不习惯岛上的艰苦生活，一学期后又返回新加坡。然而，郁达夫不久后做的一件事，终于把他们的婚姻推向了坟墓。

1939年，郁达夫在香港《大风》旬刊上发表著名的《毁家诗纪》，包括有详细注释的19首诗和1首词。郁达夫公开披露了他与王映霞之间的情感恩怨，并且痛心疾首地指出王映霞在情感上对他的背叛是导致毁家的重要原因。

郁达夫在《毁家诗纪》中对王映霞的报复和责难，震动了文坛。郭沫若曾经谈到："达夫把他们的纠纷做了一些诗词，发表在香港的某杂志上。那些诗词有好些可以称为绝唱，但我们设身处地替王映霞着想，那实在是令人难堪的事。自我暴露，在达夫仿佛是成为一种病态。说不定还要发挥他文学的想象力，构造出一些莫须有的家丑。公平地说，他实在是超越了限度，暴露自己是可以的，为什么还要暴露自己所爱的人？"

郁达夫发表《毁家诗纪》，让王映霞下定决心与他分手。王映霞始终否认郁达夫在《毁家诗纪》里加在她头上的"情感上的背叛"的罪名。她说："我想要的是一个安安定定的家，而郁达夫是只能跟他做朋友不能做夫妻。所以同郁达夫最大的分别就是我同他性格不同。"

1940年3月，王映霞与郁达夫在新加坡协议离婚。这对曾被誉为"富春江上神仙侣"的才子佳人，就这样以彼此怨恨的方式分手了。王映霞晚年曾回忆说："我离开郁达夫，拎了一只小箱子走出了那幢房子。郁达夫也不送我出来，我知道他面子上还是放不下来。我真是一步三回头，当时我虽然怨他和恨他，但对他的感情仍割不断；我多么想出现奇迹：他突然从屋子里奔出来，夺下我的箱子，劝我回去，那就一切都改变了……"

1942年日军攻占新加坡前夕，郁达夫渡海逃亡到印尼的苏门答腊。为了掩护身份，也使家中有人照料，经朋友介绍，郁达夫与华侨女孩何丽有结婚。

在日本宣布无条件投降后两个星期，1945年8月29日晚，几名日本宪兵突然秘密绑架了郁达夫，并在9月19日将其枪杀……

狂热　郁达夫对于王映霞可谓"一见倾心"，几乎达到狂热的地步，究竟有多狂热，从他当年的日记就可窥其一二。

1月15日　晚上至杭州同乡孙君处，还以《出家及其弟子》译本一册，复得见王映霞女士。因即邀伊至天韵楼游，人多不得畅玩，遂出至四马路豫丰泰酒馆痛饮。王女士已了解我的意思，席间颇殷勤，以后当每日去看她。王女士生日为旧历之十二月二十二……今天是十二月十二，此后只有十天了，我希望二十二这一天，早一点到来……殊不知我又在为王女士颠倒。

1月27日　昨晚上醉了回来，做了许多梦。在酒席上，也曾听到了一些双关的隐语，并且王女士待我特别的殷勤，我想这一回，若再把机会放过，那我半生就永远不再能尝到这一种滋味了，干下去，拿出勇气来干下去吧。……若能得到王女士的爱，恐怕此后的创作力更要强些，啊，一生还是值得的，还是可以得到一点意义的。

3月25日　午后五点多钟和蒋去看电影。晚饭后又去王女士那里，请她们坐了汽车，再往北京大戏院去看影片。十一时前后看完影片出来到一家小酒馆内请她们喝酒。回家来已经是午前一点多钟了。写了一封给王女士的短信，打算明天去交给她。

……今晚上月亮很大，我一个人在客楼上，终究睡不着。看看千里的月华，想想人生不得意的琐事，又想到王女士离去的那几眼回盼，……啊，这一回的恋爱，又从此告终了，可怜我孤冷的半生，可怜我不得志的一世。

……茫茫来日，大难正多，我老了，但我还不愿意就此而死。要活，要活，要活着奋斗，我且把我的爱情放大，变作了对世界、对人类的博爱吧。

——摘自《达夫日记》

情书　热烈中的郁达夫和王映霞虽然经常两地分别，但她们一直保持频繁的书信联络，以下便是郁达夫写给王映霞的几封信，从这几封信中，我们感觉到两人的感情非但没有因为分离而降温，反而愈发的甜蜜。

映霞：

现在大约你总已经到了杭州了吧？你的祖父母亲弟弟妹妹都好么？你或者现在在吃晚饭，但我一个人，却只坐在电灯的前头呆想，想你在家庭里团聚的乐趣。

今天早晨，我本想等火车开后再回来的，但因为怕看见了那载人离别的机器，堂堂的将你搬载了去，怕看见这机器将你从我的身旁分开，送上每天不能相见的地方去时，心里更要不快乐，更是悲哀，所以我硬了心肠一挥手就和你别了。我在洋车上，把你的信拆开来看，看完的时候，几乎放声哭了起来，就马上叫车夫拉我回去，回到南火车站去，再和你握一握手。可是走到了莱路口，又遇着一群军队的通过，把交通都断绝了。所以只好闷闷的回来。回到闸北，约略睡了一会，就有许多事务要办，又只好勉强起来应付着，一直的忙到现在。现在大家在吃晚饭，我因为早上吃得太饱，不想下去吃饭，所以马上就坐下来写这封信。

映霞，你叮嘱我的话，我句句都遵守着，我以后要节戒烟酒，要发奋做我的事业了，这一层请你放心。

今天天气实在好得很，但稍觉凉了一点，所以我在流清水鼻涕，人家都以为我在暗泣。映霞，我若果真在这里暗泣，那么你总也该知道，这眼泪是为谁流的。

映霞，我相信你，我敬服你，我更感激你到了万分，以后只教你能够时时写信给我，那我在寂寞之中，还可以自慰。我只盼望我们的自由的日子到来，到那时候，我们俩可以永远地不至于离开。映霞，从前你住在梅白克路的时候，我们俩虽则不是在一个屋橡之下，但要相见的时候，只要经过一二十分钟就可以相见。那时候即使不和你相见，我心里但想着你是和我同处在上海，同在呼吸一个地方的空气，那心里就平稳许多，但现在你却去得很远了，我一想到你，就要心酸起来。映霞，这一回的小别，你大约总猜不出要使我感到多苦楚。但你的这一次的返里，却是不得已的，并且我们的来日，亦正长得很。映霞，我希望你能够利用这个机会，说得你母亲心服，好使我们俩的事情，得早一日成功。

你的信里说，今年年内我们总可以达到目的，但以我现在对你的心境讲来，怕就是三四个月也等不得。

总之，映霞，我以后要努力了，要好好儿的做人了，我想把我的事业，重新再来过一番，庶几可以不使你失望，不使人家会笑你爱错了人。

我以后不跑出去了，绝对不跑出去了，就想拼命的著书，拼命的珍摄身体，非但为了我自己，并且是为了你。

今天头昏得很，想早点睡觉，只写到此地为止，此信，当于明天一早，由我自家跑上租界上去寄出。我希望你当没有接到这一封信之先，已经有了寄给我的来书。

映霞，再见，再见！
1927年4月3日晚上写
达夫寄自上海创造社

闸北虽则交通不便，但信是仍旧可通的，不过迟一点就是。

4月4日早付邮

映霞：

请你恕我，恕我昨天的一天没有写信给你。我现在才知道你对于我是如何的重要，你的不在我的身旁，又是如何的不能使我安定的。因为昨天的一天，今天的半日，我只在对于你的追怀里过活。昨今两日，天气异常的好，早晨我在床上一睁开眼睛，就在猜想你这时候大约总在那里做什么干什么。想来想去想半天，想得急起来，就马上起来，洗了手脸跑出外面去。跑上什么地方去呢？当然是跑上新闸路你曾经住过的地方去。因为我想，我虽则不能见你的面，至少也可以见见你所曾经住过的屋宇。老在那里看学校面前的牌子等类，也没有什么意思，所以，我呆呆的在梅白克路立一忽，就又跑上你我曾经去过的地方去一回，上那儿去得不久，便又想跑回来上梅白克路去。像这样的跑来跑去，不知跑了几多次，到后来弄得倦了，才回来休息，所以昨晚上终于没有写信给你，因为身体疲乏了，没有余勇再来执笔写信。

今天早晨，也是这样的跑出去了一次，后来记起了我二哥哥今天要上船往北京去，才跑上四马路去送他上船。当他上船之后，回头来对我说保重身体的时候，我又想起了前天南火车站上你我两人的分手，就不觉眼圈儿红了起来，而万事不知的我的这位哥哥，还以为我对于他的手足情深，在江头伤别哩。

从船埠头走回闸北来，满身晒着了和暖的春天的太阳，长空渺渺，也青淡得可人，我又想起了西湖，想起了你。"像这样的时候……"我想，"……像这样的时候，假如能够和映霞两个人在湖塍上闲步，那就是叫我去做皇帝，我也不干的，呵，映霞，此刻你在那里做什么事情？"我一边走，一边老是在这样的想着。

吃过午饭，因为想你想得出神，便想上蒋光赤那里去约他同到杭州来看你们。但帽子刚才戴上，光赤却从扶梯上走上来了。今天他系特地上闸北来问杭州的你的住址的。因为陈女士给他的信里，只说有信可以寄你转交，而没有把你的住址写上。我喜欢之至，和他谈到杭州来的事情，然而他却说"火车挤得这一个样儿，杭州如何的去呢？"依他的意思，杭州是不能马上就去的，他教我再静待几时，等时局稍为平稳一点之后，再来看你，我的一腔苦衷，也终于不敢对他吐露，所以就糊里糊涂的答应他了。郭沫若还没有来上海，我对于创造社的事情，现在也还不能撒手丢去，所以在最近的两三礼拜之内，恐怕仍旧是得不到自由的。我现在所最希望的，就是把一切的社会关系，脱离干净，光拿一枝笔几张纸，跑到西湖上来闲住，一边细细的培护着我们俩的爱的鲜芽，一边努力的做一篇不朽的大作。可是这一点小小的希望，怕终没有实现的一天，所以我一想到你，一想到西湖的春日，心里就要起许多烦闷。

今晚上出版部的伙计们全出外去逛去了，只有我一个人在家里守着，本来很想写一封极长极长的信，但是写到了此地，仿佛有点想睡觉了，映霞，我就此搁笔了吧，希望你这时候也在握笔写信给我。

达夫上

映霞：

托光赤转交之信已接到，我读了你的来信，真后悔得很，后悔那一天没有和你多住半天，太匆促的和你分开了。自你去杭州之后，我已经发出了二封信，这是第三封了，中国地界邮政还是通的，你以后有信来，仍请你直接寄给我。

今天火车又不通了，上海却很安稳，我这一封信，不晓得要什么时候才得到你那里。映霞,生在这样的乱世,做人真没有趣味,就是有钱的人,也不能安稳,更何况我们这样的一种穷文士呢。今天是清明节,我很想做一篇长文章来发泄发泄牢骚,可是来看我的人太多,今天终于坐不下来了。待晚上再说吧,文章做好之后,我还要写信给你。上海很平安,请你放心,我也在保养身体,请你自家也千万为我而珍摄。

达夫上

四月六日午后三时

映霞,亲爱的映霞:

你托光赤转来的信和快信,都已接着了,我一共接到了你两封信,而给你的信,这却是第四封了。你母亲的见解,也不能说她错,因为她没有见过我,不了解我家庭的情形,所以她的怪你太大意,也是应该的。不过映霞,只教你的心坚,我的意决,我们俩人的事情,决不会不成功,我也一定想于今年年内,把这大事解决。我对于你,是死生不变的,要我放弃你,除非叫我先把生命丢掉才可以,映霞,你若也有这样的决心,那么我们还怕什么呢?

现在杭州事未大定,火车也不大通,我决不至于冒失地到杭州来看你,等你把你母亲那里的话讲通了以后,我再听你的命,你要我什么时候来,我就可以来。

我的北京的女人,要她不加你我的干涉,承认我们的结婚,是一定可以办得到的,所怕的就是你母亲要我正式的离婚,那就事实上有点麻烦,要多费一番手续。映霞,我想你母亲若能真正爱你,总不至于这样的顽固罢!

映霞,我们两人精神上早已经是结合了,我想形式上可以不去管它的,我只希望能够早一日和你同居,我就早一日能得到安定。

我现在正在动手翻译书，只教时势一平，我的这本书译得成功，那我们两人组织小家庭的经费就有了。以后的事情，可以交给我们的朋友来代替我们解决，譬如光赤华林诸人，都可以帮我们的忙，只教你我两人的心不变就好了。今晚我也想早睡，不再写了。

达夫上
四月六日午后十一点钟

映霞：

我一共只接到了你三封信，一封是由蒋转交，一封是快信，现在一封是四月五号发出的挂号信。我到今天为止，一共发出了四封信，这是第五封了。我决定于五天后到杭州来一次，见见你的娘，和她谈一谈。映霞，你切不要为我而担心，亦不可为了我而昼夜不安，我是并没有什么的。可是你我二人之间，要保持着坚忍不拔的精神，要保持着至死不变的态度。我现在是完全为你而活着，你也要为我而保养身体。其余的事情不谈了。

达夫上
四月九日午后

映霞：

今早我已发出一封快信。午后见到徐逸庭及她的哥哥，知道杭州谣言很甚，其实我在上海并没有什么，请你放心。我一定于一礼拜后到杭州来，一切细事，当面来和你谈。徐君等回杭，我托他们带这一封信给你。请你不要着急，我在上海是万无危险的。

达夫上
四月九日

映霞，我的最爱的映霞：

今天接到了你的来电，心里真感激得很，我午后发了一个回电，大约你总也接到了罢？我于昨天发出一封快信，在昨天之前，发出四封平信，大约你都没有接到。

昨天我在北四川路遇见了徐逸庭兄妹，我给逸庭女士的哥哥葆炎写了几封介绍信到杭州去，大约他总可以在一中和女中里谋到一个教员的位置。因为他们俩要回杭州，所以我又托她带上了一封给你的信。

我大约于一礼拜后上杭州来，极迟也必在三月十五。无论如何，三月半的那一天，我总和你在杭州过。

上海平安，我决不会有危险，请你放心。听说杭州谣言很甚，以为上海已经闹得不得了了，其实上海平稳得非常，比你在这里的时候更好了，千万请你放心。

你来的信，我一共接到了三封，一封是由蒋转交，一封是快信，一封是挂号信，最后就是你的电报。映霞，我很感激你，感激你关心于我的安危，因为我的母亲，兄弟，女人，从来都没有像你那么的注意过我。我现在因为创造社事不能脱身，又因爱牟的事情，有点牵累，大约一礼拜后，总可以办妥，我一定到杭州来过月半，请你安心候着。

好久不见了，来一个：Kiss, PassionateKiss, endlessKiss. long. longKiss.

你的达夫
四月十日晚上

婚变

关于王映霞与郁达夫的婚变，普遍认为许绍棣与此事脱不开的干系。但是时隔数年后，关于此事，又出现了令人惊讶的观点。

20世纪90年代初，郁达夫的生前好友、著名诗人汪静之撰文透露了一个鲜为人知的秘密，文中说王映霞曾经在武汉为戴笠打过胎。

汪静之与郁达夫在1922年夏参加《女神》出版一周年纪念会上一见如故，其妻符竹因又是王映霞在杭州女子师范时的同学，两家因此来往密切相交甚笃。据汪静之回忆，1938年春夏交接之际，由于形势紧张，他与家人到武昌避难，当时达夫一家也在武昌，两家是近邻，所以来往更加频繁。台儿庄大捷后，郁达夫随政府慰劳团到前线劳军，有一天王映霞对符竹因说："我肚里有了，抗战逃难时期走动不便，我到医院里请医生打掉。医生说：'要你男人一起来，才能把他打掉。男人不同意，我们不能打。'达夫参加慰问团去了，要很多天才会回来，太大了打起来难些，不如小的时候早打。竹因姐，我要请静之陪我到医院去，装做我的男人，医生就会替我打掉。请你把男人借我一借。"符竹因听了满口应承，吩咐汪静之陪王映霞过江到汉口一家私人开的小医院里做了流产手术。

过了一段时间，汪静之到郁达夫家里看他回来没有，王映霞的母亲说："没有回来。"汪静之看见郁达夫与王映霞的长子郁飞满脸愁容，就问他为什么不高兴？孩子说昨夜妈妈没有回来，王映霞的母亲也对汪静之说王映霞昨夜被一辆小轿车接走后就再没有回来。第二天汪静之再去探望，却见王映霞一脸的兴奋和幸福，对汪大谈戴笠的花园洋房是如何富丽堂皇如何漂亮，流露出非常羡慕向往的神情，汪静之马上悟到昨天她夜不归宿的原因了，也联想到她为什么要在郁达夫外出时去打胎。汪静之在《王映霞的一个秘密》中说："我当时考虑要不要告诉达夫：照道理不应该隐瞒，应把真相告诉朋友，但又怕达夫一气之下，声张出去。戴笠是国民党的特务头子，人称为杀人魔王。如果达夫声张出去，戴笠决不饶他的命。太危险了！这样考虑之后，我就决定不告诉达夫，也不告诉别人。"

后来汪静之离开武汉赴广州，不久郁达夫也到南洋去了，此事便一直埋在汪静之心底，直到汪静之偶然看到王映霞的两篇回忆文章里对郁达夫有所指责。出于替郁达夫辩护的目的，汪静之才撰文回顾了几十年前的这段往事，该文现保存于上海鲁迅博物馆。汪静之与郁达夫夫妇同为好友且从无罅隙，再加上郁达夫生前对戴笠一直抱怀疑的态度，他的回忆的可信度应该比较高。

郁达夫与戴笠同为浙江老乡，戴笠1912年曾在杭州的浙江第一中学堂读书，而这所学校的前身就是郁达夫的母校杭州府中学堂，由此看来，郁达夫应该可以算作戴笠的学长。当时的交际是极其重视同乡同学关系的，这层关系可能是郁、戴交往的一个契机。据郁达夫1936年2月14日的日记记录："发雨农（戴笠字雨农）戴先生书，谢伊又送贵妃酒来也。"这是戴笠的名字第一次出现在郁达夫日记中。当时郁已赴福州任福建省政府参议，戴笠竟将贵妃酒追踪送到了福州，并且还是"又送"，可见郁、戴在杭州当时的交往就已经非常密切了。据史料记载，抗战爆发前，戴笠曾在杭州举办多期特别训练班，经常在杭州一带活动、停留，估计他们之间的交往就是从这个时期开始的。

戴笠其人，据其朋友称"最大的毛病就是爱色，他不但到处有女人，而且连朋友的女人都不分皂白，这是他私德方面，最容易令人灰心的"。由此可见，戴笠与郁达夫很大程度是醉翁之意不在酒，其真正目的也许就是借机接近王映霞。

郁达夫对戴笠的用意有所觉察。据郁达夫在福建省政府的同事、后来曾长期担任省主席陈仪秘书的蒋授谦回忆，郁达夫"移家杭州之后，适戴笠来杭养病，常到达夫家中作不速之客，偶一留饭，赏赐服务人员特别优厚，而达夫则惮于应酬，因此动南游之兴。其写给陈仪简短的信，大意是说慕陈氏治绩，欲来闽观光，如得一席之地以赞盛治，深以为幸"。郁达夫初到福州，与蒋授谦同在公报室做事并且来往很多，跟他讲这番话很有可能。戴笠的频频造访，不可能不引起郁达夫的反感和怀疑，而据郁达夫的朋友回忆当时郁家没有女佣，这个被戴笠"赏赐"的"服务人员"只能是王映霞，郁达夫之所以如此伴称，可能是羞于言戴笠厚赠王映霞的缘故。

发现王映霞的"出轨事件"东窗事发后，郁达夫愤怒已极，而王映霞却无所谓，干脆不辞而别，郁达夫长夜不眠。窗外王映霞洗涤晾晒的纱衫

还挂在那儿,郁达夫越看越气,又毫无办法,拿笔饱浸浓墨在那纱衫上大写:"下堂妾王氏改嫁前之遗留品"!并成诗一首:

凤去台空夜渐长,挑灯时展嫁衣裳;
愁教晓日穿金缕,故绣重帏护玉堂。
碧落有星烂昂宿,残宵无梦到横塘;
武昌旧是伤心地,望阻侯门更断肠。

"侯门"当指戴笠的府邸,对它郁达夫只能是"更断肠"。但郁达夫也有办法,他在报上登出"警告逃妻"的启事,使得王映霞颜面尽失。于是戴笠通过中间人来"做郁达夫的工作",郁达夫被迫又在报上登出"道歉启事",王映霞写了一纸"悔过书",双方于是言归于好。这时武汉局势吃紧,郁达夫答应了新加坡星州日报之聘,带着王映霞远赴南洋。

王映霞到了新加坡后,由于对远方情人的深深思念,脾气变得暴躁,她天天与郁达夫吵架。郁达夫忍无可忍,便将《毁家诗记》寄到香港的《大风旬刊》发表。内容包括两年来郁、王婚姻触礁的点点滴滴。用十九首诗和一阕词,事无巨细全部记录了下来,并加以注释,用词尖刻,不留余地,使得王映霞品格扫地。王映霞气得七窍生烟,一连写了几封信寄到《大风旬刊》,大骂郁达夫是"欺朦世人的无赖文人"、"包了人皮欺骗女人的走兽"、"疯狂兼变态的小人"。于是互揭疮疤、形同分水、冷战分居,最后王映霞演出第二次逃家的好戏。

1940年8月中旬,王映霞只身返国。经香港飞往战时首都重庆,郁、王两人在新加坡、香港、重庆分别刊出离婚启事。

王映霞走后,郁达夫冷静下来,对她仍是思念不已,有诗为证:

大堤杨柳记依依,此去离多会自稀;
秋雨茂陵人独宿,凯风棘野雉双飞。
纵无七子为衰社,尚有三春各恋晖;
愁听灯前儿辈语,阿娘真个几时归。

郁达夫希望以母子之情去打动王映霞,妄想她幡然悔悟,然而一切已无法挽回了。

后来郁达夫在新加坡与广播电台工作的李筱英同居。李筱英是福州人，在上海长大，暨南大学文科毕业。中英文造诣均佳，具有非凡的语言天才，银铃般的声音令人着迷。然而由于郁达夫儿子的坚决反对，两人未能成婚。

不久，日本发动太平洋战争，战火迫近新加坡。郁达夫辗转逃到印尼，娶了华侨少女何丽有为妻。1945年8月15日日本宣布无条件投降以后，郁达夫无缘无故地被人诱出杀害，尸骨无存，终年49岁。后来谣传又起，给郁达夫加上了一条为日本宪兵队任翻译的汉奸罪名。至今郁达夫之死，仍然是个谜，好事者猜测，多半是戴笠的军统趁乱世所为。

再婚　　结束了与郁达夫十余年的纠葛，王映霞回到重庆后，开始了新的生活。1945年冬，任妇女指导委员会保育院保育员，次年6月，任军事委员会特检处秘书，随即到外交部担任文书科科员。王映霞在重庆的工作和生活，实际上都得益于戴笠的鼎力相助。

在外交部文书科上班的第一天，她刻意打扮了一番，穿上一身凹凸有致的花色旗袍，足登三寸高跟皮鞋，加上她那"莩茅白"的皮肤，确实是艳光四射。她款摆腰肢走进办公室时，四座皆惊。

王映霞清楚地知道，红颜易老，青春不再，她必须有效地把握自己尚存的风韵，而且还要尽快摆脱"郁达夫弃妇"的阴影。于是她努力重塑淑女的形象。除了化妆和衣着外，与在重庆的往日故交反而很少往来，谨言慎行，以免被人重提旧事。不久，经过精心准备，她又重在社交界抛头露面。商会会长王晓籁成了她的干爹。王映霞凭她的家世、学识、美艳、机敏，再加上岁月的磨炼、爱情的波折，已是人情练达，还有人见人怕的戴笠撑腰，真是左右逢源，日子过得顺风顺水。

1942年4月，由曾代理民国国务总理兼外长、后任南京国民政府外交部长的王正廷做媒，王映霞在重庆再披嫁衣。新郎钟贤道是江苏常州人，

毕业于北京中国大学，任职于重庆华中航业局，是王正廷的得意门生。王映霞与钟贤道的婚礼冠盖云集，贺客如云，极为排场，宴宾三日，王莹、胡蝶、金山这些当时的大明星也前去赴宴。郁达夫的朋友、专栏作家章克标在《文苑草木》中说："他们的婚礼是十分体面富丽的。据说重庆的中央电影制片厂还为他们拍摄了新闻纪录片。他们在上海、杭州各报上登载了大幅的结婚广告，而且介绍人还是著名外交界名人王正廷，可见这个结婚的规格之高，怎样阔绰。"著名作家施蛰存还专门为王映霞赋诗一首："朱唇憔悴玉容曜，说到平生泪迹濡。早岁延明真快婿，于今方朔是狂夫。谤书欲玷荆和璧，归妹难为和浦珠。蹀蹀御沟歌决绝，山中无意采蘼芜。"

山城重庆为之轰动，有说法称："钟贤道拐了个大美人！"

对于这次隆重的婚礼，王映霞本人也是念念不忘，1983年她在《阔别星洲四十年》（载1983年7月14日新加坡《联合早报》）一文中回忆说："我始终觉得，结婚仪式的隆重与否，关系到婚后的精神面貌至巨。"

1946年，戴笠因飞机失事而死。王映霞自知失去靠山，遂辞去外交部的文书工作，急流勇退，过着朴实无华的主妇生活。随丈夫迁至芜湖，生了一子一女。

钟贤道对王映霞非常体贴，婚前他就对王映霞许诺要把她失去的年华找回来，婚后他让王映霞辞去工作专事家政。解放前夕，当时的达官显贵都纷纷逃往台湾，钟贤道却退了预订的机票，坚持留在了大陆。解放后，钟贤道到上海航联保险公司工作，生活比较安定。"三反"运动中，钟贤道被怀疑贪污受到审查，经调查为冤案。1952年，王映霞突然被拘留，起因是她在重庆外交部工作时参加过国民党，幸亏只是口头参加，既无党证也没缴过党费，交代清楚了这段历史后即被解禁放回。王映霞被关押期间，钟贤道心急如焚，探视、送物，竭尽所能，关怀备至。回家后，钟贤道在锦江饭店开了个房间让王映霞安心静养，又带她到外地旅游散心，"真像是一次蜜月旅行"。钟贤道对王映霞极为慷慨大方，对自己却非常节俭，王映霞对此深为感激，感谢命运给了她这样的一个温暖的港湾。

1980年,与王映霞过了38年平静婚姻生活后,钟贤道病逝于上海,终年72岁。

情忆

对于自己婚姻中的两个男人,王映霞晚年在自传中作了一个比较中肯的评价:"如果没有前一个他(郁达夫),也许没有人知道我的名字,没有人会对我的生活感兴趣;如果没有后一个他(钟贤道),我的后半生也许仍漂泊不定。历史长河的流逝,淌平了我心头的爱和恨,留下的只是深深的怀念。"

王映霞在自传中对郁达夫和钟贤道都有所提及。只不过,全书一共54章,直接讲到钟贤道的只有5章,绝大部分篇幅还是围绕着郁达夫展开。这个男人曾让她心醉,也让她心碎,还让她到了生命终了也无法与其脱离干系。那个给她尘世幸福的平凡男人钟贤道,只是和她共同经历生活风雨,只是和她相互扶将,只是和她平淡度日,只是拿她当做宝贝宠着爱着,却没有留下更多的故事。

晚年

时间来到2000年,92岁高龄的王映霞虽已头发花白,但身板硬朗,双眼明亮,说话富于表情,喜做手势,看上去不像耄耋老人。王映霞的居室非常简朴,屋里除了一张3人沙发外,其余都是上世纪60年代的床、桌和五斗柜,基本上没有现代家电,小屋内甚至还搭有上海的特产——阁楼。

王映霞出身名门,学识渊博,又在杭州女子师范学校深造过,所以国学根底扎实,素喜古今格言,最推崇的一句是"宁静致远"。老太太认为沧海桑田,历史长河奔腾不息,人生虽然短暂,但世事苍茫,每人均集苦难与幸福、逆境与顺境于一身,真所谓人世间有无限的烦恼。如果一个人以平静的心态审视人生,以宽阔的胸怀淡泊名利与人世间的恩恩怨怨,那

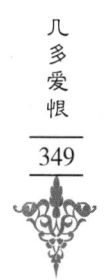

么,他就能"超脱"尘世,有一个光明的去处。这些尤其适宜于老人颐养天年。

而对那些有关郁达夫的伤心事,在"文革"中遭受的磨难,艰苦的往事则不去想。她始终畅游在一条欢跳着金色波浪的记忆长河中,并将这分浓浓的生活情趣,感染给更多她周围的人。

上世纪30年代,王映霞曾一度弱不禁风、疾病丛生,但到了晚年却老当益壮,甚至满口牙齿都没有脱落,说话、走路如同年轻人。这都归功于她喜欢运动,即勤用脑多走动。

1986年,王映霞被聘为上海文史研究馆馆员。这里聚集了大批的文化界精英,每周二是馆员聚会之日,老人把这里看成温暖的家,到时间便去馆里与大哥大姐、小弟小妹们畅叙往昔珍闻,今日盛事。遇到节日或馆里搞活动,她更是积极参加。文史馆设有食堂,离王映霞家仅一箭之遥,她常常去那儿吃饭。

王映霞有两大爱好:一是读书与写作;二是散步、旅游与访友。老人因年轻时与众多名流、高官建立过友谊,故她是一座丰富的"史料库"。迄今为止,王映霞已出版了3本书:《郁达夫书简——致王映霞》、《我与郁达夫》、《王映霞自传》,还为内地以及中国的港澳台地区、新加坡等报刊撰写文史掌故、纪念文章,其中如怀念胡健中(原国民党中常委、《中央日报》社长)、白薇(20世纪30年代著名女作家)、陆小曼(书画家、著名诗人徐志摩的太太)等文章写得十分婉约、动情。

王映霞的家离复兴公园很近,周围环境比较安静,她每天早晨5点起床,早餐后就在附近静谧的马路上散步,或去复兴公园锻炼。她每晚7点准时睡觉,睡前也要去绿化地散步,借此欣赏缤纷的夕阳下大都市的万般风情。

每年春秋二季,王映霞都要外

晚年王映霞与友人合影

出旅游，姑苏城外、西子湖畔，都留下了老太太的足迹。如有台湾的女友来大陆观光，王映霞总是陪她们去杭州，或者逛上海老城隍庙、谒玉佛古寺，直喜得女友们一个劲儿夸她身如矫燕，完全像个年轻人。

王映霞特爱访友，她进入文史馆后常步行几里路，去探望上世纪30年代的旧友，以及新交的文史馆朋友。著名作家许杰、郑逸梅在世时，王映霞常去他们寓所聊天；同时，她除了去看望施蛰存、陆晶清、陆礼华等名流外，还与康有为儿媳、瞿秋白之妹、朱家骅之妹等快快活活地"白头话玄宗"。

也是在2000年，王映霞病逝于杭州，终年92岁。与钟贤道合葬于杭州南山公墓。

文华 王映霞擅长作诗，大多数是七绝，感情深挚，清新可颂，读之，使人淡漠世情、俗气尽脱，可惜始终未能集结成册。以下是香港《广角镜》第115期（1982年4月16日出版）发表的王映霞于1938年底寄同学金女士的七绝四首：

1937年秋日，余避难浙江富阳，得遇旧日同学金女士，当时水边山上，时有我等之足迹，心胸宽畅，自不待言。谁知两年后时局有变，我移居金华，闻伊已与一王姓者结婚。不料婚后甫三日，该王某即亡故，且留有一女。时余正由湖南经福州而去星洲，每念及曩昔岁月，辄悲难自已。当即书数语，以寄金女士，聊表思念而已。

（一）

犹记年前住富春，澄江如练照风神。
别来几度沧桑改，浙水狂涛忆故人。

（二）

容易年华似水流，钱塘别后两经秋。
春风沉醉花开夜，深锁琅邪燕子楼。

（三）

盛筵难再事多磨，后果前因问梦婆。
莫记春闺三宿恨，且留遗爱抚笼鹅。

（四）

烽火长沙夜入吴，残年风雪过闽都。
一帆又渡南溟岛，还国春来似画图。